初中学段

“多元维度”与“纵深向度”特色育人体系

吕庆生　主编

中原出版传媒集团
大地传媒

大象出版社
·郑州·

图书在版编目(CIP)数据

初中学段“多元维度”与“纵深向度”特色育人体系 / 吕庆生主编.— 郑州 : 大象出版社, 2016. 4
ISBN 978-7-5347-8097-4

Ⅰ. ①初… Ⅱ. ①吕… Ⅲ. ①教书育人—研究—初中 Ⅳ. ①G635. 6

中国版本图书馆 CIP 数据核字(2016)第 068302 号

初中学段“多元维度”与“纵深向度”特色育人体系

吕庆生 主编

出 版 人 王刘纯
责任编辑 梁金蓝
责任校对 钟 骄
装帧设计 王 敏

出版发行 大象出版社(郑州市开元路 16 号 邮政编码 450044)
发行科 0371-63863551 总编室 0371-65597936
网 址 www.daxiang.cn
印 刷 新乡市豫北印务有限公司
经 销 各地新华书店经销
开 本 787mm×1092mm 1/16
印 张 20
字 数 333 千字
版 次 2016 年 6 月第 1 版 2016 年 6 月第 1 次印刷
定 价 39.00 元
若发现印、装质量问题,影响阅读,请与承印厂联系调换。
印厂地址 新乡县翟坡镇兴宁村
邮政编码 453000 电话 0373-5635065

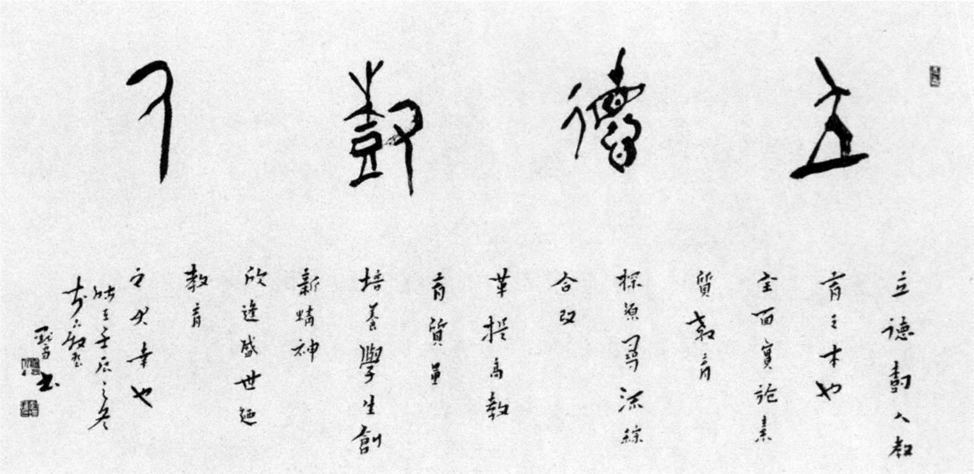

立德树人

立德树人教育之本也。全面实施素质教育，探源寻流综合改革，提高教育质量，培养学生创新精神。欣逢盛世乃教育之大幸也。

时在壬辰之冬于古牧野

默雷书

序

立德树人是教育的根本任务。德育为先，教书育人是时代的要求，也是现实的需要。但是学校德育工作常常被大家所诟病，认为假大空，缺乏针对性、实效性。因此，德育研究是当务之急。教科书上讲德育过程是知、情、意、行，我认为还要加上一个"信"字，即知、信、情、意、行。要让学生知道该怎么做、不该怎么做，所谓讲授道德知识，同时要让这些知识形成信念，逐步形成价值观。知、信、情、意、行五者是互相联系、互为一体的，其中行又是最重要、最后的归宿。道德教育可以从五者中任何一个开端，但得遵循学生年龄阶段的特点。例如幼年时期，主要指导孩子养成良好的习惯，也就是从"行"开始，讲道理是没有用的，但习惯一旦养成，就会变成他的信念了，遇到不符合他的良好习惯的行为，他会打心底里不高兴。孩子到了小学高年级和初中就可以给他们讲点道理了；到了高中就要讲点理论了，培养他们理性的认识，建立起正确的人生观、世界观、价值观。

大家都会觉得初中学生最不容易教育，因为初中阶段是学生从童年向青年、成人转变的过程。他们很企望像成人那样，可以自己支配一切，但发育尚未完成，能力还很有限，因此会出现一些问题。所以，研究初中生的道德教育更显得重要。可喜的是，有一群年轻人，执着地热爱着自己的教育事业，在自己平凡的岗位上全情投入，潜心钻研，诠释着育人这一教育的根本，对初中学段的道德教育做了精心的研究。他们提出多维度的德育内容和方法，又提出从最基础的行为习惯到价值观的纵向多层次的培养方法，并获得了较好的效果。他们的经验值得提倡。至于是不是这样区分基本素养和核心素养，值得大家讨论。

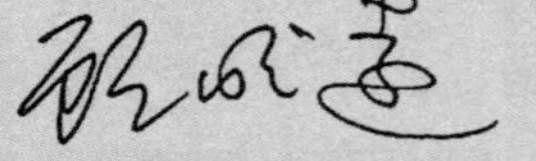

2016 年 3 月 21 日

前　言

陶行知先生曾说：因为道德是做人的根本，根本一坏，纵然是你有一些学问和本领，也无甚用处。他的话应该让我们这些教育工作者再次叩问教育：教育应该培养什么人？怎么培养人？

2012年9月，联合国教科文组织提出了四个学会——学会求知、学会做事、学会共处、学会做人，给我们的教育工作做出了指引；2014年3月，教育部印发了《关于全面深化课程改革落实立德树人根本任务的意见》，提出了立德树人是发展中国特色社会主义教育事业的核心，同时强调了党的十八大提出的社会主义核心价值观的重大意义，从国家层面给教育指明了方向；2016年3月，教育部考试中心主任姜钢指出今后高考重点考查四项内容（第一项，以立德树人为核心，强化高考考试内容改革的育人导向；第二项，加强社会主义核心价值观的考查，指引学生培养正确的世界观、人生观、价值观；第三项，加强依法治国观念的考查，引导学生树立宪法意识和法治观念；第四项，加强中国优秀传统文化的考查，引导学生提高人文素养，传承民族精神，树立民族的自信心和自豪感），从政策上给我们的教育指出了努力方向。

不难看出，立德树人是教育的根本任务已成共识。这应该解决了培养什么人的问题。

从教育的时空出发，我们提出了四个育人维度：课程育人、活动育人、管理育人、环境育人。这里为什么不提服务育人呢？因为服务育人已经包含在环境育人之中。那又为什么不提教书育人呢？因为教书本身就是育人——学习知识本身是育人，学习知识的过程承载育人。至于为什么把育人目标分层基于以下几点考虑：首先，人在发展过程中存在差异，这是不争的事实，我们过去大都把育人目标设定得“高大上”，这与实际中的学生状况是不符合的；其次，现实社会中就有合格公民、优秀公民、社会精英、国家栋梁，因此我们把育人目标分层是符合现实情况的；最后，在教学中我们根据学生的实际情况进行分层教学，实践证明既是可行的，又是必要的。正是基于以上思考，我们把育人目标分为四个层次：基本规范、基本素养、核心素养、最终目标。

通过四个育人（多元维度）、四个层次（纵深向度），我们试图解决怎样培养人的问题。希望我们的探索能给教育界同人提供借鉴。

在此对给予我们帮助的各位领导、朋友一并表示感谢。同时，在写作过程中，我们参阅了大量教育同人的书籍，在此一并致谢。

特色育人体系图释

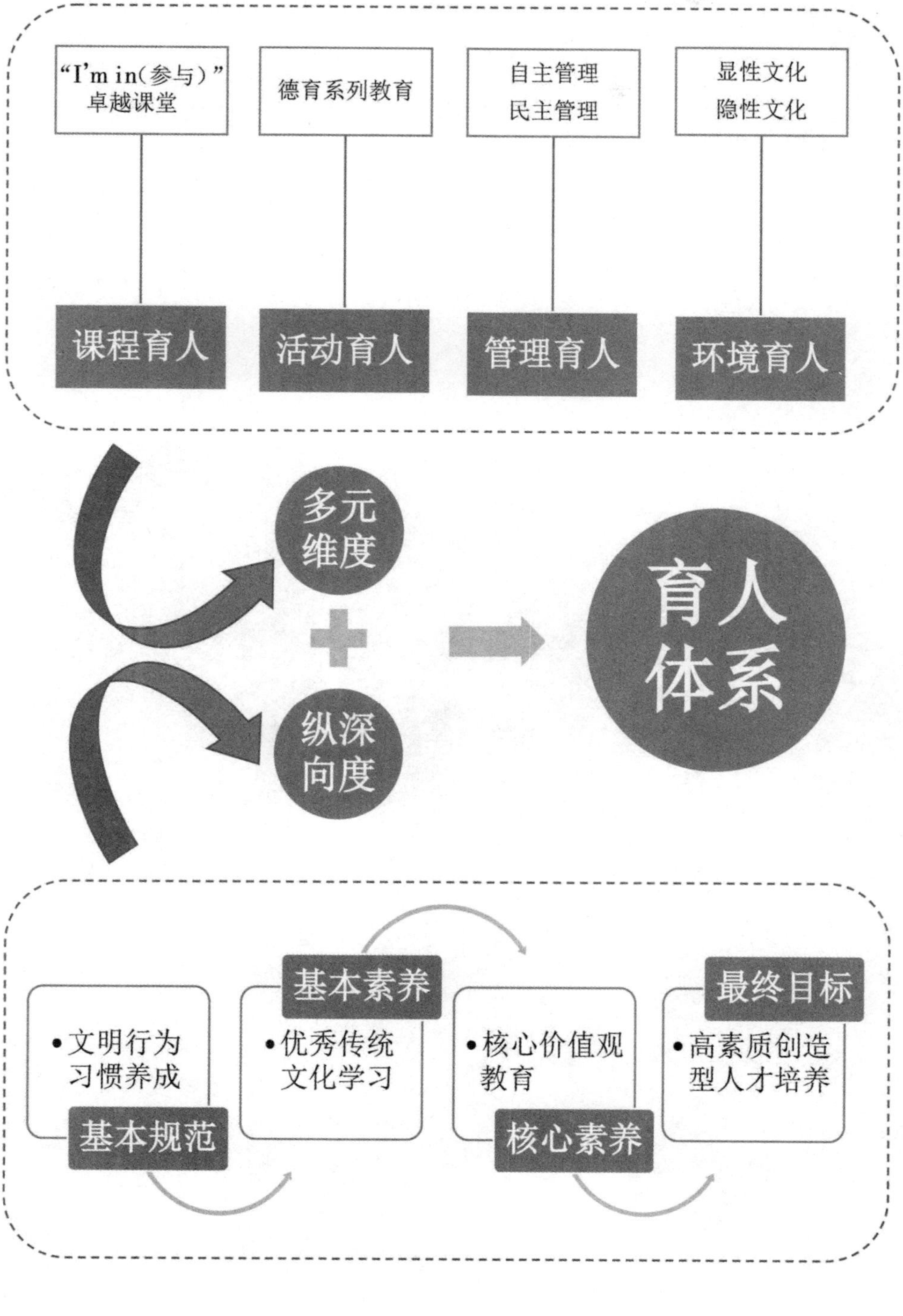

"I'm in(参与)"
卓越课堂
德育系列教育
自主管理
民主管理
显性文化
隐性文化
课程育人
活动育人
管理育人
环境育人
多元
维度
纵深
向度
育人
体系
•文明行为
习惯养成
基本规范
基本素养
•优秀传统
文化学习
•核心价值观
教育
核心素养
最终目标
•高素质创造
型人才培养

目　录

第一章　课程育人

课程教学是学校教育中一种最基本、最重要的形式，与此相应，学校的育人职能在任何时候都无法在脱离课程教学的状态下获得完美实现。我们将通过课程达到学生成长的活动称为“课程育人”。课堂是育人空间，课程是育人途径；立足课堂，通过课程改革，实现知识传授与立德树人的双赢。

课程育人的提出，不仅重新解读和强调了课程三维目标的实施方式，也符合立德树人这一时代教育的主旨，并将对学生内动力的提升、教师使命的延伸、课堂转型的速度、校园生态的改善等产生重要的影响。现阶段，我们的主要抓手为“I’m in(参与）”卓越课堂。

第一节　课程育人的内涵

一、课程育人的概念

新中国成立以来，党和政府一直十分重视学校的育人职能，在教育方针中把德育列在首位。党的十八大报告首次把“立德树人”确立为教育的根本任务。对育人的现状和问题，政治家、社会学家、心理学家都有专业的思考和研究。作为一线教育工作者，我们也应有自己的反思、探索和行动。

钟启泉教授在《中国教育报》发表的《义无反顾奏响课程改革进行曲》一文中强调：“把‘过程与方法’‘情感、态度与价值观’作为与‘知识与技能’同等重要的目标维度。”“真正使每一个课堂都成为落实三维目标和学生学习、生活与发展的场所。”

人的一生，学校教育只是一个阶段。一个儿童经由学校这座“桥梁”，就应该基本完成“社会化”的过程，成长为国家的合格公民。如果只有知识学习，忽略“学会生活、学会做事、学会生存”，就很难培养一个人的责任感、使命感和权利义务观，就会丢失教育的境界、理想和追求。在中国传统教育理念中，“传道”是目的，“授业”“解惑”都是手段。这样的传统，现在似乎被颠覆了。在那些“授业”“解惑”成为全部目的的学校，育人就只能写在纸上、说在嘴上、挂在墙上，成为“泥塑金身”，成了“空心萝卜”。或许，我们应该变换一下我们的思考方式，我们是否更应该在“授业”“解惑”之中悄无声息地“传道”呢？

课程教学，是学校教育中一种最基本、最重要的形式，与此相应，学校的育人职能，在任何时候都无法在脱离课程教学的状态下获得完美实现。

1. 关于课程与育人关系认识的演变

立德树人是教育的根本任务，已有共识，但如何去凝聚共识，去践行立德树人，恐怕是一个大课题。过去对立德树人有许多误区，比如：最早有人认为这只是班主任的事，是学生工作不是教学工作；有人认为只有通过德育活动才能实现；还有人认为德育应该通过课程形式进课堂，是德育课程的专职任务。

当前，中小学课堂正发生着一场“静悄悄的革命”，其中最突出的变化就是：实施育人工作的教师已经不仅仅是班主任和德育课教师，而是“人人都是育人工作者”；育人工作的主阵地已经不仅仅是课外实践活动，而是“润物细无声”地融入学科的课堂，融入到课程建设的各个环节，学科核心素养的提出更使人们认识到课程是育人的主要途径——课程教学愈益肩负起“立德树人”这一教育工作的根本任务。育人成为学校教育的主旋律。

2. 三维目标的达成即课程育人

教育是一种有目的、有计划的活动，它是指向教育目标、制订教育计划并据此展开实践的，而作为教育实践的基本形态的教学当然也是瞄准教育目标的。教育的宗旨终究在于人格的陶冶。任何课程的构成总是包含知识、方法、价值这三个层面的要素：其一，构成该学科的基础知识和基本概念的体系；其二，该课程的基础知识和基本概念体系背后的思考方式与行为方式；其三，该思考方式与行为方式背后的情感、态度与价值观。换言之，它囊括了理论概念的建构，牵涉知、情、意的操作方式和真、善、美的价值，以及探索未来和未知世界的方略，这种以逻辑的知识形态来表现知识体系和价值体系的就是课程。三维目标不是在学科之外强加于学科教学的价值追求，而是学科自身内在隐含的价值——认知价值、社会价值、伦理价值。

我们将三维目标在课程中的实施，通过课程达到学生成长的活动称为“课程育人”。

3. 课程育人是三维目标的价值追求

德国教育家赫尔巴德曾说过：“教学如果没有进行品德教育，只是没有目的的手段；品德教育如果没有教学，就失去了手段和目的。”课堂教学中的立德树人应以知识为载体，具体地体现在教学内容与过程之中。

课程的三维目标是有机的统一整体，相互渗透，相互贯通，任何一个目标的实现都是在与整体目标的相互联系中实现的。在落实三维目标的过程中，要以“知识与技能”目标为主线，渗透“情感、态度与价值观”，并充分体现在学习探究的“过程与方法”中，因此，应该旗帜鲜明地提出情感、态度与价值观目标是三维目标的首要目标——这就要求每一位教师都要从课堂做起，把提高学生的思想道德素质和科学文化素质紧密结合起来，让学生把做人和做学问结合起来，各学科的教学要有自己的学科育人目标。我们认为课堂是育人的空间，课程是育人的途径，我们可以立足于课堂，通过课程改革实现知识传授与立德树人的双赢。任一学科知识、能力的培养，都只是学生成长发展的部分构件，都只是学生成才的部分要素。

课堂教学改革必须从变革教学设计做起，从落实“三维目标”的设计做起，从树立“课程育人”的意识开始。

二、课程育人的特征

根据相关文献研究的汇总及新乡一中近四年的实践总结，我们认为，课程育人具有八项基本特征。

第一是主体参与性。课程育人理念下的教学注重发挥学生的主体作用，通过活动让学生积极参与到教学中，转变了过去讲授式教学中学生被动接受知识的角色，让学生成为学习的主人。

第二是互动性。课程育人理念下课堂上通过师生互动、生生互动，学生得到多方面的满足，教师的创造才能和主导作用得到充分发挥。课程育人理念下的课堂强调学生对活动的自觉性、深入性，它是展示和发挥人的潜能的重要途径。

第三是民主性。民主性最直接地体现在课堂实施中，学生能够平等地参与，教师与学生之间的交流是平等的，教师要尊重学生的认识和感受。只有平等地对待每一位学生，尊重每一位学生，学生才会感到安全，才能积极主动地参与教学活动。

第四是合作性。课程育人理念下的教学提倡分组活动的形式，这种形式为师生、生生、组与组之间的合作提供了机会。智慧和经验在合作中得到分享，学生在合作中得到成功的体验。

第五是开放性。教室里，从课桌的摆放、墙壁的布置、教师的行为举止到活动的内容和方式都是开放的。开放课堂的形式是活泼的，气氛是活跃的，学习内容是丰富的。课程育人理念下的教学为每个学生提供了发现与创造的机会。

第六是激励性，课程育人理念下的教学评价注重发挥激励功能，这里没有失败，只有不断的探究。每个学生在大家的热情期待中体验了学习的全过程。

第七是发展性。课程育人理念下的教学过程期待每一个学生的发展，只要学生努力探究了，在他人的帮助下进步了，在学习中获得了自信的体验，他就获得了发展。发展只有快慢之分，没有高低之分。

第八是反思性。课程育人理念下的教学的最高境界在于反思，在于顿悟，在于通过群体交流不断发现自身之外的知识，并用来构建新的经验体系。

三、课程育人的要求

当课程育人作为一种理念时，教学才能使学习者拥有真正意义上属于自己的课堂，落实学习者在课堂中学习的主体地位，同时通过小组学习及多种学习手段给予每个学习者个体平等参与学习的机会，倡导师生之间平等对话，更加关注课堂中弱势群体的参与，以此来落实教育公平的理念。当课程育人作为一种方法时，它要求教师为学生提供多样化的学习方式，并采用多种教学手段调动学生参与的积极性，同时给予每个个体积极有效的反馈。当课程育人作为一种行动实践时，使得教与学的过程注重反思行动，不断实现教学的优化。

在课堂文化上，课堂育人理念下的课堂强调营造开放、民主、平等、和谐的课堂氛围，尊重学生之间的个体差异，关注课堂上处境不利的学生，积极为不同学生群体创设参与的方案，教师和学生通过参与教学过程，把各自的智慧贡献于课堂中，共同缔造课堂的精彩。

在课堂组织形式上，课程育人理念下的教学注重以小组为主要组织形式开展课堂教与学活动，教师通过分配小组学习任务，有效指导小组学习活动的开展，同时给予小组展示交流的机会，最终实现学生之间的有效交流。

在教学设计上，课程育人理念下的教学注重用学习活动来设计教学，教师通过调控教学进程的活动、以共同目标为导向的学习活动，以及以各小组达成目标过程中的总成绩为奖励依据的活动来实现教学的优化。

合作学习、开放课堂、激励性评价、探究性学习和反思性教学都渗透于其中。在教学过程中，教师的“教”必须以活动为载体，要少讲多做，课上的练习要精，课后的作业要新。先学后教、少讲多学、当堂达标是课程育人的基本要求。

第二节　课程育人的意义

一、课程育人对时代发展要求的意义

新课程实施以来，基础教育课程逐渐走上了“构建符合素质教育要求的新的基础教育课程体系”的轨道。教育部要求中小学开设的各门课程要依据课程标准教学，“着眼于培养学生终身学习的愿望和能力”，“为培养学生的生存能力、实践能力和创造能力打下良好的基础”。新课程实施以来取得的成果为进一步推动立德树人的工作奠定了基础。

但由于种种原因，在新课程的实施过程中也遇到较多的困难，实施不尽理想。从学科课程的教学上来看，在一些地方仍然存在重学科知识传承、应试训练，单纯追求分数和升学率，轻学科育人功能的状况。

分析学科教学存在的问题及其原因，改进课程的育人功能，全面落实以学生为本的教育理念，是深化课程改革的重要任务。

以前，一些中小学教师由于所处地位和本身素养的限制，在应试教育氛围还十分浓厚的环境下，要摆脱应试教育的惯性思维的确存在很大困难：以学生的考试成绩（尤其是地区质检和中、高考的考试成绩）作为衡量学生素质、学校教学质量的唯一标准；习惯于把学科教育等同于学科知识、技能的教学，有意无意地排斥学科方法、学科思想观念的教育；在潜意识里，往往把提高学科素养、提高学科方法和提高观念教育看成花架子，中听不中用，把加大教和学的时间投入、强化学科知识技能的传授和训练力度，作为提高教学质量的最得力措施。

2014 年 3 月，教育部《关于全面深化课程改革落实立德树人根本任务的意见》提出了全面深化课程改革的总体要求，提出了实现“五个统筹”的要求，其中，“统筹各学科，特别是德育、语文、历史、体育、艺术等学科；充分发挥人文学科的独特育人优势，进一步提升数学、科学、技术等课程的育人价值；同时加强学科间的相互配合，发挥综合育人功能，不断提高学生综合运用知识解决实际问题的能力”，“统筹课标、教材、教学、评价、考试等环节；全面发挥课程标准的统领作用，协同推进教材编写、教学实施、评价方式、考试命题等各环节的改革，使其有效配合，相互促进”，为课程教学发挥育人功能，提高学生科学素养、提高学科教学质量指明了方向，创造了更好的环境，提供了有利的条件。

反思、讨论、研究课程教学，在思想认识和观念上，全面、深刻地认识课程教学的育人功能和价值，克服重学科知识的传承、重应试训练，轻课程育人功能和学科素养培养的习惯，增强育人意识，是进一步发挥课程的育人功能的关键。因此课程育人的提出有着极强的时代意义。

二、课程育人对三维目标延伸的意义

学科的课程标准，要求在知识与技能、过程与方法、情感态度与价值观三个维度，建构学科课程的三维学习目标。只有学科知识、技能的传授，学科方法的介绍训练，学科思想观念的熏陶和培育，教学三要素之间的融合，才能帮助学生形成从学科视角看待自然、社会的观念与思维方法，处理、解决和学科研究内容有关的问题的学科能力。各个学科间相互配合，发挥综合育人功能，就能提高学生综合运用知识解决实际问题的能力，提高科学素养，为形成学习能力、生存能力、实践能力和创造能力打下良好的基础。

学科基础知识和基本技能是人类在学科领域的认知活动中获得的宝贵成果，是回答学科所研究的客观事物“是什么”“为什么”等具体问题的事实性知识。学科知识是学科研究的客观事物在人脑中的主观映像，它反映了客观事物的属性与联系。随着时代的进步和科学技术的发展，学科知识也将得到更新和充实。密切联系生产生活实际和科学发展成就的学科基础知识、基本技能，是培育学生与当代社会相适应的科学素养的重要养分。但是，学科知识、技能的教学如果脱离了学科方法和学科思想观念的教育，学生孤立地学习学科知识和技能，不仅难以吸收所学习的事实性知识，更不可能形成科学的世界观、价值观，不能发挥提升学生科学素养的作用。

学科的过程与方法，是进行学科研究、解决学科问题过程中为达到预期目的所采取的策略、途径、步骤、规则、手段和方式方法。它回答“怎么研究”“怎么表征”的问题。学科方法属于操作层面，具有过程性和可操作性。学科方法包括哲学方法、逻辑方法，适用于自然科学的一般方法，适用于某一门或某几门自然科学的特殊研究方法和现代新研究方法。在知识与技能教学中渗透科学方法的教育，帮助学生了解知识的形成过程，了解人们探索自然和社会发展规律的方法，才能领悟习得探究世界的方法，迁移运用所学的知识。

学科的情感、态度与价值观是人类在认识客观世界的过程中，在脑子里留下的高度概括性的认识，属于思想意识范畴。学科思想抽象地反映学科本质、规律和价值，是学科知识、技能、方法的灵魂。它从观念层面提供从学科角度认识客观事物的视角。学科思想是指导、支配学科认知活动的基本观念，是认识客观世界、处理与学科有关问题的自觉意识或思维习惯，这也是学科教学的最终目的。

新课程学科课程标准，确立了学科教学的三维目标。在指导学生学习学科知识和技能的同时重视了学科方法的教育、训练。但是，在学科思想观念的教育方面，课程标准还缺乏具体要求，在教材中体现不够。在教学实际中，知识技能教学和学科方法、学科思想观念教育脱节的问题仍然比较严重。

在学科教学中，部分教师不能正确认识学科知识与技能传授、学科方法介绍与训练、学科思想观念的熏陶与教育的关系；有的教师认为只要把学科的知识与技能传授落实好，学生的学科方法、思想观念就可以自然而然地形成。有的教师认为学生在新情境中综合运用知识能力的强弱决定于学生的先天智力水平和后天的知识掌握的数量、熟练程度和解题经验的多少；一些教师以为学科思想观念的教育只是空洞的说教，浪费教学时间；有的教师认为学科能力的培养说起来好听，做起来困难，难以成效。这些片面或错误的认识，使学科教学的知识技能学习与学科能力的培养割裂，甚至对立起来。

课程育人要求我们的课堂教学必须从变革我们的教学设计开始，从落实三维目标的设计开始，从强化情感、态度与价值观的认识开始，因此，课程育人是三维目标的自然延伸。

三、课程育人对教师使命拓展的意义

学校应该形成的教学共同价值观的核心理念是：课堂教学价值观需要从单一传递教科书上呈现的现成知识，转为培养能在当代社会中实现主动、健康发展的一代新人。在教学的价值取向和定位上，超越了以往单纯重视知识目标的局限，把能力培养和情感陶冶也作为重要的目标纬度。我们不仅要“教书”还要“育人”，实际上“教书”与“育人”不是两件事，是一件事的不同方面，在教学中，教师实际上通过“教书”实现“育人”。

课堂作为神圣的育人场所，是传道授业的重要阵地，是“立德树人”的重要阵地，是教师履职尽责的重要阵地。教师是人类灵魂的工程师，教师职业是太阳底下最光辉的职业，教师的崇高使命就是育人——通过具体的课程教学实现“立德树人”，全面关心和促进学生的成长，把学生培养成社会主义事业的合格建设者和可靠接班人，造就一批批国家的栋梁之材。

四、课程育人对学生内动力提升的意义

学生的内动力深埋在他们的内心世界里，不会自己产生，我们要给每个孩子建立他们的动力机制。有的教师总在进行一刀切的教育，忽略了他们之间的差异；有的教师总把知识的传授视为唯一或者视为产生能力的必然，那么学生的情感就变成了错误的东西。苏霍姆林斯基说过：如果教师不想方设法使学生产生情绪高昂和智力振奋的内心状态，就急于传授知识，那么这种知识只能使人产生冷漠的态度，而不动情感的脑力劳动就会带来疲倦。没有欢欣鼓舞的心情，学习就会成为学生沉重的负担。赞可夫曾说过：教育一旦触及学生的情绪和意志领域，触及学生的精神需求，这种教学法便能发挥高度有效的作用。

当学生对学习萌发了一种浓郁的情感时，学习便成了一种满足自己的需要，他们才是快乐的、充满创造力的。在教学中，教师要根据教材的内容及学生实际情况，灵活地创设教学情境，调动学生的情感，引导学生最大限度地参与，使学生充分地释放自己的潜能，去探索、创造，进而在享受的过程中养成正确的态度，树立正确的价值观——这也正是我们提出课程育人的基础所在，即调

动学生内动力——无论哪个国家的教育，都该顺应人性。教育最终要干什么？就是要唤醒学生的内动力。怎么唤醒？光靠外力是远远不够的，我们必须让学生知道学习的目的是什么。一开始的时候，我们或许会花费很多时间，但是我们相信立足于我们的课堂，借助于课程的三维目标尤其是情感、态度与价值观这一维度，我们能够提升学生的内动力，发现学生的“最近发展区”。

五、课程育人对课堂转型的意义

今天的基础教育走到了内涵发展的阶段，教育改革也随之步入了“深水区”。课堂作为基础教育最核心的内涵问题，自然成为火力最集中的改革主战场。课堂的空间虽小，内涵却包罗万象，培养目标、课程标准、师生关系等基础教育涉及的方方面面最终都能投射和聚焦于此。课程育人的提出，使教育回归育人这一原点，对于课堂转型，其理论意义主要在于以下几点：

第一，澄清正确的方向或理念。分数高本身没错，但我们还需要思考高分数背后所隐藏的方向或理念是否正确。课堂变革的核心应该是让学生学习增值，学生的学习值包括动力值（更想学）、方法值（更会学）、数量值（知识、技能学得更多）、意义值（对学生个人的发展更有意义）。第二，构建合理的行动框架（理论）。要看该方向下的行动框架或理论是否合理——课堂教学改革必须从变革教学设计做起，从落实三维目标的设计做起，从树立课程育人的意识开始。

在实践操作上，课程育人的提出，使教育回归育人这一原点，对于课堂转型，其实践意义主要在于以下几点：

1. 课堂的教学目标抓手导学案体现课程育人

导学案是以“主题、探究、表现”为核心的梯段式、结构化学习载体。导学案是学生自主学习的方案，也是教师指导学生学习的方案。导学案通过知识问题化、问题探究化、问题层次化、问题情境化的过程，达到实现三维目标的目的。

课程育人理念下的导学案以学生的认知兴趣和需要作为基础单元主题，是唤醒学生自主学习能力和批判思维能力的工具，也是增强教师与学生、学生与学生之间的接触与对话的有效途径。导学案具有引导学生自主学习、主动参与、合作探究、持续发展，呈现出导学设计“多维度”、学习策略“多层次”、展示方案“多形式”等特点，可以帮助学生学会学习、学会创新、学会合作。

2. 课堂的组织抓手小组建设直击课程育人

课程育人理念下的课堂最直观的变化就是学生以小组为单位围坐学习。从排坐到围坐这一形式变化的背后，实际上经历着一场深刻的教育变革，其核心是新的学习组织的出现。新课堂是一种全新的课堂结构，重塑一种全新的课堂秩序，而构成新课堂的重要元素之一就是小组，它作为基本学习单位，具有重大意义。

小组作为一个学习性组织，重要职能之一是交流。学习不是简单的接受，更重要的是在学习共同体内的表达、争论、完善、思想碰撞、头脑风暴。任何想略去知识形成、思想形成的过程而直奔结果的企图都是有悖学习规律的。合作做事是小组的重要职能。小组的出现，支持着学习的一场革命：做事也是学习，而且是更重要的学习。做事就需要合作，于是小组应运而生。为了完成各种学习任务，小组成员要相互协商、分工合作。

小组是学生自己的组织——在课程育人背景下，学生在校的多数时间都是在小组中度过的。小组的存在为小组成员带来了追求和体验集体荣誉的机会，使小组成员在精神和情感上有某种归属感。成就有人分享，挫折有人分担。

通过小组，学生自制能力、团队精神、开放的思想可以得到很好的健全与发展。

3. 课堂的流程抓手课堂模式促进课程育人

不同的教学流程突出关注个体及每个小组的有效学习活动，强化学生动手、动口、动脑，减少讲与听，增加说和做，注重任务达标生成，达到堂堂巩固，课堂基本形成了“主动性→生动性→创新性”的特色。与此同时，不同的教学流程在固定之中有变式，变式之中有规矩。这种特性促使学生高度活跃、主动参与学习过程的同时，快乐地获取知识，实现了以学生为中心和“学生教师双主体”的优质高效课堂。

在小组合作探究学习的过程中，多元化的“捆绑式”评价是一剂高效的润滑剂，促进学生愉悦学习，因为合作教学强调“人人进步，共同发展”，小组中的自我评价、小组评价、教师评价等，让评价体现多重结合和多元评价，有效调动了学生自主学习、合作学习、互助学习和探究学习的积极性。星级评价办法、等级晋级办法等一整套完备的评价体系，为合作学习提供了有力的保障。学生既可以在得到及时评价的时候获取来自不同层面的激励，又可以在长期的过程性评价中进一步增强小组之间合作的凝聚力。

通过好的教学流程，师生互动、生生合作让学生主体性作用得到了充分发挥，极大地提升了课堂教学效率，学生综合素质的全面提升优化了班级氛围，为学生彰显个性、施展才华、拓展创新提供了宽广的舞台。

4. 学科资源的利用拓宽课程育人

为了实现拓展现有学科的育人价值，我们要求教师首先要认真地分析、认识、把握本学科对于学生成长而言独特的发展价值——认识在学校教育中学科的独特价值在于育人，在于学生的发展，而不在于学科知识自身的创造和突破。此时的学科应具有丰富和发展学生的意义。我们并不认为学科知识的掌握对学生的发展没有价值，可以无视。相反，它确实是教学中必须让学生掌握的基础性内容。但学科教学对学生的价值不应停留在此，更不能把学生当作是为学习这些知识而存在的，把教师当作是为教这些知识而存在的。教学为学生的多方面主动发展服务是最基本的立足点。因此，学科独特育人价值要从学生的发展需要出发，来分析不同学科对学生个体而言能起的独特发展作用。

具体地讲，每个学科对学生的发展价值，除一个领域的知识外，从更深的层次来看至少还可以有：为学生提供认识、阐述、感受、体悟、改变自己生活在其中，并与其不断互动着的、丰富多彩的现实世界的理论资源；为学生的形成和实现自己的意愿，提供不同学科所独具的路径和视角、发现的方法和思维的策略、特有的运算符号和逻辑工具；为学生提供一种唯有在这个学科的学习中才可能获得的经历和体验，才可能提升的独特学科美的发现、欣赏和表达能力。唯有如此，学生的精神世界的发展才能从不同的学科教学中获得多方面的滋养，在发展对外部世界的感受、体验、认识、欣赏、改变和创造等能力的同时，不断丰富和完善自己的生命世界，体验丰富的学习人生，满足生命的成长需要和认识自我、发展自我的意识与能力。唯有如此，学科教师才能完成从学科专业人员向学科教学专业人员意义的基础性转化。

在今后的改革当中，立德树人不是一句空话，要落实到教育教学的每个环节，要求所有的课程老师对自己的学科价值、学科的育人功能有很好的思考。同时，新时期的改革也要求每个学科的教育教学除发挥本学科独特的育人功能外，还要高度重视跨学科之间的综合育人功能。

5. 课堂艺术的发挥蕴含课程育人

爱因斯坦对教师的修养提出三条基本要求：一是德，即崇高的思想品德；二是才，即知识渊博；三是术，即高超的教学艺术技巧。

教学离不开艺术。只有讲究艺术的教学，才能取得最佳的教学效果。教学必须讲求科学性，必须遵循科学知识的逻辑性、系统性及其表达方式的规律性和原则性，但教学是一种创造性活动，要求教师发挥独创性，灵活地运用教学原则，恰当地运用教学方法，机智地处理课堂教学过程中出现的各种问题。因此，只有把教学的科学性和艺术性结合起来，才能圆满地完成教学任务。

所谓教学艺术，就是教师运用语言、动作、表情、色彩、音响、图像（包括文字、符号、图表、模型、实物、标本）等手段，遵循教学规律，运用教学原则，创设教学情境，为取得最佳教学效果而组合运用的一整套娴熟的教学方法、技能和技巧。

教学科学主要运用理性，以理服人；教学艺术则是运用情感，以情感人。教学过程既是信息交流的过程，也是师生情感交流的过程。其中，教师热情、乐观、和善、满面春风的教态，与冷漠、忧郁、严厉、满面愁云的教态所产生的教学效果是不一样的。教师要善于表现出情感性教态，创设情感性教学情境，挖掘教学内容中的情感性因素，把学生置于一种情感激发、陶冶的气氛中，使学生为之所感，为之所动，这是教学艺术的一种体现，也是教学成功的保证。

六、课程育人对校园生态改善的意义

联合国教科文组织国际教育发展委员会主席埃德加·福尔指出：人类的发展目的在于使人日臻完善；使他的人格丰富多彩，表达方式复杂多样；使他作为一个人，作为一个家庭和社会的成员，作为一个公民和生产者、技术发明者和有创造性的思想家，来承担各种不同的责任。我们认为，一个文明的社会需要成熟的公民，而责任心是公民不可缺少的最基本素质，今日校园里的每一个孩子都有了参与之心，他们明日才有可能具有责任之感，这使得我们在新课程改革践行中发现了参与——（新课程）理念的贯彻需要学生的参与，课堂模式的采用为学生提供参与的机会——这个关键词是对课程育人更深刻的认知。

由课程改革的践行学校呈现出新的生态：从学科教学到课程育人，从面向整体到面向个体，从教学取向到学习取向，教师从权威资源的拥有者到平等的学习指导者，并要善于指导在不同学习链条上的学生。我们必须为每一个学生的学习而设计，有时师生要进行共同设计，多花心思研究学生学习的故事，来了解教师应该在哪个环节起作用——当课程、课堂、评价的挑战无所不在时，学生的潜能才可能最大限度地被激发；教学知识呈现方式绝不仅仅是形式，它恰恰能决定学校生态，而只有这样的生态，才能造就彼此的唤醒、共同发展、自我反思的成长生态；只有顺应学生天性的教育改革，才有生命力，仅仅在教师层面或教学层面发生的改革必定很难持久——课程的适度提高与有效，学生自主发展的愿望和能力增强；课堂为学生个性的觉醒和成长提供了合适的土壤、空气和水，教师和而不同；新型同伴关系更有利于学生人生意义上的同伴关系的发展，和谐的师生关系对学生的学习、交往和情感归属产生积极的影响。

课程是教育的核心，课程要成为学校发展的内涵支撑，就要把教学与育人的功能、课程与育人的功能有机统一——办学“离不开课程出特色，离不开课程促质量”。

落实课程育人是提高国民素质、建设创新型国家和人力资源强国的战略举措，是落实科学发展观的具体体现，是实现“中国梦”的有力支撑，是推进教育现代化的重要内容，有助于我国中小学的学科教学提升到“人的学习”的高度，对于确保每一个孩子接受高质量教育、促进教育公平具有重要而深远的意义。

第三节　课程育人的实践

一、构建育人的轨道：教学模式的价值

1. 教学模式的教学价值

教学模式作为沟通教学理论与教学实践的桥梁，在教学过程中很好地发挥了教学理论具体化与教学经验概括化的中介作用，对它的研究和探讨不仅丰富和发展了教学理论，也有益于提高教学质量和教学效率。国内一些学者认为对教学模式的研究可以让我们用系统整体的角度探讨教学过程中的各个因素的相互作用；鉴于教学模式具有概括性、可操作性的特点，因此也易于教师掌握；因为教学模式沟通了教学理论与教学实践，对它本身进行研究也有利于改善二者相脱节的现象，有利于提高教育教学质量。教学模式的主要教学价值归纳为以下三点：

（1）为教师提供合适的教法

20 世纪 70 年代美国开始对教学模式进行系统研究，为了解决教学理论与实践相脱离的现象，我国从 20 世纪 80 年代开始对教学模式进行研究，并成为教学论研究的一个热点。教学模式是一种具体的教学过程理论，因此对教学模式的研究为教师教学提供了相应的理论依据；教学模式又是对教学实践经验的系统总结，也为教师进行下一步教学提供了可借鉴的经验。

教学模式作为沟通教学理论与教学实践的桥梁，为教师教学提供了有一定理论依据的教学方法体系，也可以使教师在摸索实践中进行教学；教学模式本身具有很大的灵活性，教师在教学过程中依据学科特点、现有教学条件与自身

教学风格等因素选择适合自己和学生的教学方法，体现出对学科特点的主动适应。我国自开始研究教学模式以来，在中小学常用的是由国外教育学家的教育理论演变而来的模式，它们在相当长的时间内发挥了其应有的教育教学价值。我国中小学常用的教学模式主要有传递—接受式教学模式、自学—辅导式教学模式、引导—发现式教学模式、情境—陶冶式教学模式、示范—模仿式教学模式。教师可以根据不同的教学模式采用不同的教学方法，甚至在一种教学模式下可以采用多种不同的教学方法，综合运用多种教学方法来完成教学任务，从而最优地完成教学任务。

（2）为教师提供相对稳定的教学设计依据

教学模式以一定的教学理论为指导来完成规定的教学目标和任务，在形式上表现为一定的教学活动程序及其方法策略，在当时的教学过程中充分发挥了教师的主导作用；教学设计是需要把教学的原理转变成教学所用的材料与教学活动计划的一个过程，也是对教学活动进行系统地计划的一个过程，在这个过程中教学模式发挥着重要作用。教学模式指导教师完成规定的教学任务，在完成这项任务的过程中，教师需要根据学生所学知识选用不同的教学方法，也可以根据学生学习的特点来选择教学模式，并根据相应的教学模式进行课堂教学设计，教学模式的提出为教师教学提供了一种合理的教学设计的依据。在教学的不同阶段采用不同的教学方法，所设计的课堂教学程序也不同，这些教学方法与教学程序之间有着内在的联系，采用不同的教学方法授课可以有不同的教学效果，无论是何种教学方法都会在一定程度上促进学生学习的自觉性、积极性，激发学生的学习兴趣，也能够培养学生的自主学习的能力和学生的探索能力。因此教学模式的提出为教师提供了稳定的教学设计依据，在不同的课堂教学活动中学生的学习积极性和自觉性都得到了提高，教师的教学效率与学生的学习成果也会相应地得到提高。

（3）丰富了课堂教学形式

任何课堂教学活动的开展都需要采取一定的形式，而长期以来因为教师教学形式的单一，造成的后果是学生没有学习的动力与兴趣，课堂教学质量与效率不高。采取何种教学形式也与教学模式的选择有关，在教学实践中存在多种教学模式，但是一个优秀的教育实践工作者不会拘泥于某种固定的教学模式，而是不断创新、不断呈现出个人的特色；教师根据自身的教学特点选用不同的教学模式，在课堂上会呈现出不同的教学形式。传统的教学模式下教师完全处于主导地位，课堂上是以教师的讲授和指导为主，学生是按部就班地完成教师布置的任务，呈现出的是单一传递的形式；随着课程改革的推进出现了多种教学模式，师生在课堂互动中呈现出的是相互尊重、交流合作与共同发展的特点，课堂学习气氛活跃，师生合作交流的方式也十分灵活，学生在课堂上展示和表达的机会也更多，教师在课堂上不仅仅是传授知识，还要积极参与学生学习的过程。

引导学生在探究合作中学习，使学生在交流合作中得到发展。不同的教学模式下呈现出的课堂教学形式是不同的，教学模式的提出为教师的教学活动提供了理论基础，丰富了课堂教学形式，也提高了课堂教学效果。对于教学模式本身的作用来说关键在于培养学生成为更有效的学习者，因此可以说教学模式也是学习模式。

课堂上，教师在帮助学生获得知识、学会表达方式及掌握技能时，其实也是在教学生如何学习；不论采用何种教学模式，教育的最终目的都是为了能够提高学生的学习能力，学生在学习过程中不仅掌握了知识与技能，也掌握了学习的过程；丰富多彩的课堂教学形式调动了学生学习的积极性，培养了学生的学习兴趣与学生的创新意识、自学能力等各方面的能力，提高了学生的学习效果。根据学者们对教学模式的研究，教师在教学过程中要依据教学目标与内容，学生年龄特征和知识、智力水平与教师的自身条件选择合适的教学模式；教师在运用教学模式的过程中要充分发挥自己的主观能动性和创造性，创造更为适合自己的教学模式，这样才能体现出教学模式的教学价值。

2. 新课程改革以来国内典型教学模式实践的反思

随着新课程改革的推行，全国各地出现了不少教学改革的典型，这些教学改革的典型对基础教育改革产生了巨大的影响。全国课堂教学模式典型有山东杜郎口中学“10+35”模式，洋思中学“先学后教，当堂训练”模式，东庐中学“讲学稿”模式，河南郑州第102中学“网络环境下的自主课堂”模式，山东昌乐二中“271”高效课堂模式，等等。这些教学模式的产生及发展不仅给学校带来了声誉，也让学生充分体验到课堂的乐趣，激发了学生潜在的能力与技能；学生在课堂上也变得异常活跃，学生学习的积极性与主动性被调动了起来，由原先的厌学变成现在的乐学，教学效果得到明显的提升。

（1）典型教学模式的实施——以洋思中学“先学后教，当堂训练”模式为例

江苏省泰兴市的洋思中学从1984年开始实施教学改革，在前任校长蔡林森的带领下迅速崛起，洋思中学取得的成功引起了教育界的关注。洋思中学之所以取得如此之大的成功在于它的办学理念，秉承着“没有教不好的学生”的办学理念，追求的是“让每一位家长满意”的目标。洋思中学的课堂上学生是主体，教师尊重每一位学生，对学生进行引导性教学，学生可以进行自主学习，学生之间进行交流与合作，课堂上的大部分时间是属于学生的。洋思中学的课堂是一种自主合作与勤奋探究的课堂。它独特的办学思路形成了“先学后教，当堂训练”的教学模式，内涵是“不学不教”“以教导学”“以学促教”“以学定教”，它正确处理了教与学的关系，为学生成长与教师发展奠定了基础，促进了教学相长。

洋思中学教学改革的第一步是要求学生当堂完成课堂作业；第二步是提出“堂堂清，周周清，月月清”的教学目标，这防止了学生问题的积累；第三步是在完成前两步目标的基础上提出“先学后教，当堂训练”的教学模式，它的教学过程包括“先学”“后教”“当堂训练”三个环节，实施该教学模式改变了学生的学习方式，学生能够主动地发现并解决问题，也可以自己归纳所学的知识与规律，在课堂上所有学生都在积极认真地思索问题，也能够当堂解决暴露出的问题，全面落实了学生的主体地位及课堂教学目标。

（2）典型教学模式带给教学实践的价值

洋思中学、杜郎口中学与东庐中学作为教学改革的典型，取得了巨大的成功，而且在基础教育改革的浪潮中它们为基础教育事业也带来了曙光与希望。三所学校根据自身教学实践的特点与缺陷构建了适合自身发展的独特的教学模式，在践行教学模式的过程中不仅提高了学校的教育教学质量，也使教师角色与教育教学行为发生了重大的转变，更使学生在学习过程中体会到学习的乐趣。与传统的教学模式相比，它们特有的教学模式有其先进性与合理性，无论是教师的教学、学生的学习还是整个学校的教育教学工作，它们独特的教学模式是本土性与原创性的教学模式，它们的本土性与原创性是值得全国教育工作者学习和借鉴的，它们独特的教学模式是课堂模式的革命性变革，它们实现了教与学的统一，也实现了素质教育与升学教育的统一。

①转变学生的学习方式

传统课堂中，学生基本处于被动接受的学习状态，这种传统的接受学习过分强调了接受和掌握知识而忽略了培养学生的发现和探究能力，这样的学习压抑了学生学习的兴趣和热情，影响和阻碍了素质教育的发展，所以新课程改革的其中一个重点就是要“让学生的学习产生实质性的变化，倡导自主、合作、探究的学习方式，逐步改变以教师、课堂和书本为中心的局面，促进学生创新意识与实践能力的发展”；学生学习方式的转变是新一轮基础教育课程改革的显著特征，改变传统的单一被动的学习方式，建立和形成旨在充分调动与发挥学生主体性的学习方式，促进学生在教师指导下主动且富有个性地学习成为新一轮基础教育改革的核心任务。

传统课堂中，学生采用的“听讲—背诵—练习”的学习方式限制了学生思维的发展与创新意识的培养，只体现出一种僵硬的学习方法，扼杀了学生的创新思维与意识，在新课程改革背景下大力进行教学改革的杜郎口中学、洋思中学与东庐中学的教学模式都注重学生的预习，在预习与自主学习的过程中学生会发现问题，并能够在教师的指导下根据已有的知识自主地解决问题，在一定程度上培养了学生的自学能力。三所学校的教学模式中也有互动合作环节，在此环节中学生能够积极地相互配合，合作学习有助于培养学生的合作精神、团队与集体意识，也有助于教师的因材施教，从而使每个学生都能得到全面的发展。在互动合作环节后是学生练习、教师辅导的训练环节，在此环节中学生能够根据前两个环节中遗留的问题进行进一步的主动探索，在探索研究的过程中主动获取更深层次的知识，并能够达到灵活运用知识的能力，在教师的辅导下学生根据自己的兴趣，通过对问题的探究培养自身的实践能力、搜集和处理信息的能力，也可以促进学生灵活运用相关的知识，在与学生和教师的沟通中培养了自身的团队合作意识，也培养了学生的创新精神。

杜郎口中学、洋思中学与东庐中学的课堂是民主平等的课堂，而这种课堂正是新课程改革倡导的教学环境，在这样的课堂环境中引导学生自主思考、探究，改变了传统接受学习的被动局面，学生进行自主、合作与探究学习从某种程度上确立了学生的主体地位，保证每个学生都能够积极参与到实践活动中去，从而提高学生的实践能力，培养学生自主学习的习惯；在合作与探究学习过程中学生可以自由地发言，并表达自己的看法与见解，培养了学生的怀疑精神与批判意识。三所学校的教学模式倡导的自主、合作、探究的学习方式，真正促进了学生创新能力与实践能力的发展。

②更新教师的教学观念，转变教师的教学方式

新课程改革要求改变传统的教学方式，倡导学生主动参与课堂活动，注重培养学生分析解决问题的能力，在教学过程中教师应与学生积极互动，注重培养学生的探究创新精神，因此教师应该根据新课程改革的理念转变自身的教学观念。杜郎口中学、洋思中学与东庐中学的课堂是属于学生的，实施这些教学模式使得教师的教学观念发生了根本性的转变，三所学校都践行"一切为了学生的发展"的教学理念，教师在教学过程中注重培养学生良好的学习习惯，并鼓励学生主动学习。与传统的课堂教学相比，教师在课堂上更多的是传授学生学习方法，既注重知识的传授也注重技能的培养，深切认识到学生是学习的主体，满足了学生学习的需求。实施这些教学模式促使教师改变以往只重视知识传授的教学观念，由重视传授知识向重视学生全面发展转变，促进了教学观念的更新。

实施新课程需要新型的教师，要求教师从传统的角色中解放出来，早在联合国教科文组织国际教育发展委员会编著的《学会生存：教育世界的今天和明天》一书中就曾指出：教师的职责现在已经越来越少地传递知识，而是越来越多地激励思考；除了他的正式职能，他将越来越成为一位顾问，一位交换意见的参加者，一位帮助发现矛盾论而不是拿出现成真理的人。他必须集中更多的实践和精力去从事那些有效果的和有创造性的活动：互相影响、讨论、激励、了解、鼓舞。这一具体的阐释说明了教师需要改变传统的角色，在传统的教学中教师担任的是知识的传授者、教书匠，课程的执行者，个体劳动者，在新课程改革的背景下教师则需要转变自身的角色，教师应该由知识的传授者与教书匠转变为学生学习与发展的指导者、促进者与研究者，需要从课程的执行者转变为课程的建构者与开发者，需要从个体劳动者转变为教育协作者。杜郎口中学、洋思中学与东庐中学实施的教学模式对教师提出了更高的要求，在它们的课堂上学生自主支配的时间比教师使用的时间要多得多，教师在课堂上与学生之间是互动合作的关系，学生遇到问题会自主地解决，若是解决不了会向老师请教，这时教师就由纯粹的知识的传授者转变成了学生学习的指导者。新一轮的基础教育改革要求实施国家、地方、学校三级课程，国家把课程开发的权力

部分地下放给了学校和教师，教师也成为课程开发的主体，而东庐中学的“讲学稿”教学模式充分体现了这一理念，它以“讲学稿”代替课本，要求教师提前备课，轮流备课并集体讨论，改变了以往教师独自备课的状况，教师由课程执行者转变为课程开发者，实现了教师角色的转变；在课堂上教师与学生之间相互讨论合作，并鼓励学生表达自己的见解，教师在与学生的互动合作过程中实现了教学相长，也促进了自身的发展，提高了教师自主学习的积极性，实现了教师的专业化发展。

3. 新课程改革的关键词——“参与”

2011 年 11 月，我校开始学习山东昌乐二中“271”高效课堂模式，伴随着入模程度的加深，我们发现，借鉴来的“271”高效课堂模式也存在“水土不服”的情况。由于我们的班级人数众多、学生生源参差不齐等现象与昌乐二中有着根本的不同，因此伴随机械借鉴产生的问题越来越多。越来越多的老师加入到同化模式的道路上来，周三、周四的集体备课会，老师们以讲座、观摩课等形式积极地分享自己的收获。2013 年 10 月，在文综组备课会上，吕庆生主任提出将“参与”作为高效课堂特征这一理念，后得到进一步完善。

参与：“参加（事务的计划、讨论、处理），参与其事”，即“加入某种组织或某种活动”，是指个体在群体活动中的状态。从个体心理维度来看，它包括个人在认知、情感和行为上的投入；从社会群体维度看，它是指个体与其他个体之间的互动、个体受群体影响的方式和程度。具体到教学实践中，参与不能仅仅是学生个体的专注学习状态，而是学生在交流互动的学习环境中的投入状态，及课程中学生个人认知、行为和情感的积极投入，是学生主动思考、合作探究和积极解决问题的状态——可以说，只有参与，教学活动才会发生。参与，有效教学的主要特征；参与，课程改革的关键——理念的贯彻需要学生参与，课堂模式的采用为学生提供参与的机会，好的评价体系使学生乐于参与。

（1）“参与”理论政策和理论依据

《儿童权利公约》明确规定，儿童具有“参与家庭、文化和社会生活的权利，儿童有参与社会生活的权利，有权对影响他们的一切事件发表他们的意见”，并将参与权与生存权、受保护权和发展权共同列为儿童的四项基本权利。课堂“作为学生进行社会生活最主要的场所”理应承担这份责任，这也是以

"参与"为主要特征的新课堂的合理性的现实表达，明确了学生的主动参与就是教学的应然状态，是课堂教学质量最重要和最根本的保障。

《国家中长期教育改革和发展规划纲要（2010—2020年）》将参与式教学、启发式教学、探究式教学、讨论式教学列为我国未来十年大力推广和普及的重要教学模式和方法。我们认为的以"参与"为关键词的教学有别于"参与式教学"，它是将启发、探究和讨论作为学生参与的手段的一种教学策略。

新课程改革倡导的学生观：学生是学习主体，教师让学生自己读书，自己感受事物，自己观察、分析、思考，从而使他们自己明白事理，自己掌握事物发展变化的规律。学生是主体，教师是主导，落实在课堂教学就是学生积极参与的过程，而如何参与主要通过讨论、展示、点评、质疑、拓展等环节来实现。

（2）"参与"理论的学术理论支撑

教育哲学规律告诉我们，学生是具有强大潜力的活生生的人，是具有强大能动性的学习主体，没有他们主动积极的参与，教育便不可能发生。从认识论层面讲，实践出真知，学习的本质是参与，并在参与过程中尝试、发现、体验、感悟，获得新知，实现超越与发展。因此，教学质量的优劣、教育目标的得失，与教学是否较为集中、合理、系统地为学生创设立体的参与环境、创造多元的参与契机密切相关，与学生参与教学活动的数、量、质、广度、深度、力度等要素密切相关。

建构主义理论：建构主义从学习的角度为参与的理念和实践提供了具体的解释性支持。首先，建构主义认为，学习者具有主观能动性，他们有着自己的经验，能够不断地在自己已有经验的基础上建构知识，在新旧知识之间进行积极主动的整合。其次，建构主义认为，学习必须对学习者有意义，而只有学习者自己建构的知识才对他们有意义。我们提倡发散性学习，为参与者提供丰富的、与其学习目的有关的学习资料，让他们在与资料互动的过程中、与其他组员交流的过程中，积极建构对自己有意义的知识。最后，建构主义不仅重视知识的个体建构，而且强调知识的社会建构。

合作学习理论：合作学习理论是20世纪70年代兴起于美国的一种教学理论与策略，以研究和利用课堂教学中的人际关系为基点，以目标设计为先导，以师生、生生之间的合作为基本动力，以小组活动为基本形式，以小组整体为评价对象，以标准参照评价为基本手段。为使合作学习产生最佳效果，其中的重要原则就包括人人参与及鼓励每个学习者积极主动地学习；每个人承担自己的职责，并定期更换角色，以便学生了解不同角色的责任。

学习金字塔理论：美国教育界有一个非常有名的学习金字塔理论，它形象地显示出采用不同的学习方法，学习者在两周以后还能记住的内容（平均学习保留率），其中听讲记住5%，阅读记住10%，声音/图片记住10%，示范/演示记住30%，小组讨论记住50%，实际演练/做中学记住75%，马上应用/教别人记住90%，可见学习效率在50%以上的都是学生主动参与取得的。

主体教育理论：主体教育理论是自20世纪90年代以来在我国掀起的教育学理论，该理论认为人的主体性是人的自然性和社会性的最本质的特征，是人之所以为“人”的最重要的前提。让学生积极参与课堂教学活动正是唤起学生的主体意识，弘扬人的主体性，使每个学生都在原有的基础上获得提高。学生是学习的主体，没有学生的积极参与，就不可能形成生动活泼的积极高效的学习状态。

发现学习理论：提出者布鲁纳认为，传统教学模式重视知识教学，忽视能力的培养，必须予以淘汰。应该把发展学生的能力（特别是发现能力和创造能力）放在最重要的位置，把教学过程作为教师引导和学生自主参与的过程。这一模式的理论依据是心理学中关于解决问题的思维过程的理论。这一方法的优点是：能刺激学生的学习动机，培养学生的信心，能使学生更好地理解，能培养学生提出问题和解决问题的能力。

马斯洛需要层次理论：该理论把需要分成生理需要、安全需要、社交需要、尊重需要和自我实现需要五类。我们强调学生参与课堂正好可以满足人的交往需要、尊重需要和自我实现需要，而一旦人高层次需要得到满足，那么他就有了归属感，就会有自我超越的精神状态，就会为人生目标去拼搏，从而实现人由自然人到社会人的巨大转变。

（3）参与的方式：行为参与和思维参与

①行为参与：通过回答问题、分组讨论、表演等动作行为参与到课堂教学活动中，如根据课堂内容回答问题或进行看病、问路、购物等表演。

②思维参与：如学生的思考、讨论、争论和协作等活动都属于思维参与。思维参与源于但不拘于课本，是学生创造力的充分体现。

(4) 用理性的观点分析参与

在实际课堂教学过程中，有些教学活动的有效性具有双重意义，我们应对其具体分析和恰当把握。如表演式参与：为了让人感到课堂活跃，有些教师在课堂上让学生表演准备好的对话和短剧等，这种表演并不是毫无意义。但值得注意的是，此类表演的目的一是示范，二是检查，达到了这两项目的的是有效参与，单纯为听课人进行的重复表演是无效参与。又如被动参与：教师指定的学生以指定的方式参与活动，学生无自主性。被动参与在特定的教学环节中是必要的，是有效参与，如拼写音节、背句子等，但被动参与比例不宜过大，时间不宜过长，否则是无效的。教师要考虑学生参与的节奏，强调学生的全体参与，就要承认个体的差异。为不同的学生设计不同的活动内容，采取不同的节奏，才能体现教学的平等原则。教师一方面要从数量上保证学生的参与，另一方面更要在提高质量上下功夫，保证学生每一次参与都有效，保证每一项课堂活动都能收到积极效果。

4. “I’m in（参与)” 课堂模式简介

2013 年 11 月，初中部教研团队通过决议，将基于“参与”理念的符合我校实际情况的高效课堂模式命名为“I’m in(参与）”课堂模式，简称“I’m in”课堂。

“I’m in(参与）”课堂模式中 in 的基本意思为“参与，在其中”，in 课堂即参与课堂，同时 in 与 out（意为落伍、被淘汰）相对，有流行、跟得上潮流、时尚之意。I’m 表示一种常态——我在课堂,践行着课堂主人与主体的职责，暗含人人参与之意：我的课堂我参与，我们的课堂人人参与。

“I’m in(参与）”课堂模式，是建立在现代社会心理学、教育社会学、认知心理学、人本主义教学观等理论基础上，是对行为主义、合作学习、学习金字塔理论和建构主义等理论的深化和发展，以参与式的教学为媒介，以研究和利用课堂教学中的人际关系为基点，以目标设计为先导，以导学案为路线图，以师生、生生之间的合作为基本动力，以小组建设为关键，以小组活动为基本形式，以小组整体为评价对象，以培训为主要管理手段，以探究性的学习为主要方式，以全面提高学习成效、改善学习氛围、形成良好心理品质和社会技能为根本目标，是一种极富创意和实效的教学理论和策略体系。合作学习、开放的课堂、激励性的评价、探究性的学习和反思性的教学都渗透于其中。

5. “I’m in（参与）” **课堂模式课型模式**

我们以初中部校本课程研究总课题“分课型构建‘I’m in(参与）’卓越课堂”为依托，在相关理论的指导下提出关于中学各学科分课型的基本模型——概念课教学模式、复习课（反馈检测）教学模式、讲评课教学模式，从教学程序、认知过程、教师活动、学生活动、学生发展等五方面对中学各学科课型模式进行概括，并利用行动研究法和调查研究法进行实证论证和分析，以期全面、完整地形成对各学科课型的认识，完成课型模式的实践研究，从而为教师有效开展数学教学提供相关的策略，为新课程内容选择、组织、教学实施提供导向，为研究整个课程体系策略抛砖引玉。

（1）新授课基本环节：①预习自学，完成学案；②分组讨论，展示点评；③总结升华，当堂达标；④训练应用，拓展提升。

附件 1：

“I’m in（参与）”课堂语文新授课模式

一、预习自学，完成学案

预习是求知过程的一个良好的开端，是自觉运用所学知识和能力，对一个新的认识对象预先进行了解、求疑和思考的主动求知过程。面对一篇新鲜生疏的课文，产生一种求知的愿望，在这种内动力的趋动下，主动地去研读课文。在预习的过程中，不可避免地会遇到一些新的知识，就会竭力地运用所具备的知识和能力去了解、分析和吸收。勾联和融汇就成为一种自觉的行为，一则有利于对旧知识的回顾和复习，乃至运用；二则有利于培养自觉思考问题的习惯，提高分析问题、解决问题的能力。

预习只需粗略地阅读，了解知识的梗概，以做到心中有数地去听讲，或者说带着问题去听讲。在课堂中，教师对新知识的传授，是在学生准备程度和现有知识水平的基础上进行的。问题的思考也有较严格的时间限制，在这种情况下，接受者若对新的认识对象心中没数，往往就会紧张地“奔命”于老师设计的思维轨道中。这样一种心理不但影响对新知识的理解和接受，而且更不易积极思维、求疑思疑、触类旁通。久而久之，就会对学习语文失去兴趣，甚至产生畏惧心理，严重影响成绩的提高和能力的培养。

二、目标解析，自主探究

学习目标是学习者通过教学后应表现出来的可见行为的具体的、明确的表述。学习目标的分析与确立是学科教学设计中一个至为重要的环节，它决定着教学的总方向。学习内容的选择、教与学的活动设计、教学策略和教学模式的选择与设计、学习环境的设计、学习评价的设计都要以学习目标为依据来展开。

是不是在明确完学习目标之后就要展开合作学习呢？我们认为应该给学生留下独立思考、自主探究的时间。自主学习是当今新课程理念所提倡的一种学习方式。它要求学生做课堂的主人，要在老师的引导下发挥自己的主观能动性，调动自己的各种感觉器官，通过动手、动眼、动嘴、动脑，主动地去获取知识。所以在解析完学习目标之后，应该让学生独立思考，正是有了用心思考，才有了后边的合作学习。

三、分组讨论，展示点评

我们指导学生进行完自主学习后，就会进行相关主问题的合作探究。探究的问题一般来说都是文章中重点、难点，而且会保证问题的容纳度和开放性。我们所主张的探究绝不是简简单单地探究答案，我们要让学生在探究过程中逐步锻炼自己分析问题、解决问题的能力。学生要弄清楚问题考查什么知识点，应该具有什么样的解题思路。

展示点评环节是一节课的高潮和中心环节。在这一环节中我们以学生自愿点评为主，同时辅之老师的随机抽查。展示的形式有口头展示和书面展示两种，展示的同学应注意展示的礼貌性、条理性和科学性。点评的同学可以从展示者的考点分析、解题思路、答案完成度等多个侧面对展示者进行评价，肯定其优点，指出其不足。

四、总结升华，当堂达标

教师始终是课堂的引导者。不管在什么样的课堂模式下，我们都不能忽视教师的主导作用，相反，“I’m in(参与）”课堂模式对老师的要求更高了。老师要在极短的时间里对这一节课进行总结和深化。教师要告诉学生，这一节课的重点是什么，哪些问题关涉重点，我们怎么来解决这些重点，如何注意解决问题的规范性，等等。所以说，老师总结提升的高度决定一节课的深度。这就要求老师在课下认认真真备课、扎扎实实钻研。

总结升华结束后，教师要针对本课学习的重点和难点进行针对性的检测，从而达到当堂达标的效果。

五、训练运用，拓展提升

课堂上的时间是有限的，课下的训练运用无疑具有重要的作用。训练案的训练题一般包括两个方面的内容：一是提示阅读教学，二是突出基本功训练的重点。完成课后练习题的过程，既是对所学课文重点内容的巩固复习，也是对孩子思维能力、理解能力、语言组织及表达能力的一种有效训练。课后练习题的答题质量，能够很直观、很真实地反映出孩子上课听讲学习的效果。

语文是一门注重形象思维的学科，可以说是一门典型的注重发散性思维的学科。这就要求我们有必要给孩子更多发散和拓展的空间。在这个环节，我们可以找一些与本课相关的语文素材给学生看，可以是主题相关，可以是形象相似，也可以是方法相同，当然还有其他的很多很多。我们的目的很清楚，一是巩固所学内容，能够让学生做到举一反三、知微见著；二是通过不断地发散和积累，最终达到提高学生的综合语文素养。

（2）复习课基本环节：①梳理知识，归纳题型；②分组讨论，展示点评；③难点突破，总结升华；④当堂达标，拓展提升。

附件2：

“I’m in（参与）”课堂数学复习课模式

一、基本程序

梳理知识，归纳题型→目标解析，自主探究→分组讨论，展示点评→难点突破，

总结升华→当堂达标，拓展训练

二、环节阐述

（1）梳理知识，归纳题型

梳理，就是将旧知识点按一定标准分类。尝试回忆、看教科书、整理笔记、看参考书是这一环节的主要内容。要注重知识的系统性，要引导学生从弄清某一个单元的知识结构入手，从结构到性质，从性质到方法，从灵活运用到形成能力。梳理要完成两项任务：一是将知识点连接起来（求同），二是把各知识点分化开来（求异）。这一过程教师要充分发挥学生的主体作用，通过引导点拨来达到促使学生相对完善知识，使知识逐步趋于系统化。在教师引导下，学生对题型进行归纳，简要对本章节中考（重点）题型进行概述，教师做好完善和补充。此环节在课前完成。

（2）明确目标，自主探究

复习课的复习目标要全面、要准确、要具体，突出重点，突破难点。确定复习重点可从以下几方面考虑：首先，根据教材的教学要求提出四个层次的基本要求：了解、理解、掌握和运用。这是确定复习重点的依据和标准。对教材要求“了解”的，让学生知其然即可；要求“理解”的，要领会其实质，在原有的基础上加深印象；要求“掌握”的，要巩固加深，对所涉及的各种类型的习题，能准确解答；要求“运用”的，要灵活掌握解题的技能技巧。其次，熟识每一个知识点在初中数学教材中的地位、作用；最后，熟悉近年来试题类型及考试改革的情况。

教师要精心设计复习提纲，摘录典型例题，分层次的练习题的设计应把握知识的连接点，做到一道练习题击中多个知识点，起到牵一发而动全身的作用，搜集平时作业、测验中的典型错误，提出针对性训练练习题；要求学生独立完成自学提纲，这个过程是发展学生自主学习能力的重要一环，在这个过程中他们会想方设法克服困难解决问题，自己查找出前一阶段学习过程中存在的不足，并通过眼、手、脑并用加深对所学知识的印象。

（3）分组讨论，展示点评

课堂上学生通过讨论，大胆地表述自己的见解，在讨论的过程中增强自信、发展个性，加深对知识和方法的理解，提高学生的思维能力、分析能力和表达能力。学生小组合作交流，互相帮助，调动了兴趣，提高了学习能力，营造了一个轻松、愉快的学习氛围。

小展示展示学习成果，大展示展示学生“错误”。引导学生对相关例题进行分析、归类，总结解题规律，把握知识的运用，深化对知识的理解，提高复习效率。对具有可变性的练习题，引导学生进行变式训练，鼓励学生一题多解、一题多变，培养学生的应变能力，提高学生的技能技巧，提高学生综合分析问题、解决问题的能力。教师需要发挥好自己的主体作用，做到易题精讲、陈题新讲、小题大做、多题一讲、一题多变等，真正做到学生会的不讲、学生听不懂的不讲、老师讲不清的不讲。

（4）难点突破，总结升华

引导学生总结知识方法和数学思想方法，同时还可让学生把学习过程中的一些新的观点、方法、感受写出来，可以是单元小结，可以是对本单元基本问题的归类，也可以是旧题新解，还可以是一题多解、一解多用，甚至可以是学习过程中的一些人生感悟。

（5）当堂达标，拓展提升

达标是一堂复习课效果的检查，也是对教学目标的验收，它包括练习中的基础知识的准确性与正确理解，也包括对基础知识的应用，通过学生自己的评价和教师评价来激励学生学习的热情，为学生提供一个得以发挥的自由空间。检测题要求覆盖全面、重点突出、难度适中，确保学生在规定时间内或一节课时间内能够完成。教师根据展示点评情况和当堂达标情况布置相应的家庭作业，使孩子能够在40分钟内结束。

（3）评卷课基本环节：①统一答案，自主探究；②分组讨论，展示点评；③错题归纳，难题详解；④总结升华，纠错反思。

附件3：

“I’m in（参与）”课堂理综学科讲评课模式

一、统一答案，自主探究

拿到试卷后，老师用2—3分钟时间将答案公布给学生。学生认真改错，并独立分析自己做错题是真正不会还是因为粗心等，并将粗心导致做错的题以及某些通过对照答案能明白的问题独立解决，不会的问题做出标记，为下一阶段的小组讨论做好准备。

二、分组讨论，展示点评

每个小组内同学先自行讨论，解决掉本组同学存在的简单和中等难度的问题。这个过程中通过学科组长的讲解不仅可以帮助提高学困生的成绩，也可以提高学优生的知识归纳和总结能力，并有助于学优生发现自身存在的对某些知识点认知不透彻等问题。经过本组学生讨论无法达到统一答案时，可以将这些问题写到“质疑区”。

某些问题对于本组学生来说可能是疑难问题，对别的小组可能是简单问题，因此，课堂上教师可以让学生说出本组的疑难问题，并记录在黑板上，然后全班各组同学开始就这些问题进行抢答和点评，并给予相应加分。

三、错题归纳，难题详解

在别的小组同学的帮助下，部分疑难问题得以解决，出错的同学需要及时进行归纳总结，避免再次出现类似错误。部分学生无法解决的难题需要老师启发式地讲解。

四、总结升华，纠错反思

不管是学生之间相互解答也好，还是教师对难题进行解答也好，对于因为相关方面的知识欠缺而出错的题目，学生都需要进行总结，可以将他人的思路进行总结整理，并记录在试卷的相应位置。如果是因为粗心而导致出错，则需要学生另外标注，并深刻反省，避免这种低级错误再次出现。

二、从课堂模式到卓越课堂

1. 教学模式的弊端

尽管杜郎口中学、洋思中学与东庐中学都以“一切为了学生的发展”为课程改革宗旨，在课堂上也为学生提供了自我展示的机会与空间。在课堂上学生能够意识到自己是学习的主体，教师不再机械地传授知识，并把课堂的大部分时间还给了学生，让学生体会到了自我获得知识的乐趣，为学生提供了展示自我的舞台，教师也转变了在教学过程中的角色，实现了教师与学生的共同发展。但是他们所实施的教学模式也有其自身的局限性与弊端，因此应该客观地看待这些教学模式，既要肯定其可取之处，也要反思其不足，要科学地借鉴和运用这些教学模式。

（1）抹杀教师的教学特色

杜郎口中学、洋思中学与东庐中学的共同点是学校的所有课堂教学采用同一种教学模式，但是由于学科特点、教学内容的不同又决定了教学中不存在一种适合于一切教材和一切教学情境的万能的教学模式或结构，不同的教学目标需要有不同的教学模式来达成，这就使其产生了“机械化”“绝对化”的倾向，也给课堂教学带来了诸多问题。新课程改革强调要改变传统的教学方式，要求学生通过主动合作探究获取知识，从而体会到学习的过程就是知识探究的过程，通过探究性的学习培养学生的探究精神，但无论是杜郎口中学的“10+35”教学模式，洋思中学的“先学后教，当堂训练”教学模式，还是东庐中学的“讲学稿”教学模式只是转变了学生获得知识的途径，即探究的学习过程，但学到的知识仅仅是表面和浅层次的，并没有深入地理解教学内容，教学的本质也只是围绕学案进行教学设计，教学活动没有体现出新课程改革倡导的探究性教学，也没有对课程进行二次开发，因此新课程所倡导的研究性学习的教学目标就无法实现。

不同的学科有其自身的学科特征，即使是同一学科也有部分内容的差异，教学内容的差异性与多样性决定了用同一种教学模式适用于所有学科与课堂的教学是不可能成功的，同时也抹杀了教师的教学特色。每个教师都有自己的教学风格与特色，那些成功的教师都是有其独特的教学方式。俗话说，教学有法，教无定法，而这些教学模式最让人诟病的是抹杀了教师的教学特色，整个学校采用同一种教学模式，忽略了学科与教学内容间的差异。教学活动是师生共同参与的过程，在教学过程中教师进行创造性教学才能培养学生的探究能力，而一校一模式的做法抹杀了教师的创造性，教师仅限于用一种教学模式进行授课，教学特色得不到发挥，这种做法是不科学的。若是采用固定的方法，就限制了教师的教学思维，禁锢了教师的创新性，抹杀了教师的教学特色，若是一味地追求具有很强概括性的教学模式，就不可能很好地指导教学实践，一校一模式的教学现象是值得教育教学理论工作者与实践者深思的，不要一味地机械模仿，要根据自身的实际教学状况批判性地吸收和创造性地运用，这样才能创造出适合自己学校特色的教学模式。

(2) 课堂教学组织形式单一僵化

典型的教学模式虽然改变了班级集体授课制不注重教师与学生、学生与学生之间互动合作的弊端，但是它对于“小组合作讨论”的应用又过于僵化，它并没有根据学科与教学内容的特点对教学组织形式进行适当的选择，而是统一采用同一种教学组织形式；虽然它的教学组织形式确实有效地激发了学生学习的主体意识，但是这样的教学组织形式并非完全适用于每一种课型。它的教学组织形式是单一僵化的，很难适应差异性大的学生学习，缺乏了相应的灵活性，教师应该根据学生的学习状况及时调整教学活动，而这种单一僵化的教学组织形式削弱了学生在学习过程中应有的互动合作。每一种教学组织形式都应该有其特定的适用范围，在教学过程中应该强调多种教学组织形式的交替使用，而这样单一的小组合作互动的教学组织形式不利于最优地完成教学任务与教学目标。

(3) 加重教师的教学任务与学生的学习负担

洋思中学、杜郎口中学与东庐中学的教学模式相似之处是给学生学习的时间比教师教学的时间要长，这就增加了学生的学习负担与教师的教学任务。教师在上课前要对上课内容进行充足的准备，要保证在少量的时间内对教学内容进行清楚的讲解，要保证每个学生都能深刻地理解学习的内容。学生在课堂听课前要先学习教学内容，这样学生的学习时间就增加了，也会影响学生的学习效率，部分学生对学习内容的兴趣会下降，因为课前的预习学生已经对学习内容有了了解，学生在上课时就没有了听课的新鲜感，老师要实施探究教学就更不可能，也会造成学生作业量过大，虽然没有硬性的书面作业，然而学生需要在课下进行预习，要深层次地挖掘学习内容的本质，需要对课上的学习活动做充足的准备，这样在课上才能进行探究合作学习，这样就增加了学生在课下的负担，会占用学生休息与活动的时间，一定程度上会造成学生的厌学情绪，这样反而会得到适得其反的效果。因此，学校应该适当改变当前单一僵化的教学组织形式，要注重引导单一机械的教学模式向灵活运用教学模式转化，建构这些教学模式的出发点是好的，但是要防止不要从课堂教学的一个极端走向另一个极端，要懂得创造性地运用适合自身的教学模式，这样才能使教师和学生都能得到全面的发展，才能最优地完成教学任务，达到教学相长的教学效果。

2. 卓越课堂的提出

当前的高效课堂，主要对应于传统课堂的“低效”“无效”甚至“负效”，主要在课堂教学知识传授的效率和效益上实现“高效”，却没有很好地落实三维目标——只有关注人的教育的课堂才是真正的高效课堂，因此我们追求卓越课堂的概念——课堂应主动承载素质教育和新课改的诸多要义——人总不是机器，我们要把学生当人，而不能把学生当成机器，课堂上需要放松，需要身心从紧张到闲适的转换。在追求教学效率的同时，我们需要聆听另外一个声音——教育是慢的艺术，因此，我们提出“卓越课堂”的概念，简单来说，卓越课堂就是站在学生身心健康、和谐发展角度，站在学生年段层次、个性特征有差异的角度来发展和呈现的课堂，不仅是从学生的学知识应对未来选拔和挑战的角度，而且是从学生要享受现实的、愉悦的课堂生活的角度来呈现的课堂。

三、“I’m in(参与)”卓越课堂的理论

1. “I’m in（参与）” 卓越课堂的内涵

“‘I’m in(参与)’课堂模式构建策略研究”是新乡一中2014年申请的河南省教育科学“十二五”规划重点课题，项目编号JKGHB-0061，该课题于2015年4月顺利通过河南省教育科学研究所鉴定并以优秀的成绩结项，相关研究同时被评为新乡市首届校本课程建设成果奖一等奖。

基于我们对于课堂模式的认识，2014年10月，新乡一中初中部确立课堂实践研究的总课题——“分课型构建‘I’m in(参与)’卓越课堂”，首先是以新授课教学作为研究的突破口，对新授课教学进行展示与交流，并总结出了新授课教学模式。2014年10月正式提出以“课型模式”为主线的校本课题研究，基于我们对“立德树人”与“I’m in(参与)”课堂的认识，在2015

年4月学校将校本研究的课题重新定位为“‘I’m in(参与)’卓越课堂”，利用行动研究法和调查研究法进行实证论证和分析，以期全面、完整地形成对“课堂育人”的认识，从而为教师有效开展教学提供相关的策略，为新课程内容选择、组织、教学实施提供导向，为研究整个新课程体系策略抛砖引玉。

越是实践，越有思考，我们越来越觉得课程教学应该回到教育的本源上来，回到教育最初的起点上去。

“I’m in(参与)”卓越课堂是以“参与”理论为宗旨，以“I’m in(参与)”课堂模式为依托，以优化课堂流程为手段，以“课程育人”为价值追求的教学理论和策略体系。

2. “I’m in（参与）” 卓越课堂的抓手

（1）周目标导航，转变教师角色。周目标导航，是指依据新课标和学生生命成长的需要，把生活纳入教材体系，将学期教学内容科学、具体、系统地分解到周，在教师的引领下，学生积极主动学习的一种网状教学方式。在周目标教学的过程中，教师的主要任务是课前对学生自主学习进行指导，而不是课堂上的传授。教师要利用一切可能的手段和机会，对学生进行面对面指导。

在课堂上，教师的角色不再是演员，而是组织指导学生如何展示、如何享受课堂学习带来的感受和成长。教师只是在适当的时机进行纠错、提升、评价，让课堂真正成为学生成长的舞台。

与传统教学目标相比，周目标内容的设置要丰富得多，包括积累性内容、阅读性内容、实践性内容等，形成了教学目标的立体化、多元化。学生不再只是坐在教室学习书面知识，而是根据周目标的内容要求，走进生活，走进自然，到更广阔的空间去学习，在积极的实践中体验，在深刻的思考中成长。

（2）前置性学习，转变学习方式。所谓前置性学习，就是在课堂教学之前，师生所进行的目标明确的自主学习过程。它是一种认知性、生成性学习，有别于传统教学中接受性、准备性学习。前置性学习与预习有明显不同，预习的目的是提前了解学习内容，为课堂教学做准备，学习过程服务于课堂上教师的教。前置性学习的目标是强化学生自主学习意识，学习运用各种方法，培养生成自主学习的能力，在知识、能力、方法、习惯、情感、态度等方面有一定的生成性要求。

前置性学习指向的周目标，以语文为例，既有识字、写字、成语等积累性内容，又有文本阅读、文学鉴赏、名曲名画欣赏等阅读性内容，还有观察、时政、家政、地理等实践性内容。

（3）组织化合作，转变合作形式。组织化合作是将个性不同、情感各异以及知识水平、文化积淀、家庭经济状况和家长文化背景各不相同的几个学生组成一个学习小组，形成既分工明确又团结合作的集体。不同于传统意义的小组合作，它是一种学习型组织，是有目的、有预设、有精心准备的一种组织。从学习的角度来说，这种组织化合作就是要完成周目标的学习要求，并将前置性学习的成果带到课堂上展示。展示时有明确的分工，有首席发言人，有补充者、质疑者和记录员，共同完成展示任务。

（4）课堂展示，改变课堂性质。要解决学生学习的内驱力，就要让学生“做中学”，亲身经历知识生成的过程，敢于放手让学生“错中学”，把成长的过程还给学生，让学生在发现问题、解决问题的过程中获得成长的体验。抛弃功利心，把学习过程当作成长的游戏，享受自主学习过程的愉悦感。然后，利用课堂展示形式给学生创设“展示荣耀、交流自豪”的学习舆论场、势能场和文化场，让他们体验成长的快乐，从而树立自信心，保持学习恒动力。

四、“I’m in(参与）”卓越课堂的实践

1. “I’m in（参与）” 卓越课堂的目的——育人目标

我们要求每一位教师要从课堂做起，把提高学生的思想道德素质和科学文化素质紧密结合起来，让学生把做人和做学问结合起来，各学科的教学要有自己的学科育人目标，因此我们认为课堂是育人的空间，课程是育人的途径。我们需要改变三维目标三者并重的局面，反对将教学目标改为学习目标的肤浅认识，旗帜鲜明地提出“育人是课堂的第一要务，是课堂教学的本质追求”，我们在导学案上明确注明学科（本节）的育人目标，倡导按照育人目标进行教学。

2. “I’m in（参与)” 卓越课堂的保障——有效备课

备课既是一门科学，又是一门艺术。有效，是课堂教学的永恒主题，加强课堂教学的有效性不仅是深化教学改革的基本任务，也是课程改革取得成效的根本保障。

定时备课：每周三下午语文、英语、文综集体备课，每周四下午数学、理综、备课会，时间一般为三节。

固定模式：第一节模式循环课，方便组内交流；第二节说课评课思课，备课标备学情备方法；第三节导学案编审说课及培训表格交流。

定时定模式地开展集体备课，有效地推动了模式采用和备课的有效，极大地促进了课改的顺利进行。

3. “I’m in（参与)” 卓越课堂的关键——小组建设

“I’ m in(参与) ”卓越课堂下辖三类小组：学习小组、学科小组和班委小组。

学习小组：课堂进行的基本单位，它是小组合作学习的组织基础。小组合作学习就是以合作学习小组为基本形式，系统利用教学中动态因素之间的互动，促进学生的学习，以团体的成绩为评价标准，共同达成教学目标的教学活动。

学科小组：成立以学科学习班长为组长的学科小组，把学生推到前台，研究学生实际，老师融进学生科研团队，当一名普通的成员，真正把学科小组建设成师生共赢、教学相长的战斗小分队。

班委小组：每个班实行常务班委、值周班长、值日班长制度，实行班级责任承包制，班级管理权下放，“人人当班长，个个是主人”。

小组划分应遵循“同质结对，异质编组，组间平行”的基本编组原则，关键应该发挥好小组长的功能。如何实现学生课堂上的高效，如何调动教师参与课程改革的积极性，发挥小组在课堂上的作用，我们得出的结论是进行多层培训。

附件4：

关于“I’m in(参与)”卓越课堂
学科小组建设的几条意见（草案）

一、学科小组的重要性及意义

1. 学科小组建设，从真正意义上实现了分层教学，教师不再面对全体学生，而是面对学科小组成员，达到教师教（培训）学科小组、A教B、B教C的目的，使学生相互促进、相互讨论，进而学会思考，提升学科兴趣，增进学科效益，提高学科实效。

2. 学科小组让教师教学“分身有术”，以组为单位进行作业检查和收发甚至批改，大大减轻教师负担，提高作业检查等的效率，同时增进学生的合作能力、团队意识。

3. 借助学科小组（长）调查学情和进行研究，既分工又合作，了解学生平日学习存在的困惑，极大地增强教师对学情的了解，减少课堂无益的讲解，实现试卷讲评等课型的高效，增强教学的针对性，革除低效和浪费，同时增进学生收集问题、分析问题和研究问题的能力。

4. 学科小组长不仅关注课前预习的独学、对学、群学，还需要安排展示中的倾听、对抗、质疑，提供“贴身教师”服务，无论是拓宽展示的空间和舞台，还是提供最有效的“同学”机会和资源，学科小组都将如影随形。

二、学科小组建设中任课老师、班主任的要求

1. 学科小组的成立主要由任课老师负责，原则上由每个学习小组中的一人及学科班长组成。

2. 教研组长、备课组长需要多听课，在集体备课时间务必加上各课型模式的基本流程培训，需要重点培训讨论的时效性，课堂的纪律掌控、时间掌控、容量掌控、

节奏掌控、效果掌控，真正做到既有激烈讨论又有安静思考。

3. 导学案编审和中心发言人备课中增加“说课”环节，增强备课和导学案编审的实际效果。

4. 备课组需要做到导学案统一、按时发放，给学生指明预习内容和预习要求及学法指导的使用情况等。

5. 积极践行初中部制定的课堂量化评价方案，基本原则为各教师、各班级评价方案一致且利于操作——原则上参与就有分数，可依据科目、内容难度、学生层次等不同，对展示、点评、质疑等给予不同的分数，一般情况划分三级，优秀的3分，良好的2分，一般的1分，原则上不超过3分；教师可根据适当情况设置特殊加分，特殊加分不应超过3分——从制定之日起需在班级前白板左边对学生进行加分，教师需注意小组评价与个人评价相结合。

6. 各位教师需在周三（文科）或周四（理科）晚上在办公室外或连廊对学科小组进行培训（多多益善），该天主要针对学科小组培训表格相关内容进行培训，其余各天鼓励培训——利于第二天上课——实现课堂上真正的高效。

7. 每周集体备课须由备课组长认真检查各位教师培训表格的填写与记录情况、统一组内填写的基本格式并在周四上午或周五上午10点前张贴在小组培训记录栏，由各个年级主任和小组建设负责人评选优秀备课组和优秀教师。

8. 班主任不定期组织学科小组长培训会、交流会，让他们在班上互相学习，健康发展。

“I’m in(参与）”卓越课堂不仅要求学生动起来、课堂活起来，最重要的是效果好起来，关于高效学科小组的作用和操作需要我们继续加强研究。

4. “I’m in（参与）” 卓越课堂路线图——编审导学案

导学案设计以设疑激趣为先导，揭示规律为重点，精讲精练为策略，主动参与为途径，创新思维为核心，激励评价为方式，整体高效为目标，实现导学案引导下的高效。

导学案包括预习案、探究案、训练案，每单元有复习学案和单元检测。以预习案为突破，课前自学，成就课堂精彩；以探究案为先机，课上互学，实现课堂高效；以训练案为结果，课后巩固，检测学习效果。

（1）导学案的编制要符合新课标要求，以学生自学为基础，以小组探究学习为重点，以老师引导为辅助，以学优生点评、拓展、提高、总结为亮点，以当堂达标、分层巩固为保障。

（2）导学案要包括育人目标、学习目标（明确本节学习要求）、预习案（通过自学掌握课本上基本概念）、探究案（学生小组讨论，探究完成）、当堂达标（对本节重点知识进行检测）、训练案（学生分层作业，巩固提高），其中探究案部分尤为重要，是学生在课堂思想碰撞中产生灵感的过程。

（3）认真备课，集教研组力量精心设计导学案，将每节课的探究案内容以微课的形式在集体备课中进行课堂推演，以学生参与程度的高低、思维碰撞程度的强弱、知识理解程度的难易、学习效率的高低为一节好导学案的标准。

（4）导学案编制要按程序，提前一周编好导学案，由教研组长和备课组长分别修改，加入编写老师“说课”环节，全体老师通做一遍最终定稿。学生使用后再对学生的使用情况进行通研，对内容再修改。

5. “I'm in（参与）” 卓越课堂的核心——课堂环节

自主学习，学自己要学的，学自己想学的，用自己喜欢的方式学，学习才真正变成了自己的事；合作探究，“独学而无友，则孤陋而寡闻”，争论过才是学习过；展示点评，“百花齐放，百家争鸣”，风雨同舟，成功分享；拓展提升，要言不烦，指点迷津，拨云见日；当堂检测，看得见成功就看得见希望，看得清问题，看得清方向。

鉴于我们的基本理念，我们设计了预习自学、完成学案—分组讨论、展示点评—总结升华、当堂达标—训练应用，拓展提升四个基本步骤。但我们清楚地知道，教无定法，从来没有一种模式能够解决一切问题，幻想一把钥匙打开所有的锁是荒谬的、不科学的。学科与学科不同、课型与课型不同、内容与内容不同、教师与教师不同、学生与学生不同，就决定我们不能机械地照搬照抄，我们仅仅是提供了一个基本的操作程序，为教师指导学生“参与”课堂指明方向。

（1）课前环节

课堂前移，预习自学，完成预习案。每位同学根据本节课的学习目标有目的地完成预习案，完成对本节课的基础知识的掌握。在实际操作过程中我们发现初中每个学科的特点差异较大，如果九门学科都课堂前移，既加大了学生的学习负担，又使某些学科的课堂容量过于松散，所以我们最终决定语文、数学、英语、物理四科仍然进行课堂前移，让学生在充分的预习和自学的基础上进行探究、升华、提高。化学、政治、历史、生物、地理这五个学科将课堂前移的预习过程重新放回到课堂上，让学生用课堂上的前几分钟时间完成本节课的预习案，使一节课的内容和知识容量更充实。

（2）课中环节

①预习案展示：将课堂前移环节中学生独立完成的预习案进行展示，在展示中要求学生离稿或用空白导学案进行，并让全班同学及时对学生展示的内容进行改错和评价加分，这样可以让学生更有效地完成自学，更高效地完成预习的检测，更充分地让学生参与进课堂，展现出学生优秀的能力。这个环节占课堂的前 3 分钟左右的时间。对于化学、政治、历史、生物、地理这五个学科由于将课前预习环节推移到了课堂的前 8 分钟左右的时间，所以预习案的展示环节也跟着顺延。

②独立完成探究案：这个环节要求学生独立思考本节课的精华，在静思中初步形成自己的观点，并努力通过画图、模型、肢体语言等方式来论证自己的观点，为下一步小组讨论中说服其他同学做必要的准备。这个环节将锻炼学生严谨的思维能力和认知能力，是学生综合能力提升的过程——这个环节占课堂 8 分钟的时间。

③小组讨论：这个环节是学生组内交流的过程，通过集体的智慧去完善上一个环节中个人观点的不足，在有些问题上小组成员可能各执己见，不能形成统一的结果。这个过程看似是杂乱的、无序的，但实际上在辩论的过程中锻炼了学生的思维表达能力，意见的不统一使学生在思维上得到了碰撞，对问题有了更强烈的求知欲，为下一个环节做好了充分的准备。这一环节老师要巡回在学生中间，对讨论中仍然解决不了的问题，针对性点拨——这个环节占课堂 8 分钟左右的时间。

④探究展示：这个环节是学生将小组讨论得到的知识网络或提炼的典型解题思路，展示到黑板上，由一名学生在讲台上讲解、展示、分享小组讨论的成果，这个过程学生将课本上枯燥、琐碎的知识用自己的语言表达出来，锻炼了学生的表达能力，由于学生的思维活跃，其间往往会有老师想不到的方法展现给大家，让我们这些教育工作者自叹不如。由于课堂时间的限制，学生不能一

一展示，每个组选一名代表同时到黑板上展示，老师要充分利用好前后黑板。在展示的过程中，其他小组成员可以利用其他颜色的笔对展示的内容进行修改，其他同学一律做导学案，让所有学生在展示环节中都处于紧张状态，有事可做。同时也可以进行小组间展示，未参加黑板展示的同学将自己的成果写在导学案上，相邻两个小组成员之间互相交换并给对方批阅修改，在批阅的过程中既学习了其他同学的优秀创意，又可以注意到容易出错的地方。这个环节占课堂 10 分钟左右的时间。

⑤点评质疑：展示探究环节基本解决了学生的思维分歧，但对于较难的分歧、辨析和易错点，由于学生的自身知识积累有限，所以还无法解决。学生可以在质疑的环节提出自己的不同观点，并进行分析、讲解和总结；点评环节可以让学生知道黑板上展示的内容哪些是正确的表述，哪些是错误的表述，将易错点展现给大家，让学生清楚地认识到身边的错误，以防自己在同种类型题中再犯同样的错误。这个环节是学生思维碰撞后产生火花的过程，是学生创新能力提升的过程，所以老师既要充分地参与进去，也要尊重学生的想法，及时点拨和纠正学生的错误认识，并对勇于提出自己质疑的同学加以鼓励和加分——这个环节占课堂 8 分钟左右的时间。

⑥当堂达标：学生经过激烈的讨论，思维比较活跃，这时需要静心总结归纳，反刍消化，清理过关，使知识更加完善，掌握更加扎实。最后进行当堂达标检测，检测方式以探究案后的当堂达标题为主，也可以用小纸条进行默写，还可以小组一对一提问，总之，要根据当堂内容灵活检测，注重实效。这个环节是学生对知识消化巩固、灵活运用的过程，占课堂 3 分钟左右的时间。

（3）课后环节

课堂后移，作业分层，复习巩固。学生课下将所学知识（主要为语文、数学、英语和物理等学科）复习巩固，根据自己的实际情况就训练案中的分层习题进行针对性的训练，学生只需完成对应自己能力的习题就可以得到优秀的评价。这样做的好处是可以让每一个学生都能在自己原有的基础上得到提高，特别是让一些后进生得到老师和同学的认可，增强学生的自尊心和自信心，为今后的成绩提升打好基础。

6. “I’m in（参与）” 卓越课堂的动力——课堂评价

评价是最给力的武器，因此对小组的评价至关重要，评价主要包含两个层次：一个是任课老师对小组的评价，一个是小组长对组内成员的评价。因此，我校专门成立学校、年级、备课组、班级不同层次的评价小组。评价需要从三个方面入手：其一是学校、年级、备课组对教师的评价，其二是教师对学习小组的评价，其三是小组（长）对组员的评价。通过不同的评价进行量化调动教师和学生参与课堂的积极性。

对于教师对学生的评价，教师在具体操作时要灵活把握，在兼顾效益与公平的原则下，最大程度地调动每一个学习小组和个体成员的学习积极性是做好小组评价的关键。班级具体的评比要求如下：每节课统计，每天评比，每周小结，每月、每期总结等。

（1）设定各种荣誉称号（优秀组长、优秀副组长、优秀课代表、展示高手、点评专家等）；

（2）以组为单位，每个星期进行“晋级榜”评比，规范好的项目就在“晋级榜”表格贴标签过关，每个月进行一次评比，规范到位的小组，组长可参加评选优秀小组长；

（3）建立优胜班级、优秀小组、优秀个人、待优学生的专栏，每日（周）进行公布。

附件 5：

“I’m in(参与）” 卓越课堂
课堂评价及小组建设相关事项意见（草案）

2011 年 11 月以来，新乡一中初中部积极学习山东省昌乐二中“271”高效课堂进行课堂改革实验，收获颇丰。两年多来，我们经历临模、入模、出模、创模的过程，并与 2013 年 11 月提出自己的“I’m in(参与）”课堂模式。半年来，对于模式的优化和完善的实践与努力我们一刻也没有停歇。课堂评价（促进学生积极参与的重要手段)、小组建设（高效学习的核心和关键)，作为课堂模式的一部分，在“I'm in(参与）”卓越课堂中有着极其重要的作用。

“I'm in(参与）”卓越课堂中的评价，不以“甄别”“筛选”为宗旨，它既关注学生学习的结果，也重视学生学习的过程；既关注学生学习的水平，也关注学习活动中所表现出来的情感与态度——主要目的是为了全面了解学生学习的进程，促进学生在学习中获得更大的发展；提供反馈信息，帮助学生发现解题策略、思维或习惯上的不足，有效地改善教师的教与学生的学，改善学生对学习的情感、态度与价值观等，让学生感觉自己能够“学得更好”，更有利于学生自身的发展。

在实际教学中，我们鼓励教师和班级创新评价方式，做到量化评价与质性评价的统一，以下方案主要针对课堂上的量化评价。

一、各备课组需尽快制定统一的课堂量化评价方案，基本原则为各教师、各班级评价方案一致且利于操作。（说明：1. 量化分数的形成、制定等需由备课组讨论产生；2. 原则上参与就有分数，可依据科目、内容难度、学生层次等不同，对展示、点评、质疑等给予不同的分数，原则上不超过3分；3. 一般情况划分三级，优秀的3分，良好的2分，一般的1分；4. 教师可根据适当情况设置特殊加分。）

二、在年级制定的课堂量化评价方案的基础上，各班级应建立一套完备的班级晋级制度。

三、每天班级选出三个优胜小组，写在班级白板左上角，应记住日日更新，班级找专门负责人将其填写在年级办公室外小组建设综合评比黑板上，做到不同层次的、不同地点的激励。

四、每周班级按照优胜小组评比意见评出两个周优胜小组，班级找专人填写在级部黑板和年级办公室外优胜小组记录黑板上，按照“二”中办法（下文）进行物质奖励，并参照新乡市一中初中部“I'm in(参与）”卓越课堂小组晋级方案（草案）进行晋级。

五、班级每月按照优胜小组评比意见评出三个周优胜小组，班级找专人填写在年级办公室外优胜小组记录黑板上，初中部将采取张贴照片、颁发奖状、赠送小礼品等形式进行奖励。

六、评比既体现激励，又体现课堂管控，对有睡觉、说闲话、看课外书、玩手机及其他扰乱课堂的行为的学生，应适当进行扣分，对于情节较严重者，可直接取消评价、晋级的资格，甚至直接按校纪处理。

7. “I’m in（参与）” 卓越课堂的辅助力——文化建设

文化是一个动态的、发展的系统工程，它是一种特殊的教育力量，渗透于学生的一切活动之中。

（1）《课改之风》

为总结师生在“课程育人”之中的感悟，交流先进经验，从 2012 年 3 月起，新乡一中初中部成立《课改之风》编辑部，成立以新乡市教育局局长李修国，新乡一中党委书记张彩霞，新乡一中党委副书记、副校长王伟为顾问，以初中部主任吕庆生为总编辑，固定编审人员的编辑部，每周定期出刊一期，现已计 140 余期。

（2）班级文化建设

杜威说过：学校是一种特别的环境，它用专门的设备来教育孩子。如果说学校是教育的社会，那么班级就是教育的家庭。班级文化是一种潜在的课程，是一种无形的教育力量。我们具体的办法有：

①创设各具特色的班（组）名、班（组）歌、班（组）徽、班旗、班级公约、班风建设等；②目标的定制与名言激励是不懈奋斗的动力源泉；③丰富多彩的教室文化：显性文化——铸造物质文化是基础，隐形文化——营造崇高而先进的精神文化是核心；④确立正确的共同价值取向，整合班级结构；⑤进行集体主义教育和荣誉感教育；⑥加大传统文化教育力度，把传统文化寓于日常生活中；⑦抓典型，树榜样，确定正确舆论导向；⑧开展丰富多彩的社会实践活动，让班级精神文化不断得到弘扬和加强；⑨家庭式的亲情关系提升班级凝聚力和向心力——制作生日榜、修订班史、建立班贝博客等；⑩构建和谐的人际交往文化，打造严格、精细的制度文化。

（3）级部文化

为适应办学规模的扩大，在年级管理与班级管理的中间，我们按楼层和班级类别分成若干级部，级部的成立不仅有利于我们的管理，也对我们卓越课堂的开展提供了强有力的支撑，在级部内建立学生组织，用于自查和互查“早读比声”“晚间比静”“级部优胜班级”“班级优胜小组”等，不仅方便，也很有效。

（4）快乐阅读

书籍是人类进步的阶梯，它是人类血汗和智慧的结晶，是全人类的共同财富。图书室是学生的第二个课堂，学生能从中汲取营养，张扬个性。“关注人——为了每一个学生的发展”是新课程改革的核心理念。“书卷气是一个人最好的气质，书香气是一个校园最好的氛围”，快乐阅读，让孩子们在最应该读书的阶段读最好的书，阅读走进课堂，活动促进阅读。每天晚自习最后一节课固定为阅读课，每位学生每学期至少读10本书，每周一次读书会，每学期进行一次“课改生活”作品展，让我们的学生口才出众，思维敏捷，胸怀开阔，视野更广，境界更高。

基于对阅读重要性的理解，新乡一中初中部开展了系列措施，并将其作为初中部努力打造的一大特色活动。

①我们成立了快乐阅读管理团队，由语文教研组长担任负责人，三个年级的语文备课组长具体负责，制订了详细的工作计划，并开展了一系列活动，以期营造阅读氛围，提高师生的阅读积极性。

②我们在各班级建立图书角，鼓励同学们自发捐献图书，并建立各班图书管理制度，为有效开展阅读创造条件。

③我们特意将每天晚上的第三节课作为阅读课，并严格规定各科的作业量，为有效开展阅读提供时间保障。

（5）每日悟语

新乡一中初中部课改工作启动至今，已有四年的时间了。在“理念的贯彻需要学生的参与，课堂模式的采用为学生提供参与的机会”这一核心理念的指引下，提出“I’m in(参与）”卓越课堂；经过1500多个日日夜夜的探索和积累，老师们的教育教学水平逐步提高；伴随卓越课堂概念的提出，老师们对“立德树人”有了更深层次的认识。从2015年11月开始，初中部组织开展了“每日悟语”活动，大家纷纷参与进来，撰写心得、体会、感悟，总结、凝练、升华四年来的课改收获。

众多的真知灼见，是“思”和“学”的结晶体，凝聚着老师们的心血和智慧，犹如千金难买的良方，涤荡心灵，启迪心智，鼓舞斗志。目前，初中部“每日悟语”活动仍在如火如荼地进行着，各年级、各教研组、各管理团队纷纷建立了自己的微信群，利用微信平台分享交流课改成果和感悟心得，组内的评比时刻进行，每两周各教研组之间进行一次评比。

（6）培训制度

如何实现学生课堂上的高效，如何调动教师参与课程改革的积极性，发挥小组在课堂上的作用，我们得出的结论是进行多层次培训——培训，是最好的管理。

①培训方式：班主任定期培训、科任老师定期培训、科任老师课前简短培训。

②培训内容：培训的技巧、课堂的流程、组织管理的方式方法、导学案的检查批改等。

③定期召开小组长座谈会——每班每周至少组织一次小组长会议。

（7）各级例会制度

为使各项要求能够更为有效地落实，我们建立了初中部—管理团队负责人—各年级管理团队成员、初中部主任—教研组长—备课组长—全体老师、年级主任—班主任—班委小组成员、班主任—班级任课教师团队—学科小组成员等不同形式的各级例会制度，为方便检查和落实，我们借助微信等方式进行反馈落实。

五、课改推进模式

自 2011 年 11 月至 2012 年 11 月，以课改启动仪式起至课改奖励制度的出台，我们称为“观望”阶段——“主任一人推，教师在观望”；自 2012 年 11 月至 2013 年 10 月，以“I’m in(参与）”课堂模式名称的提出为标志，建立较为详尽的课改培训制度，我们称为“尝试”阶段——以示范课为榜样，推出一节又一节好课，推出一个又一个榜样；自 2013 年 10 月至今，以推出“课改督导小组例会制度”和“课改奖励方案”为标志，全面实施课改。

1. 请进来+走出去+沉下去+提上来=理念提升

初中部从课改开始便重视对教师的培训工作，从新教工入职的岗前培训到职业素养、教育教学水平、专业知识的拓展等方面，采取“走出去、请进来”的不同培训方式。初中部还开展青年教师讲课比赛，以促进青年教师教学水平的提高，加快培养青年教师的步伐。开展教师、班主任基本功大赛，以教学常规为依托，鼓励教师潜心研究，总结经验。通过这些，教师的理念得到显著提升，另外，我们还通过开展教师、学生和家长问卷调查等手段，提高学生、家长对于课改的认识。

2. 从一人推课改到课改奖励制度出台

一开始，老师们对课改较为抵触，出现自上而下，从管理层到一线教师普遍抵触的现象，造成只有主任一人推课改的局面，除加强新课程理念培训、课改示范课备课化及课改先锋评选等方式外，为了促进学校课改工作早出成果、多出成果、出好成果，我们特制定课改奖励制度。

（1）课改一般性成果，将按学校的教学成果奖励制度实施奖励。

（2）在课改工作中取得突出成果的教师（或集体），经课改领导小组提名，将获得课改先锋、课改模范班主任等荣誉奖励。

（3）课改论文、课例在各级教育部门组织的比赛中获奖，学校将按教学成果奖励制度中规定的奖金额的两倍实施奖励。

（4）在课改中表现突出的班主任、任课教师、备课组长、级部长，学校将按初中部课改奖励方案实施物质奖励。

（5）在课改工作中获得突出成果的教师，将在教师聘任、评先考核、职位提升中获得优先考虑。

3. 从榜样带动到课改培训制度的出台

为了加强对课改工作的通识性培训，促进教师教育观念的转变，加快我校课改工作步伐，特制定本制度。

（1）各项课改培训，初中部均应做好考勤登记，无故不参与者将按学校考勤制度进行严肃处理。

（2）全面建设班主任对班委小组、学习小组，任课教师对学科小组的培训制度，建立小组建设培训表格张贴榜，确立课改培训制度方案。

4. 从“课改督导小组例会制度”落实到全员参与

为了加强对我校的课改工作的领导，促进课改工作的全面实施，特制定本制度。

（1）课改工作领导小组由校长直接挂帅，每月定期召开一次领导小组工作例会。

（2）课改督导领导小组例会每周一定时定点召开，由初中部主任“挂帅”，5个教研组长参与，重点总结阶段性工作，研究下一步工作的重点，解决课改实验中遇到的实际困难。

（3）课改督导小组例会由教研组长主持，组内课改优秀成员参与，必要时扩大，形成每周例会制度。

（4）课改班主任小组例会形成。从督导制度的改变，我们改变原有的课改奖励方案，促进全员参与。

第四节　课程育人的展望

一、课程育人的成果

1. 教师“教”的转变和学生“学”的转变

“I’m in(参与）”卓越课堂的采用使得我们改变了以往以传授知识为核心，教师主讲、学生被动接受的课堂局面，而且改变了以往课堂上信息量、思维量、训练量小的缺陷。现在我们的“I’m in(参与）”卓越课堂教师主导，学生参与，探究合作，培养自学能力，课堂上教师用10—15分钟时间明确学习目标，组织教学，突破重难点，解疑，点评，其余时间还给学生，使得课堂的信息量、思维量、训练量大大提高，学生在课堂上逐渐培养了自学、讨论、质疑、对学、群学的好习惯，极大地增强了学习能力。在探索知识的过程中，学生的学习兴趣被调动起来；在小组讨论的过程中，学生的大脑被解放；释放了以往不敢说，不敢讨论，怕同学嘲笑，怕老师批评的压力。学生的积极参与，不同层次学生的理解、感悟知识问题的程度暴露，得到同学和老师的及时帮助，这样A级的同学得到很好的锻炼，运用知识的能力得到进一步巩固，B级同学更容易学到方法，C级同学的参与性更强，得到认可和帮助，整个班级的课堂效益提升了，效率提升了，效果明显了。

2.“I’m in（参与）”卓越课堂更适合学生认知规律和发展

我们对不同级别的学生的要求不同，首先在导学案编写的时候，我们考虑不同学生的学习程度和认知水平，将探究、讨论的问题分为A、B、C三个不同等级。这样做使得 A 级学生更喜欢挑战疑难点，增加学识的深度和广度，将学习中遇到的问题破解、深华；B 级的同学学习满意率和收获率最高，B 级的同学还可以挑战 A 级同学的题目，完成 A 级同学需要独立完成的问题，使得 B 级同学始终保持旺盛的求知欲；C 级的同学独立完成 C 级别的题目，得到更多的关注、认可、表扬、赞赏，增加了自信心和学习上的自我价值认同，激励 C 级同学的同时帮助他们培养良好的学习习惯。

3. “I’m in （参与）” 卓越课堂使评价方式更为合理有效

在“I’m in(参与）”卓越课堂下，我们组建学习小组，每个小组内有负责各学科的学科组长、本组小组长。班级里有班委小组，班主任在每周星期一班会后培训班委小组，总结问题，提出整改措施、改进方法，班委小组督促班级各组小组长改进实施。科任老师培训每个小组的本学科的学科组长，更有效地掌握学情，方法指导。课堂上我们采用小组积分表，记录每个小组课堂积分作为小组晋级的依据，利用课堂积分我们观察了解掌握在课堂上学生的主动性是否被激起，学生参与学习活动的数量、广度和深度，学生在自主合作、探究学习上的表现等。每两周我们在上午课间操时间表扬每周的优秀小组，每获得一次优秀小组称号就增加晋级的筹码，达到的一个基本理念就是：我学习—我提高—我优秀—我晋级—本小组晋级—荣誉称号、奖励。这样整个班级内小组组内竞争与合作，在小组内时刻有竞争、时刻有管理、时刻有目标，事事有控制、事事有评价，而且小组与小组之间竞争意识更浓，班级发展的内驱力发挥作用。

4. “I’m in （参与）” 卓越课堂下教师专业发展迅速

在“I’m in(参与）”卓越课堂下，教师讲课时间短，这就对教师在导学案和备课上提出了更高的要求，在 10—15 分钟内教师要发挥引领作用，所以我们在教学目标设置上更为科学准确，精心设计问题，所提出的问题能针对不同层次的学生，在课堂教学的组织中更能营造宽松、民主、平等的学习氛围。

我校王伟、吕庆生、许豪杰、刘峰、赵予新、赵俊荣等老师参与的河南省教育科学“十二五”规划重点课题“‘I’m in(参与）’课堂模式构建策略研究”，于 2015 年 4 月顺利通过河南省教育科学研究所鉴定并以优秀成绩结项，相关研究同时被评为新乡市首届校本课程建设成果奖一等奖。

两年来，侯永静、潘雪静等24名老师获得市优质课一、二等奖，2012年在上海举行的“全国目标教学研讨会”上，我校齐雷、杜青青老师获得全国优质课大赛一等奖；2013年陈燕、海鹏、冯娟、崔越老师获得全国目标教学课大赛一等奖；2014年，赵莹、姜童麟、王淑娇老师在重庆举行的“全国目标教学研讨会”上的作课获得师生一致好评。

两年来，我们课题组共收集了高质量的教学设计及反思164份，课件48份，教学论文120余篇，课题经验交流发言稿120篇，举行专题讲座12次。课题组老师在研究期间辛勤耕耘，有8篇论文分别获省、市级奖励。

5. “I'm in （参与）”卓越课堂下班级文化建设凝聚学风、激励晋级

班级文化是以班风、学风、价值观念、人际关系和舆论等方式表现出来的观念、文化和与之相应的行为文化和物质文化，对每个学生都起着潜移默化的教育作用。在“I' m in(参与）”卓越课堂中，我们加强了班级文化建设，在教室内每个班级有班级公约和班级班风建设，在教室外面的班级文化墙上有这几个栏目：第一项是《课改之风》报纸负责刊登在“I' m in(参与）”卓越课堂实践过程中老师与学生的探讨、探索、反思、收获、体会等，是师生探讨课改的主阵地；第二项是小组建设，这里有每日优秀小组的表扬，有每周每月的优秀小组的表扬；第三项是“星光灿烂”，这里树立榜样，发挥模范作用，张贴有学生示范作业、榜样人物、励志人物、学习标兵等；第四项是时事政治，关注时政，关爱社会，培养爱国主义情感。

6. 学校的办学品位得以提升，学校的示范功能得到加强

学校近年的考试成绩均位于全市前列，2012—2015年连续在市教育质量评估中获得了“先进学校”称号。

2014年5月，新乡一中初中部成功举办“新乡市第四届名校课改巡礼”，在新乡市基础教育领域影响力较大。

2014年10月，新乡市政府组织全市初中校长观摩“I' m in(参与）”卓越课堂示范课，得到了各位校长的一致好评。

2015年4月，新乡市教育局组织基层名校长挂职锻炼，初中部“I' m in(参与）”卓越课堂成为竞相模仿的对象；河南省初中教育专业委员会物理研讨会在我校举行，我校领导在大会上介绍我校初中部德育系列教育成果。

2015 年 6 月，新乡市初中数学第三届数学教研基地教研活动展示会在我校召开，我校的有效备课模式受到领导、教师的一致好评。

我校初中部课程育人相关活动先后被光明网、新乡电视台、新乡教育电视台、《平原晚报》等多家新闻媒体宣传报道，取得了良好的社会效果。

二、课程育人的困惑

新课程改革实施以来，广大教师都努力更新教育思想和教育观念，积极探索新的课堂教学方式和学习方式，注重突出学生的主体地位，让学生合作、探究，充分体验发现问题、解决问题的成功与快乐，进一步激发学生学习的兴趣，为学生储备创新的能量。但在新课改教学实践中，也发现一些问题，要引起我们足够的重视，想方设法去突破，实实在在地推进课程育人。

1. 重合作讨论，轻自主探究

在课堂教学中，学生通过彼此间的交流讨论，互动共享，合作探究，可以激发思维碰撞，从而实现共同进步和发展，这正是新课程改革倡导的转变学习方式的一个显著特征，但切不可误认为：现代学习方式是一个问题，教师就发动学生“讨论”，你一言，我一语，十分热闹，其中学生又有多少进行深入的独立思考和自主探究呢？结果只能是浮于表面形式主义的“作秀”，不少“热闹”和“活跃”是以扼制学生的独立思维能力和自主探究能力为代价的，久而久之，学生的依赖性增强，对发展学生的独立思维能力和自主探究能力是十分不利的。

合作学习应该是在教师的精心组织下，学生间有序进行学习的一种学习形式。在合作学习中，教师应考虑所提问题值不值得、应不应该拿出来讨论，能不能起到相互帮助的作用；有些老师在出示问题后，学生未经独立思考就进入合作状态。这样，那些思维较敏捷的学生往往会抢先把自己的想法说出来，而思维相对迟钝的学生也就失去了独立思考与发表意见的机会，这样的合作学习非但起不到合作学习的效果，而且很容易挫伤合作学习的热情，养成敷衍了事的不良学习习惯。合作学习，应该是建立在自主学习的基础上，学生自主学习时需要一分宁静，所以教师在提出问题后，应留给学生相对充裕的时间，让学生独立思考，获得各自认识后，再合作交流，这样学生的思维才有深度和广度，只有当学生在解决某个问题百思不得其解时进行合作学习才有成效。可以说，缺少了独立思考、自主探究的课堂教学不能说是完美的。

2. **重开放教学，轻活动评价**

新课程标准强调要关注学生的个性差异，实施有差异的教学，使每个学生都得到充分的发展。面对全体学生多样化的学习要求，开放式教学给学生的思维创设了更广阔的空间，给不同层次的学生提供了更多的参与机会，在学习过程中获得成功的体验，激发学生参与学习活动的主动性和积极性，培养学生的创新意识和创造能力，但切不可误认为鼓励多种见解可以不要活动评价、不要尺度、不要是非评判。我们常常见到这样的场景：学生的回答、讨论有时灵气四溢，坦露思维痕迹。对此，老师却不够敏感，只作简单的肯定、否定，或闭口不言，搞得学生云里雾里、不辨是非，这样，对学生运用知识理解、判断、分析起着很大的误导作用，最后必然导致学生无所适从。开放式教学应该是鼓励多元答案，让学生发散思维，但绝不可忽视答案的客观性、科学性；开放式教学绝不是“放羊式”教学，在时间、内容的开放程度上教师要把握好“火候”，课堂上最能出彩、最能凸显教师教学智慧的点评是开放式教学的关键。教师的评价对激励学生参与活动、提高学习质量有重要作用。因此，教师的评价一定要有鼓励性、针对性、指导性和全面性。一是重视个人评价与小组集体评价相结合，二是重视学习过程评价与学习结果评价相结合。可以说，缺少了活动评价，开放式教学是没有实在效果的。

3. **重媒体课件，轻实验操作**

多媒体教学手段适度拓展教学资源，有利于学生形象直观地了解知识的内在联系，动态生成过程。现在，有不少教师过分依赖和崇拜多媒体教学，使多媒体教学走进了一个误区。最明显的是教师往往利用多媒体手段进行各式各样的“图景”展示——各种动画、文本、声音等，而忽视了一些学科的特点——理化等学科是实验科学。计算机模拟不能够代替实验操作，而一些教师只是利用多媒体进行实验模拟，而忽略了亲自动手演示实验，忽略学生动手实验，这样不利于学生观察能力和动手操作能力的培养和提高。

我们提倡使用多媒体教学手段但不能摒弃有效的、传统的教学方法。多媒体虽好，但也不能反客为主，毕竟它只是个辅助手段；可以适当运用多媒体技术弥补实验的一些缺陷。要通过实验操作，让学生充当探讨问题的主角，学会使用简单的实验仪器和测量工具，掌握初步的实验技能，会收集和处理实验数据，培养学生的科学态度和科学精神。可以说，缺少实验操作，在理科教学中运用多媒体课件将是无源之水、海市蜃楼。

4. 重课前设计，轻动态生成

新课程理念下的课堂，应该是预设与生成共存的课堂，而且“非预设性教学”已成为新课程课堂教学的重要特征。但我们发现，有的教师却过分依赖、过分局限于课前设计的教学环节，刻意去关注教学的设计模式，一味求顺、求纯、求完善，不敢越雷池一步，而较为轻视课堂教学中的流动美，对课堂教学中“意外”的动态生成的教学资源缺乏应有的敏感，不能够及时加以捕捉并给以艺术化的加工、处理，使我们的课堂教学失去了真实自然，失去了培养学生思维能力的机会。

我们提倡教学设计，使课堂节奏和学生活动、教学过程等在教师的掌控之中，力争取得较好的教学效果。但是我们认为，调节课堂节奏和学生活动，教学过程的标准不应是教案的预设，而应是学生当时的学习状况，教师时时关注的应是学生的表现、学生的需求。在我们的教师备课时，一定要有生成的意识，课堂教学中应留有“意外”生成的空间和时间。即使当我们面对无法回避的课堂意外时也应该对它有正确的认识，应把产生的意外及时纳入预设的教学之中，及时抓住学生的质疑，捕捉课堂生成资源，并把它当作教学资源去开发、利用，不断丰富课堂教学的内涵，碰撞出越来越多的学生之间、师生之间的思维火花。可以说，缺少了“动态生成”，课堂教学一定不是真实自然的。

三、课程育人的对策

1. 明确目标，更新理念，统一思想，使广大老师从“走近”新课程变成“走进”新课程

教育教学的行为是受一定的教育理念支配的，走进新课程，最重要的一步

是观念上转变和更新。对于观念的改变可以采用专家引领和教师的自我学习两种方式相结合的方法。专家的引领主要是报告、座谈和对话的形式，通过这样的培训解决教师的认识问题。专家的指导不能代替教师的自我学习和反思，教师要主动学习，将新课程的观念逐步地内化，而不是被动地接受。被动地接受新理念会下意识地产生拒斥效应，造成在教育实践中出现口是行非的怪现象。

2. 用新课程的理念来指导新课程的培训，增强培训内容的针对性和实效性

不同学生培养的目标不同，选择性不同，因为学生的兴趣、爱好不同，以后的职业生涯是不同的，对学生的要求不能一刀切。新课标的课程结构有利于对学生素质的培养，有利于学生的全面发展和个性化的发展。

在培训中要体现针对性，了解广大教师在新课程实施中的困惑和需求，倾听他们的呼声。培训前，可以做一些问卷调查或者座谈，以确定要培训的对象和内容。培训内容的重点应该放在实施新课程中教师相应的知识结构和专业技能缺失的地方。培训中可以增加互动的形式，让教师们多讨论，让他们探究、合作、自主地参与培训，总之，是用新课程的理念来指导新课程的培训。

3. 加强实施中的组织和管理，层层落实，使新课程的培训能够制度化、规范化和科学化，确保教师教学行为的有效跟进

新课程推进工作成败的关键因素是教师，而新课程培训工作的效果将直接制约着新课程实施深度与效度。因此，新课程培训要坚持以促进教师的专业成长为宗旨，应该分步骤、有目标地进行新课程业务培训，切实做到组织有力，管理有效，培训到位。

4. 提升校本教研水平，将课题研究与新课程实践有机地融合，发挥教育科研的先导作用

基于新课程的背景下，许多的实际问题都可以作为课题来进行研究，教研组的教研活动应该立足于新课程的教学实践，开展有特色的校本教研活动，可以通过写教学日志、教学反思、教学叙事、教学案例等形式来开展学校特色的课题研究，通过课题研究提炼经验，由实践再到理论，丰富和发展理论。

5. 加强指导性评价体系的建立，充分发挥评价的调整激励和反馈功能

首先，通过各种形式，对培训结果要进行反馈和评估，及时纠正培训中存在的问题，调整培训的方式、内容，使得培训的效果最大化。其次，对新课程实施现状进行评估，对成功的做法进行认真总结和大力推广，树立典型，发挥榜样的力量。组织现场观摩活动，以点带面。对面上出现的共性问题，能够反思，寻求解决对策。再次，聚焦课堂，组织骨干教师交流成果，分享经验，集思广益地探讨研究新课程实施中共同存在的问题，互通有无，共同提高。也可以采取问卷调查的形式，了解教师们在新课程实施中的困惑，确保新课程的实施能够顺利地进行下去。最后，为杜绝在新课程实施中的经验主义和教条主义，防止出现教学与评价脱节的“两张皮”及“穿新鞋走老路”现象，应该积极引导广大教师转变评价观念，发挥过程性评价的激励调整反馈的作用。

6. 调动一切积极因素，充分开发和利用一切可以利用的教学资源

教材也是教学资源，教师应该懂得怎样去用教材而不是去教教材，在教学实践中应该摆脱教科书的束缚和对教学参考资料的依赖。充分利用物化的教育资源，将现代的信息技术与课堂教学相整合，以体现课堂教育的时代性。

四、课程育人的反思

教育是培养人、造就人的崇高事业，其终极目标是为了人的自由发展，关乎学生的命运，关乎民族的未来。课程育人的提出，全面诠释了课程和育人之间的真谛，系统展示了改革给学校带来的冲击变革和活力。

当前，我国传统的应试教育更多关注的是学生考试分数、学校升学率，衡量教师与学生仅有分数这把标尺，课堂教学只注重教师讲，学生只是被动听，这种填鸭式教育教学方式不仅压抑了学生学习的积极性，也扼杀了学生学习的创造性。特别是在当下社会心态浮躁、过分追逐功利化教育和过分强调分数的环境下，课程育人在教育教学改革中独树一帜，抓住了教育的核心、教育的本质，具有独特的样本意义和示范作用，给予未来教育深刻的启示。

1. 把培养人、造就人作为学校的第一要务

教育的首要任务是立德树人，重点在于育人，其本源意义应该是激发人的真善美。课程育人以育人为本的现代教育思想理念为指导，坚决贯彻党的教育方针，以尊重学生主体、对学生未来负责的以人为本的价值追求，注重教育本质、本源，彰显了对学生个性、人性和生命的尊重。这是教改的本质和核心，也是教改呈显出一派生机的关键。

2. 把学生放在教育教学的第一位

以一切为了人的自由发展、尊重每个孩子的个性发展为己任，最大程度地保留学生的学习个性，针对每名学生的个性需求因材施教，最大限度地引导学生发现自我、自主学习，激发学生学习的主动性、积极性、创造性和学习潜能，给学生充分施展才能的舞台，让学生全面健康成长。这是课程育人的精髓，也是其改革的灵魂所在。一切为了学生的健康发展，以学生个性化，发现学生的需要作为育人目标。教育上，坚持教育的主体性，实施不被拒绝的教育，着力于培养志存高远、诚信笃志、行为规范、思维活跃的民族脊梁和社会栋梁。教学上，充分考虑学生的兴趣，创造条件努力让教室成为学生最喜欢的地方之一，让课堂教学成为学生最喜欢的活动之一，重视教学常规，尊重教学规律，坚持多元评价，促进学生多元发展，实现学生多向成才。

3. 创造适合学生发展的教育

新时期学校的使命是：创造适合学生发展的教育，将学生塑造成为一个值得信任的卓越的品牌，把学校建设成为一所受人尊敬的伟大的学校。学校的文化价值观是：改革创新，敢为天下先；创造适合学生发展的教育，办人民满意的学校；与共和国一同成长，共和国的利益高于一切。从学校教育的核心课程改革入手，给学生多样选择，让学生找到适合自己的教育。以课程教学改革为核心，课程目标是一切为学生成长服务，为每一个学生提供分层多样、适合生命成长的课程。在这里，课程价值不再是做题、盯分数，而是重在培养学生思维和能力，注重观察能力、分析能力、表达能力、探索精神、好奇心等的培养。

第二章　活动育人

对于初中学生来说，活动是引导他们、影响他们、教育他们的重要载体。在活动中育人、在体验中成长一直都是新乡一中初中部育人的思路之一。活动育人即通过丰富多样、学生喜闻乐见的方式开展各种学生活动，使学生在活动中接受教育、受到熏陶，其主要抓手就是通过不断创新和落实现有的德育系列活动来逐步实现育人的科学化、系统化、高效化，切实提高育人效果。具体指七年级上学期开展“道德、礼仪、规范、习惯”主题教育，下学期开展美育教育；八年级上学期开展励志教育，下学期开展非智力因素教育；九年级上学期开展心理健康教育，下学期开展“目标激励，放松心情”教育。

第一节　活动育人的内涵

一、活动育人的基本含义

所谓活动育人，就是通过丰富多样、学生喜闻乐见的方式开展各种学生活动，使学生在活动中接受教育、受到熏陶，其主要抓手就是通过不断创新和落实现有的德育系列活动来逐步实现育人的科学化、系统化、高效化，切实提高育人效果。具体指在七年级上学期开展“道德、礼仪、规范、习惯”主题教育活动，通过活动的具体开展对学生施以道德影响，提高道德觉悟和认识，陶冶其道德情感，树立道德信念，培养道德品质；下学期开展美育教育，使学生在美育教育中发现美、总结美、感悟美、践行美，做一个内在美和外在美有机结合的美少年。八年级上学期开展励志教育，目的在于激发、唤醒和培养学生的内动力，使学生从“被成长”中产生生命自觉；下学期开展非智力因素教育，智力是通过非智力因素而起作用的，智力活动必须有非智力因素的参与和支持才能达到预期目的，所以非智力因素教育的开展和落实对学生成长具有重要作用。九年级上学期开展心理健康教育，重在关注学生的身心发展，排除学生的心理问题，解决学生的心理困惑，帮助学生培养全面人格；下学期开展“目标激励，放松心情”教育，目的是让学生在紧张的学习中能够放松身心、放平心态，学会自我激励和自我加压，以积极向上的精神状态投入到中考备考中，实现奋进中努力，快乐中学习。

新乡一中初中部之所以在三个年级不同学期开展不同的德育活动教育和引导学生，首先，是因为活动育人能使德育内容得以形象、具体、生动地表现出来，使初中学生能够直接地感知它，并将对德育内容的理性理解与感性认识有机结合起来。其次，初中学生在活动教育中直接产生经验感知，能更好地自己内化为教育感悟。再次，活动育人能更好地促进初中学生和德育实施者之间的双向互动交流，从而有效地调动中学生自我教育的积极性，使学生在活动体验中全面正确地评价自己、认识自己，能够主动地按照社会要求进行自我控制和自我调节。最后，活动育人可以充分发挥学生自身的主体作用，在自己思想提高的同时，又以自己的行动表现感染和引导其他参与的学生。

学校教育能否培养出数量足够、素质优良的人才，在很大程度上取决于学校德育工作实际效果的优劣。而随着国际和国内局势的变化，社会并存的价值观念呈现出多元化，在多元化价值观念影响下，中学生的理想信念、价值取向等都受到冲击，是非、善恶、美丑等有些混淆不清。尽管很多中学的德育工作者，对学校德育工作付出了很多心血，取得了一些成绩，积累了不少经验，但由于多方面的原因，很多中学德育工作与我国目前的社会发展形势和学生的思想特点等实际情况不相适应，学校的德育教育仍然存在很多问题。比如：学生对德育不感兴趣，德育没有吸引力；德育内容显得陈旧、单薄，忽略了学生的主体性；德育工作常常只注意抓外在行为塑造，却忘记了内在情感的培养，使德育的效果打了折扣，生命力也日趋萎缩；学校德育在管理环境上往往过多地囿于校内，造成了一种封闭的德育管理体系。这就需要我们通过开展学生喜闻乐见而又丰富多彩的德育活动来创新德育形式，提升德育效果。为此，我校在多年实践总结的基础上提出了具有自身特色的活动育人。

二、活动育人的基本特征

1. 递进性

活动育人的安排是针对学生在青春期不同阶段的身心发展特点设置的，是根据校园文化、班级氛围、学生状况等不同实际递进地进行综合考量设计的。在多年的实践操作中，新乡一中初中部不断反思总结，对每次德育活动的实际效果都会进行评估，最大限度地使活动育人措施符合科学的思想规律，有科学的指导思想，有科学的活动安排，有科学的设计指导，有科学的考核总结。

2. 全面化

新乡一中自成立初中部伊始，就组建初中部德育工作室，专门全面负责初中部学生德育工作，积极开展德育系列教育，实现德育工作的常态化、系统化。结合初中学生的实际情况，德育工作室分年级、分阶段、分层次地开展德育工作，把每个学期的主题教育都纳入到学生成长成才的育人系统中，把每个活动都纳入到学期主题教育的考评范围中，从育人的全局出发，努力打造育人新环境，拓宽育人新路子。现在，它已成为初中部工作中的一个亮点，受到学校领导和社会各界的广泛好评和充分认可。

3. 实践化

学校的活动育人的开发和实施注重学生的实践能力，从学生的角度考虑活动的开展和落实，尊重学生的主体地位，以学生自主活动为主，多些学生参与活动的机会，让学生自己动手做、自己动嘴说、自己用脑思、自己用心悟，充分体现学校的特色，体现学校的文化，使德育目标与学生实践能力充分融合，注重不同的因材施教，促使学生全面发展、自主发展和个性发展，着重培养学生的实践能力。

4. 生活化

学校的活动育人从德育校本课程建设的高度出发，改变活动设置单一化、德育目标单一化、德育模式单一化的冷清局面。从学生的生活实际出发，通过开展各种活动，使学生能够积极主动地参加德育活动，并在活动中潜移默化地接受教育、受到熏陶。

三、活动育人的基本功能

第一，多年来，学校教育一直以传授科学文化知识、提升科学技能为主要目的，以课堂书本知识为主要媒介，以教师面对面的课堂讲授为主要方式。德育则是比较多地存在着重教育者强硬灌输，轻学生主动接受的现象。而活动育人既注重德育工作者的主导地位，同时也能体现学生的主体地位，尊重初中学生在每个成长阶段的发展需要，强化学生的接受动力机制，可使教育作用得到最大程度的发挥和体现。德育教育与活动时间相结合的过程，要按照活动育人的要求，区分不同层次中学生的身心发展特点，认真设计和精心组织开展内容鲜活、深受学生欢迎的实践活动。

第二，活动育人更加丰富和充实中学德育的内容，实现中学德育的良性互动。当今时代的初中学生对知识和信息充满了无限渴求和无比向往，不可否认的是传统德育内容相对单调，枯燥乏味，信息量较少，不能满足学生的自身需求。这时，活动就以其内容的多样性、精彩性极大地满足了学生们“指点江山，激扬文字，挥洒青春汗水”的需要，使得每个个体的思想都得到快速的碰撞，思想观念得到互相的交流，情感得到相互的交融，信息得到无限的丰富。正是活动通过这些作用的发挥，让涉世未深的初中学生加深了对这个未知社会的了解，对自己人生的思考。所以，从德育功能上来讲，活动育人极大地扩大德育的空间和范围，使德育的良性互动成为了可能，为初中学生提供了广阔的接触外面世界的舞台，为他们走向社会打下了坚实的基础。

第二节　活动育人的意义

活动育人改变了传统德育活动的弊端，把学生看成是育人的主体，这无论是落实党的十八大提出的立德树人要求，或是对学校的生存发展，还是对学生健康成长都具有十分重要的意义。

一、活动育人对落实立德树人的意义

新乡一中提出的活动育人德育策略尊重每一个学生独立自主的地位，并努力培养每一个学生独立自主的精神，而不是把学生作为被消极“塑造”的客体，因为人的全面发展不应是一个被动的过程，而是在学生能动活动之中进行的。学生的活动是否具有自主性是判断活动教育价值的关键所在。

《国家中长期教育改革和发展规划纲要（2010—2020年）》强调要把育人为本作为教育工作的根本要求，坚持德育为先、能力为重、全面发展的原则。“立德树人”提出的致力于“让每个孩子都能成为有用之才”的教育理想及在党的全国代表大会上提出关怀“每个”、培养“每个”的教育命题为我们提出了新的课题。党的十八大报告也明确指出：“把立德树人作为教育的根本任务，培养德、智、体、美全面发展的社会主义建设者和接班人。人的全面发展不可能在封闭的环境中进行。因此，学校不应当是封闭的，活动育人教育模式的基本特征之一是它的开放性。

立德树人是教育的根本任务，是应该培养什么人、怎样培养人的根本问题。要培养德、智、体、美全面发展的社会主义建设者和接班人，就必须把德育放在首位，立德树人使我们培养的人才既有高度的道德素养，又有建设社会主义的真实本领。所以，在新时期，立德树人赋予了其新的内涵，指明了今后教育改革发展的方向。在活动育人的实践和摸索中，我们把学生日常表现纳入考核目标，以理想信念教育为核心、以爱国主义教育为重点、以基本道德规范为基础、以全面发展为目标，在七、八、九各年级各阶段开展德育系列教育活动。今后，我们要在贯彻执行“立德树人”教育思想上多研究、多探讨，自觉把立德树人作为教育的根本任务，身体力行，全面贯彻党的教育方针，努力办好新乡人民满意的教育。

二、活动育人对学校生存发展的意义

市区学生和县区学生各占新乡一中人数的一半，生源来自市、县、乡三个层面；东西南北中地域广阔，文化有差异；住校、走读、校外寄宿均有，生源情况比较全面，学生思想道德素养参差不齐。有效地开展德育活动、打造学校德育品牌、推广先进经验，对于凸显学校育人特色、彰显学校育人品位起到积极作用。同时，也可以有效促使教师的科研素养和创新能力得到增强，思维方式、工作方式得到转变。如何打造新乡一中初中部德育特色品牌，我们一直在思考：所谓特色，即“人无我有，人有我优，人优我变”。由此可见，德育特色品牌的创建是一个不断创新发展的过程。学校德育的品牌不只是外在的硬件，更是内在的品质；不只是对传统的继承，更是对时代的发扬；不只是简单的模仿，更是精细的加工；不只是追求潮流，更是注重个性。

为此，我们动员全体教职工及广大家长齐抓共管，促进学生良好的生活习惯、学习习惯和良好社会公德的养成，使他们学会学习、学会合作、学会做事、学会做人。以丰富多彩的活动为途径，寓教于乐，促进学生全面和谐发展，学校每年都会组织开展各种活动，为学生打造充分锻炼、展示自我的平台；让学生把感性认知内化为知识，把知识提升为能力。学校坚持贴近实际、贴近生活、贴近未成年人的原则，着眼于学生的全面发展，切实提高德育工作的针对性、有效性、创新性和主动性，形成学校教育与家庭教育、社会教育相结合的德育网络。学校德育工作因地制宜，寓教于乐，立足实际，注重实干，追求实效，致力于学生综合素质和能力的提高，着眼于学生的终身发展。经过多年的实践，新乡一中的活动育人已经成为我校德育工作的一张名片，深受学生的欢迎，先后多次被省、市媒体宣传报道，取得了良好的社会效果，受到社会各界和家长的一致认可和好评。

所以，我们认为创新育人模式、打造特色育人活动、凸显学校育人特色是学校健康发展的有力保障，是保障学校在竞争中保持优势的不竭动力。新乡一中德育特色品牌营造是将特色资源、德育理念和时代精神，用教育智慧加以整合的自主创新实践。它更广泛、更深远的意义在于，它让学校通过自主创新式的实践行动，走上一条由德育特色品牌向学校优质可持续发展的内涵式发展之路，相信这将是一条越走越宽广的康庄大道，将有力推动学校的健康发展。

三、活动育人对学生成长成才的意义

目前，之所以有些德育活动没有达到预期的效果，学生参与的积极性不高，原因就在于在设计德育活动的时候没有关注学生的主体意识和主动发展。荀子说："不闻不若闻之，闻之不若见之，见之不若知之，知之不若行之。学至于行而止矣。行之，明也。"学生最终都要走入社会，直面社会生活的所有问题，并通过自己的努力推动社会进步，做出自己的贡献，实现自身的价值。因此，我们要从学生长远的发展出发，积极主动将学生带出传统课堂模式的桎梏，带入生动丰富的社会生活，解答学生对各种社会问题的不解，努力帮助学生正确认识各种社会现象，主动适应社会生活，努力为推动社会进步做好各种知识准备、能力准备和心理准备。因此，活动育人的主体是当代的学生。忽视这一根本主体，就会使学校德育工作陷入简单的教条主义之中。

所以，我们在设置活动育人的思路时就要坚持学生的主体性，在活动中让学生自我体验、自我探索，并进行自我教育，学会自我约束、自我反省、自我提高，进而增强学生的道德认识和判断能力。正如苏霍姆林斯基所说："真正的教育是促进自我教育的教育，只有学会自我教育的人才可能成为真正的人。"道德教育是一种特殊的教育形式，其更加注重一种深度的内在修养和自我约束、自我控制，将社会要求内化为个人的品德，使学生获得一种道德认知和道德自觉。

同时，我们始终坚持关注每一位学生的成长和发展，努力培养学生健康向上的态度、价值观、情感、意志、品质、个性。无论是住校学生、留守学生，还是特殊家庭的学生都要重视他们的心理状态和成长需要。同时，在德育活动中积极引导学生铸就自尊和自信的品质及坚韧不拔的意志和刻苦奋斗的精神，让他们都能够拥有经受压力和适应社会的能力，拥有关心他人、关心集体、爱憎分明的人生态度。只有在德育中明确学生的主体地位，把德育的塑造看作是对学生的引导和规范，让学生主动调节主体自我与非我的影响因素，才能逐步实现学生品质的完善和提高。

第三节　活动育人的实践

新乡一中初中部根据学生的身心发展规律，在七、八、九年级上下学期努力使德育活动丰富多彩，寓教于乐，符合学生的天性。

比如七年级学生认识能力与思维发展处于转型时期，认识问题粗浅片面；活泼好动，遵守校规校纪的意识不强；情感丰富，习惯父母家人的呵护，感恩意识不足；对初中生活向往但完全陌生，首次离开父母，生活自理能力差；群体意识增强但交往能力差，易受外界影响；学习习惯欠缺，学习品质不稳定，学习目的不明确，在学习过程中易受干扰；个别学生产生逆反心理。

八年级学生思维发展处于初步发展期，智力仍处于开发阶段；意志自觉性薄弱，易出现独断性、动荡性，争强好胜；性格不稳定，对社会、现实、人生等问题的思考既无深度，又无广度；已熟悉初中生活，但生活自理能力较差，渴求友谊，群体意识增强，交往能力初步形成，易形成小群体；部分学生逆反心理较强。

九年级学生认识能力得到发展并初步趋向成熟；生活经验不断丰富，逐渐能按一定原则、观点选择合适的方式去解决一些问题；意志的果断性与坚定性有了一定发展，进入了以自律形式遵守道德准则和规章制度的发展期，世界观、人生观开始形成；性格开始成熟，具备一定的独立思考能力，但欠缺坚定性；对人生、社会、现实等问题开始发表自己的观点，但较片面，幼稚；面临升入高中，开始考虑个人前途问题；个别学生因学业困难而丧失自信心。

所以研究中学德育，尤其是开展分年级根据不同年龄段孩子的生理和心理发展特点进行系列德育活动具有非常重要的社会价值。百年大计，教育为本；教育之本，在于育人。系列德育活动的开展，对教育学生学会做人、学会做事、学会求知，培养学生良好的行为习惯、道德品质和健全人格，培育学生的社会主义核心价值观，促进学生成人成才起到积极作用，为学生终身发展和幸福生活打好基础，同时也为落实立德树人教育精神，为国家培养综合素质过硬的和适应社会未来发展的人才做出贡献。

系列德育活动是指根据青少年学生生理、心理和道德发展水平、认知能力、社会经验等规律，按年级、年龄分层次制定不同的主题，组成一个环环相扣的锁链，循序渐进，逐步提升，一以贯之。改变德育工作零散性、运动性、随意性等旧的工作模式，使德育工作真正的规范化、制度化、科学化。其以新的教育理论为指导，培养学生全面发展，完善学生人格，使学生在政治素养、道德情操、行为、意志、毅力、品格、修养、心理健康等方面都具备深层次品行素养，并为学生今后的学习成长和人生发展做好充分的准备和人生积淀。

一、七年级上学期“道德、礼仪、规范、习惯”教育

七年级深入贯彻“道德、礼仪、规范、习惯”八字方针，通过开展一系列德育活动，力争在七年级学生中达到以下目的：

1. 基本道德修养

以“爱国守法，明礼诚信，团结友善，勤俭自强，敬业奉献”的基本道德规范为出发点，使学生认识到：爱国爱家、孝敬父母、尊敬师长、友爱同学、诚实守信、勤劳节俭是中华民族的优良传统及对社会产生的效果，以此重点培养学生的爱国情怀、集体荣誉感、诚信意识、创新精神、实践能力。对学生有目的地施以道德影响的活动，提高其道德觉悟，陶冶其道德情操，磨炼其道德意志，培养其道德品质，使学生树立道德信念，养成道德习惯。

我们所提倡的基本道德教育就是引导和激励学生从不为恶为邪，趋向于积极为善，促使学生的德行和品格明显得到提升、丰富和完善，使人们从道德的服从者和遵从者积极转变为理想道德的追求者。换句话说，新乡一中初中学段的基本道德教育不纯粹是工具和手段，更是目的和归宿，因为人的德行和品格及人性的提升及完善本身就是德育的目的所在。基本道德素养教育，需要明确初中学生的特点，他们已经是初步具有的独立思考和判断是非的能力的人。那么，培养和完善学生的思想道德修养，要由浅入深地让学生掌握公民道德的主

要内容，学会运用基本公民道德的原则和规范来指导学生自身的行为，指导学生努力学会放开眼界看待外面的世界，学会运用马克思主义的科学世界观和方法论去观察和认识眼前的社会，不断增进他们对国情、民情的了解，增强其社会责任感，不断提高自己的基本道德修养。

因此，我们对初中学生进行基本道德教育，就是重在提高学生的基本素质，塑造学生的高尚情操，促进学生的全面发展。所以，强化道德养成教育，不断增强学生的道德实践意识，使学生正确认识道德和教育的内化性、系统性和实践性。开展教育工作、组织德育系列活动要与学生的个性修养、内心需求有机地结合起来，从学生的自身实际出发，结合学生年龄阶段的认知特性，把道德的规范渗入到日常生活、学习中，能够使学生在日常生活、学习中无形地接受道德教育，实践道德，努力提高道德修养。

2. 良好礼仪素养

人无礼不生，事无礼不成，国无礼不宁。通过礼仪教育，以培养学生良好的文明礼仪为重点，着眼于全面提高学生的思想素质和文明礼仪素养。

核心内容：

（1）课堂礼仪：遵守课堂纪律是学生最基本的礼貌。

①上课：上课铃声响起后，学生应迅速端坐在教室里，静静等候老师进入教室；当老师宣布上课时，全班应迅速起立，齐声向老师问好，待老师答礼后，方可坐下。同时，学生应当准时到教室上课，若因特殊情况不得已在老师上课后进入教室，应先得到教师的允许，方可进入教室。

②听讲：课堂上，应该认真听取老师讲解，保持注意力集中，进行独立思考，重要的内容要认真做好笔记；老师提问时，应该先举手，待老师点到名字时才可起来回答，发言时，身体立正，态度落落大方，声音清晰响亮，并且使用普通话。

③下课：下课铃响时，若老师还未宣布课堂结束，学生应当继续安心听讲，不要忙着收拾书本，或把桌子、文具弄得呼呼作响，这是对老师的不尊重；下课时，全体同学仍需起立，与老师互道“再见”。待老师离开教室后，学生方可离开。

（2）尊师礼仪：尊敬老师、热爱老师是学生与老师建立良好和谐师生关系的基础。

①见老师主动问好，分别时说“再见”。

②进出校及上下楼梯给老师让行。

③进办公室要喊“报告”，听到“请进”后方可进入；问老师应该用“请问”，老师答后要道谢，要说“再见”后方可离开；不随便翻阅老师办公室的东西；不私自打开教师电脑。

④指出老师的错处要有礼貌。

⑤虚心听取老师的教诲，接受师长的教育。

⑥对老师说实话、真话，不欺骗老师。

⑦珍惜老师成果，按时完成老师布置的各项作业。

⑧服从班主任、任课教师和宿管老师管理，不能顶撞老师。

⑨在路上遇见老师主动停下，微微鞠躬问好。遇见两个以上的老师，问“老师们好”；排队在行进中遇见老师，由领队带领全体同学问“老师好”。

⑩与老师交谈时，要起立并主动给老师让坐。

⑪老师在办事或在与别人交流时，不可随意干扰老师，应站立一侧，待老师办完事或谈完话后再找老师。

⑫老师进入学生宿舍时，学生应该主动站起来问好让坐；在老师离开时起身送出。

（3）同学礼仪：时刻注意同学之间的礼仪礼貌，这是我们获得良好同学关系的基本要求。

①与同学说话时要做到态度诚恳、谦虚，语调平和细腻，听同学说话要专心认真，不轻易打断别人的话。

②同学间交往应该使用礼貌用语。问同学问题时，问前要用谦语“打扰你一下”“请问”“向你请教个问题”等，问后要道谢。

③尊重同学，不给同学取绰号或叫同学的绰号。不说使别人感到伤心羞愧的话，不在同学面前说长论短、搬弄是非。

④同学之间互助互爱，主动帮助有困难的同学。

⑤尊重和照顾女同学，不欺侮女同学。

⑥向同学借东西，要先征得同学的同意。对同学的东西要特别爱护，且按时归还。

⑦不斤斤计较，对同学的过失或冒犯要宽宏大量。

⑧讲究信用，答应别人的事要尽力办到。

3. 规范文明行为

规即为“尺规”，范即为“模具”，规范是指我们所确立的行为标准。通过规范教育，使广大学生能把规范的要求内化为自觉的行动，做一个文明守纪、诚实守信、勤奋向上的中学生。

核心内容：

（1）课间不在教室、走廊喧哗、大闹、跑动、嬉闹。

（2）课前 2 分钟准备好学习用品，静待老师上课。

（3）上课坐姿端正，书写时握笔姿势正确。（手离笔尖一寸、眼离书本一尺、身体离桌一拳）。

（4）上课专心听讲，不乱说乱动，勇于提问，积极回答，抓重点，积极思考。

（5）作业要字体端正，纸面清洁，格式正确，不边做边玩。

（6）书桌书籍摆放整齐有序、无杂物，卫生工具摆放有序、整齐。

（7）仪容仪表符合学校要求。①按要求身着新乡市一中校服，着装整齐朴素大方，不穿奇装异服。②不佩戴项链、耳环、戒指、手链、手镯等饰物。③不得涂脂抹粉，不准画眉，不准文眉文身，不得留长指甲，不许涂指甲油。④按要求修剪头发，不染发，不烫发，不留长发。

（8）注意语言文明，讲普通话，做到校园无脏话。

4. 正确的学习生活习惯

习惯决定性格，性格决定命运。做一件好事不难，难的是养成一种做好事的习惯。通过系列教育，要让学生养成良好的生活习惯和学习习惯，这将为孩子的成长、成才打下坚实基础。

（1）生活习惯养成教育

①饭前、便后要洗手；不喝生水，不吃不洁净食物。

②要养成良好的饮食习惯，保证每餐合理的营养供应，不吃或少吃零食。

③不随地吐痰，不随手乱丢东西。养成随手捡拾地面上废弃物的习惯，共

同维护学校环境的整洁。

④要合理地安排作息时间，晚上熄灯后立即休息，充分利用好午休。

⑤要进行适当的体育锻炼和文娱活动，在学习之余锻炼身体、娱乐身心。

⑥要积极防止或认真改正酗酒、吸烟、打牌、沉溺网络等不良生活习惯。

（2）学习习惯养成教育

①制订计划的习惯。凡事预则利，不预则废。学困生问题一般都出在缺乏学习的计划性，缺乏执行力，而优秀的学生时刻明白自己想要干什么。

②尊重与欣赏老师的习惯：亲其师，信其道。学生要尊重老师、适应老师，并学会欣赏自己的老师。

③自主学习的习惯：中学的学习科目多、任务重、进度快，学生要学会自主学习，要学会充分利用课间、早读、自习的时间。

④专心上课的习惯：学生在课堂上要集中精神，专心听讲，认真听同学发言，抓住重点、难点、疑点，边认真听边积极思考。

⑤认真观察，积极思考的习惯：逐步养成观察意识，养成良好的观察习惯，养成提出问题、思考问题、回答问题的习惯。

⑥善于提问的习惯：积极培养学生质疑问题的习惯，带着知识疑点问老师、问同学、问家长。

⑦切磋琢磨的习惯："独学而无友，则孤陋而寡闻"，要养成遇到问题互帮互学，展开讨论的良好习惯。

将"道德、礼仪、规范、习惯"八字切实落实到"敦品明礼　厚德修身"德育培养工程中，贯彻"近、小、实、亲"的工作思路。近：就是贴近生活，贴近学生，贴近实际；小：就是从小处着眼，从小处入手，从小事做起；实：就是倾注真情实感，讲述真实情形；亲：就是亲切融洽，可亲可信，亲身践行。学校使这一活动与中学生的日常学习、生活紧密结合起来，对学生产生潜移默化的作用。为此，我们的活动从以下四方面着手：

第一，道德主题教育活动。

在社会主义核心价值理论指导下，弘扬与传播中华民族传统美德，重点围绕"忠、孝、敬、友、诚、勤"，即爱国爱家、孝敬父母、尊敬师长、友爱同学、诚实守信、勤劳节俭等方面开展教育活动。实施方案如下：

"敦品明礼　厚德修身"主题班会：明确道德、礼仪、规范、习惯的内涵及意义。

“敦品明礼　厚德修身”主题黑板报布置：要求主题鲜明、内容丰富、教育意义突出。

书法传意——《弟子规》书法大赛。

板报传教——《弟子规》手抄报比赛。

观看近年全国道德模范评选颁奖晚会或其他具有道德教育意义的影像资料，并谈心得体会。

近代一百年中国图片展：同学们熟知1840年鸦片战争至五四运动近百年的历史，铭记中华民族备受外国欺凌的历史，利用史料图片在各班走廊展出，以激起和培养新乡一中学子的爱国情怀。

爱国主义教育电影周：每学期利用自习时间组织同学们在弘毅楼阶梯教室观看两至三场爱国主义教育电影，例如《鸦片战争》《南京大屠杀》《建党伟业》《东京审判》等电影，使学生接受爱国主义教育。

一场名师讲坛：邀请著名学者、教授或其他社会人士，为学生作关于厚德、修身、礼仪等方面的讲座，也可以组织大家集体、定时收看相关礼仪、修身、励志方面的影视讲座。

“一封家书”活动：实现家长、学生深层的内心交流，使学生获得生活、学习的动力。

评选新乡一中七年级“最美孝心少年”活动。

七年级道德讲堂。

七年级“孝亲尊师”教育活动。

第二，礼仪主题教育活动。

在全年级范围内推广学习礼仪“八讲”和“八会”，即“语言、行为上讲文明，学习上讲刻苦，生活上讲卫生，活动上讲参与，待人上讲礼貌，处事上讲谦和，集体中讲团结，校内外讲形象”和“会打招呼，会问候，会微笑，会鼓掌，会道歉，会道谢，会道别，会礼让”。

通过开展礼仪教育实践活动，使学生懂得文明礼仪的重要性，人人争当“文明礼仪标兵”，形成人与人之间彼此尊重、互相帮助的氛围，提高礼仪意识，自觉践行文明礼仪，全方位提升文明素养，为进一步加强年级的德育工作创设良好的育人环境。实施方案如下：

各班举行“文明礼仪，从我做起”主题班会：重在学习、提醒日常学习、生活中常见的礼仪注意事项。

利用晚自习时间组织学生观看有关礼仪教育（如金正昆礼仪讲座）影像资料。

“习礼仪、讲文明、洁仪容、美形象、提素质”专题征文比赛：由七年级语文备课组组织，各班语文课代表配合，评比出优秀作品在全年级集中展示、学习。

礼仪大家练活动：充分发挥礼仪课的作用，要求以小组为单位，在课堂时间向大家演示具体的礼仪情景，使学生直观感受、亲身实践。

“文明礼仪标兵”评选：班级德育小组进行专项督导，各班班主任具体负责，评选出“年级、班级文明礼仪标兵”。

见证千古文明（《弟子规》讲故事比赛）。

《弟子规》文艺会演暨《弟子规》课本剧大赛。

第三，规范主题教育活动。

以《中小学生守则》《中小学生日常行为规范》《新乡一中学生手册》为基本要求，进一步加强和改进本年级学生的规范教育工作。利用一个月的时间分别从课间安静、课上坐姿、书写工整、课桌整洁、环境卫生等方面对学生进行规范教育，以培养学生的规范意识。实施方案如下：

“学规范做文明学生”主题班会。

“规范在我心中”为主题的班级黑板报。

组织开展《新乡一中学生手册》《中小学生日常行为规范》《中小学生守则》知识竞赛。

各班围绕“规范”要求，自查自纠，针对薄弱环节强化训练。

“规范风采”摄影展：以正面引导为主，各班以照片形式把在规范方面做得好的地方在走廊墙壁展出，以促进相互观摩、学习。

第四，习惯主题教育活动。

行为形成习惯，习惯决定品质，品质决定命运。要把学生习惯养成教育作为七年级德育建设的切入点，以学生健康成长、终身发展为目标，从学生身边的小事抓起、从生活和学习的细节抓起、从现在做起，扎实有效地进行学生文明习惯养成教育。实施方案如下：

"好习惯好人生"主题班会。

"好习惯大家学"活动：对照评出的优劣习惯，改正坏习惯，学习好习惯。班级德育小组督促检查。

"好习惯助我成功"演讲赛：由班级选拔，年级决赛，各班主任负责，年级制作宣传板将演讲比赛选手风采进行展出。

二、七年级下学期美育

苏联著名教育家凯洛夫说："美育是学生自身全面发展的一个不可缺少的部分，美育的本质内涵就在于理解自然和社会的美，理解人与人之间的美。"《关于全面加强和改进学校美育工作的意见》指出：美育是审美教育，也是情操教育和心灵教育，不仅能提升人的审美素养，还能潜移默化地影响人的情感、趣味、气质、胸襟，激励人的精神，温润人的心灵。换言之，美育就是通过学生体会现实生活及艺术中的美，让学生在内心深处受到无形的感化和感染，从而培养他们具有健康的审美观念和鉴赏及创造美的能力的教育，也就是美育。

作为中学德育工作者，我们就必须把美育当作一项重要任务，有义务、有责任地去陶冶学生的思想情操。所以，新乡一中初中部一直以来高度重视对七年级学生进行美育，坚持"以美育德、以美益智、以美养性、以美陶情、以美强志"为育人宗旨，面向全体学生，重在普及，重在提高，以培养学生健康的审美情趣为核心，以此希望学生学习美、体会美、感受美、发现美、践行美。通过今年的实施，学校美育取得了较大进展，对提高学生审美与人文素养、促进学生全面发展发挥了重要作用。实施方案如下：

1. 活动主题：爱美求美、美人之美、美美与共。

2. 活动主题：七年级下学期2月底至6月中旬。

3. 活动对象：七年级学生。

4. 活动安排：

（1）科学定位美育课程目标，注重激发学生艺术兴趣，发展学生艺术想象力和创新意识，重视和加强学生艺术经典教育，根据自身优势和特点，开发具有民族、地域特色的地方和校本美育课程。帮助学生形成一两项艺术特长和爱好，培养学生健康向上的审美趣味、审美格调、审美理想。

①“学习美　践行美”美育主题班会。

②学生艺术爱好分组咨询会。

（2）实施美育实践活动管理，应该贴近校园生活，根据学生认知水平和心理特点，努力探索创造具有时代特征、学生特点和校园特色的美育活动形式，积极引导学生参与社区乡村文化艺术活动、学习优秀民族民间艺术、欣赏高雅文艺演出、参观美术展览等活动的表现要作为中小学生艺术素质测评内容。

①高雅艺术进校园活动。

②学习非物质文化遗产活动周。

（3）加强美育的渗透与融合。将美育贯穿在学校教育的全过程各方面，渗透在各个学科之中。加强美育与德育、智育、体育相融合，与各学科教学和社会实践活动相结合。挖掘不同学科所蕴含的丰富美育资源，充分发挥语文、历史等人文学科的美育功能，围绕美育目标，形成课堂教学、课外活动、校园文化的育人合力。

①七年级学生摄影展示大赛。

②七年级学生诵读经典演讲比赛。

（4）注重校园文化环境的育人作用，利用营造格调高雅、富有美感、充满朝气的校园文化环境，以美感人、以景育人。要让社会主义核心价值观、中华优秀传统文化基因通过校园文化环境浸润学生心田，引导学生发现自然之美、生活之美、心灵之美。

①学生宿舍风展示大赛。

②班级文化建设评比活动。

（5）面向全体学生，因地制宜地开展经常性的丰富多彩的美育活动，努力开展丰富多彩的校内外活动，开阔学生的文化视野，引导学生自愿选择、自主参与，推进校园文化建设。

①学生文化艺术节。

②学生美育活动反思总结。

5. 注意事项如下：

第一，要着重培养学生的审美理解力、审美表现力和审美创造力，努力引导学生朝着创造美、实践美的方面发展。通过各类育人活动和多种形式的审美媒介，引导学生在感性直观理解中去感悟审美对象的内涵、意蕴，从而产生情感的激荡，陶冶学生的性情。

第二，要注意积极培养学生的审美情感。新乡一中的美育必须是对学生进行高尚健康的审美情感的培养，这种美育是脱离了低级趣味，脱离了个人感情欲念和自私狭隘功利的理性渗透的情感。德育工作者应选择高雅的艺术和氛围来引发这种审美情感，特别是借助于优秀的艺术氛围、优美的校园环境，把学生带入一个身心愉悦的境界。

第三，善于进一步加强学生正确的审美观教育。这种美的教育来自对优美、崇高的审美对象的反复欣赏，也来自学生对适当的美育理论的认真学习，特别是与活动育人关系密切，应把美育与德育结合起来，互相渗透，共同实施，效果会更加显著。

三、八年级上学期励志教育

心理学研究表明，一个人在外界刺激或自我激励的情况下仅能发挥其能力的20%—30%，而如果受到正确和充分的激励，其能力将会发挥 80%—90%。“教学的艺术不在于传授的本领，而在于激励、唤醒和鼓舞。”激励会使学生产生不懈进取的动力，充分发挥其主动性和创造性，不断发展自我，在他们的人生道路上信心百倍地昂首阔步。

我们开展的励志教育是指运用成功学的原理和心理学的知识及自我效能的理论，通过对学生进行系统的教育，唤起学生的自我意识和成就动机，培养学生养成自我教育和自我管理的能力，系统全面地培养学生的成功品质，努力激发学生各项潜能的教育。首先，励志教育是一种价值观的教育，它主要是通过让学生树立远大的理想信念，树立为实现自己人生价值的信心和勇气来体现的。其次，励志教育也是一项长期持久的工程，它贯穿学生一生成长的始终，而且能够让学生立足于现在，而又要达到一种超越现实，追求未来发展的特征。最后，励志教育也是一种健康人格的塑造教育，需要不断提高完善学生的人格，让学生逐渐形成正确的人格魅力，努力消除不良心理情绪，让他们养成乐观的生活态度。

所以，在和平与发展成为主旋律的今天，对中学生尤其是初中学生进行充分恰当的励志教育，帮助他们积极树立远大的理想和抱负，立志成为一个在人生前进的道路过程中能坚持不懈、攻坚克难、磨砺坚韧意志，同时有坚定的人生信念的人，一个能真正有利于国家、社会和个人的，一个个性得到全面发展的人。毫无疑问，这对于初中学生一生的发展无疑具有极其重要的意义，这也将对整个国家、整个民族、整个社会的发展具有十分重要的意义。

然而，仔细研究当下的励志教育实践，励志教育没有得到真正的落实，励志也没有起到应有的作用，励志的效果也并不理想，励志教育实践当然也出现了许多问题，总之，励志教育的状况很是堪忧。

1. 活动目的

新乡一中初中部八年级上期开展励志教育活动旨在激发、唤醒和培养学生内动力，奋发志气，始终保持昂扬向上的精神状态，使学生从“被成长”中产生生命自觉，让学生用自己的力量成长，最终达到成人成才的目的。励志教育活动的开展主要是为了引导学生形成坚强的意志力，养成良好的思维习惯和学习习惯，树立积极的生活态度，增强学生克服困难的勇气，使学生的求知欲望和创新精神得到进一步发扬光大，使广大学生能把学习当作天职，把激情化为动力，把理想变成现实，勉励学生树立远大志向，教育学生从现在做起，从身边小事做起，正确对待挫折，积极自我暗示，自信自立自强，进而促进学生健康成长和全面发展。

2. 活动安排

（1）年级“励志教育”主题班会，全班动员，思想宣传。

（2）每日安排：早读上课前，学生全体起立背诵《少年中国说》；下午上课前齐唱励志歌曲；晚上上课前安排同学读励志故事。（日常安排）

（3）目标设定：要求每位学生为自己设定目标，张贴于教室，书于心中，以达到励志目的。

（4）环境熏陶：通过教室、黑板报等装饰教室，以达到通过环境育人、环境激励的作用。由学生会宣传部负责检查评比。

（5）八年级励志教育动员大会。

（6）远足磨炼：由年级组织各班学生进行一次远足锻炼，以培养学生的忍耐力、意志力。

（7）励志故事大家看：利用各班多媒体播放励志类电影、奥运会、残奥会中激励学生的精彩画面。

（8）演讲比赛：每班利用一次班会进行初赛，选拔一名同学参加年级比赛，内容为励志教育类。

（9）励志论文评选：要求每位学生写一篇励志文章，班级初评后由年级最终评选各个奖项若干名。

（10）野外素质拓展训练活动，在节假日组织学生赴素质拓展基地进行素质拓展，以磨砺学生意志。

（11）“走进名家大家”系列活动，通过阅读名人传记、讲述名人故事、拜访名人故居等活动，激励学生向名家大家学习。

（12）总结评比：每学期末，对活动中表现突出的班级和个人进行表彰，物质奖励和精神奖励相结合。

四、八年级下学期非智力因素教育

美国教育家布鲁姆曾说过：“学生的学习兴趣、动机、态度、好奇心及情感在促进学生智力发展中起着重要作用。”教育家赞克夫认为：“教育法一旦触及学生的情感和意志领域，触及学生的精神需要，这种教学就能发挥高度有效的作用。”非智力因素，是指与认识没有直接关系的需要、兴趣、动机、目标、意志、信念、抱负、世界观等方面。

上述非智力因素在学生学习的过程中，有着举足轻重的作用。学生的成长成才既离不开良好的智力条件，也离不开良好的非智力条件，一个人要成才不仅要具备能力，更要把能力充分发挥出来，也就是要有外显的智慧行为，智力因素只是一种潜在的智慧能力，必须在实践中将其转化为智慧行为，而在这样的转化过程中，非智力因素就起着至关重要的作用。

非智力因素对一个人的成长和发展，发挥着独特的作用，并且这种是不受其他因素的制约而独立地发挥着作用。非智力因素是衡量我们情绪智力高低的重要指标，它反映了一个人是否能够很好地控制自我情绪、把握自我心理的能力。科学证明，非智力因素比智力因素对人的成长发展更为重要，它在很大程度上决定了一个人的生活、工作和人际关系的处理。非智力对智力的发展，突出地起着以下作用：首先是动力的作用，学习的需要及其理想的实现，是学生智力与能力发展的内在驱动力；其次是定型的作用，即非智力因素可以把某种认识或行为的组织越来越固定化、习惯化；再次是补偿的作用，也就是说非智力因素能够弥补智力与能力方面的某些缺陷或不足。“勤能补拙”的事例在我们的生活学习中屡见不鲜。八年级下学期开展德育工作的目的就是希望在保证学生智力因素正常培养的基础上，更加强调和注重学生非智力因素的培养，使我们的学生有高尚的道德情操和高度的社会责任感，努力学会学习、学会做人、学会合作，能够在激烈的社会竞争中有很强的适应能力。所以，我们在重视学生智力发展的同时，也应该重视非智力因素对智力的促进作用。强烈的求知欲和进取心、浓厚的学习兴趣、不达目的不罢休的决心和毅力等优良的非智力因素，不仅对学生的学习效果有重要的促进作用，同时对学生形成健全、健康的人格也有重要的作用。

1.“激发兴趣爱好，成就精彩人生”主题教育活动

孔子说：“知之者不如好之者，好之者不如乐之者。”广泛的兴趣，能开阔人的眼界，使人知识丰富；积极的兴趣，能丰富人的知识，开发智力；稳定的兴趣，能促使人敢于探索，爆发出创造性的智慧。兴趣是一个人走向事业成功的开始。凡是在某个领域有建树的人，无不对他们所研究的对象有浓厚的兴趣。

（1）“好兴趣　好人生”主题班会，做好思想动员工作。

（2）“积极培养兴趣，成就精彩人生”故事大家讲活动，大家讲故事，举事例，谈感想，增启发。

2.“拥有良好情感，做健全人格的中学生”主题教育活动

积极情感推动人的发展，消极情感阻碍人的发展，特别是理智感，能使人不断地探索新的知识，保持学习和生活中的主动性、积极性，努力克服困难。情绪是情感的直接体现，良好的心境是智力活动的重要条件，它既能使人产生兴趣，也有利于人的成功。

（1）参观平原博物院，培养爱国、爱家、爱新乡的浓厚情感。

（2）母亲节“五个一”主题教育活动，让学生知恩、感恩、报恩。

3. “塑造健康性格，完善自我品质”主题教育活动

性格是影响一个人成长的重要非智力因素之一。积极的性格特征是勤奋、自信、细致、坚强、谦虚、乐观，有独立性和探索精神。

良好的性格能有效促进能力的发展，使人上进，奋发图强，爱因斯坦说：“优秀的性格，比智慧和博学更重要。”

（1）“青春飞扬　彰显个性”主题班会。

（2）“健全性格　美丽人生”主题手抄报比赛。

（3）“观电影　写感受”活动，观看相关视频，写感想，谈感受。

4. “磨砺意志　成就未来”主题教育活动

如果把成功比作一座大厦，那么坚韧不拔的毅力和顽强拼搏的意志就是人成才成功的柱石。原子说的创造者道尔顿说：“如果我有什么成绩的话，那不是我有才能的结果，而是勤奋和毅力的结果。”意志对人来讲，比天资聪明更要重要。因为一切创造、发明和事业的成功，都不是一帆风顺的，要经历千辛万苦，克服重重困难，才能实现。

（1）“发扬‘五四’精神　磨砺坚强意志”青年节教育活动。

（2）“激发潜能　挑战自我”野外素质拓展训练活动。

（3）“磨砺意志　拥抱成功”春季远足拉练游艺活动。

5. “树立理想　坚定信念”主题教育活动

理想信念贯穿于人的精神生活之中，它来源于现实又高于现实。如果把社会历史比作大海，把个体人生比作小舟，那么理想就是引领航向的灯塔，信念则是催舟奋进的风帆。它是引领人生前进的灯塔，促进社会的进步；它是促进人生奋斗的动力，引领人的终身发展；它是提高人生境界的保障，保持正确人生航向。

（1）组织学生观看“感动中国”颁奖晚会，体会平凡中的感动。

（2）“走伟大祖国复兴之路　圆世纪中国富强之梦”主题征文活动。

6.“学会自我控制，把握人生方向”主题教育活动

自控力是自我控制的能力。自控力作为人格品质的重要组成部分，无疑对学生学习行为的调节和控制起着重要作用。中学生处于世界观、人生观、价值观形成的关键时期，在这个阶段养成自我控制的能力，对学生的未来成长发展具有重要意义。

(1)“自控力对个人成长发展”学生座谈会。

(2)“学生就餐比静、宿舍就寝比快”养成活动。

(3)“学会自主学习，学会自我成长”主题班会。

五、九年级上学期心理健康教育

良好的心理素质是人的全面素质中的重要组成部分。九年级学生正处于发展的重要时期，随着生理、心理的发育和发展、社会阅历的扩展及思维方式的变化，在学习、生活、人际交往、自我意识等方面，会遇到各种各样的心理困惑或问题。通过围绕主题广泛开展内容丰富、形式多样、针对性强、参与面广的心理健康教育活动，宣传普及心理健康知识，营造良好心理健康教育氛围，提升师生对自身、对他人心理健康的关注，促进学校心理健康教育和谐发展，探索同伴互助的积极发展理念及其实施方式。同时，开展心理健康教育，是学生健康成长的需要，也是推进素质教育的必然要求。

中学生是祖国的未来、民族的希望，他们的健康成长有利于家庭的和谐及社会的稳定，有利于我们源源不断地向国家输送大批优秀人才，这同时也关系到国家的长治久安和国家的命运和前途。当然，他们的健康学习和生活离不开良好的心理健康教育。良好的心理健康教育可以让学生积极掌握自我调控的方法和策略，使其能够形成发展自我的能力，这对于学生提高自己的心理素质，并且实现人生的可持续发展具有重要意义。同时，良好的心理健康教育对于学生的全面发展及长大以后顺利地从事社会实践活动具有重要作用。

为了促使九年级上学期心理健康教育更好落实，结合学生实际，特制定如下实施方案：

1. 活动背景：随着学生进入九年级，由于各方面原因，学生开始产生各种

心理问题，主要表现在首先，自卑心理，自卑是一种自己轻视、看不起自己，认为自己不如别人的惭愧、畏缩甚至失望的复杂情感，自卑感比较强的学生，往往看不到自己的优点和长处；其次，内疚心理，部分同学面对考试屡屡不如意，想想父母的含辛茹苦，多年的付出得不到应有的回报，想想自己的辛苦并没有取得理想的成绩，因此而背上沉重的心理压力，陷入深深的自责之中；再次，焦虑心理，焦虑是人的一种情绪反应，有的同学面对高度的复习压力和快节奏的考试状态，表现出一种焦躁和忧虑；最后，急躁心理，在九年级学习的各个阶段，很多九年级学生都会存在不同时期、不同程度的急躁心理。

2. 活动目的：为九年级营造良好的关爱心理健康氛围，使学生科学地认识心理健康、了解心理健康知识，掌握必要的心理调适方法，形成正确的心理健康观念。增强学生正确认识自我、承受挫折、适应环境的能力，提高学生心理健康水平，以良好的心态适应九年级的生活学习。

3. 活动主题：快乐心灵，健康生活。

4. 活动时间：九年级上学期。

5. 活动内容：

（1）心理健康教育启动仪式：宣布心理健康教育启动，使九年级学生认识到毕业班学生生活状态，顺利适应九年级学习生活。

（2）心理健康教育微讲座：从心理咨询室查找相关资料，利用晚自习上课前的时间，由学生给学生讲心理健康小故事。

（3）心理健康教育主题班会：召开主题班会，让学生深刻明白心理健康的重要性和意义，做一个心理健康的中学生。

（4）健康教育主题手抄报比赛：每人查询资料制作一份手抄报，班级评选后张贴于教室文化墙，然后年级进行检查评比表彰。

（5）健康报告会：每班推荐学生做心理健康报告，分享自己在心理健康教育中的心得体会。

（6）健康教育感悟论文征集：各班主任要发动学生撰写感悟，并筛选一些具有哲理性的感悟，开设班级心理感悟论坛，同时将好的文章推荐至学校心理健康咨询室。

6. 活动要求：

要按照“针对性、目的性、广泛性、社会性”的活动要求，可以围绕主题，自行开展丰富多彩的活动。要认真落实心理健康教育活动方案，高度重视学生的心理健康教育，充分认识心理健康教育的意义和作用，同时要做好平时学科渗透、心理辅导、心理咨询。活动结束后，要做好各类讲稿、主题班会设计、主题板报等材料、照片的收集、整理、归档，并写好总结反思，同时提出对本次活动的意见和建议。

附：心理健康的十条标准

（1）有正确的自我观念，能够正确了解自我、悦纳自我，并能体验自我存在的价值。

（2）善于并乐于生活、学习和工作，保持乐观积极的心理状态。

（3）善于与亲人、老师和同学保持良好的人际关系。

（4）情绪乐观、稳定，能适度地表达和控制自我情绪，保持良好的心境状态。

（5）保持健全的人格。

（6）面对挫折和失败具有一定的承受力，具有正常的自我防御机制。

（7）热爱集体、热爱生活，有现实的目标和社会责任感。

（8）心理特点、行为方式符合自身年龄的特征。

（9）能与现实的环境保持良好的适应与接触。

（10）有安全感、自信心和自主性，而没有过强的逆反状态。

六、九年级下学期“目标激励　放松心情”教育

中考临近，考生们都在为自己人生重要的转折点忙碌着，紧张的学习气氛，老师、家长的殷切期待，同学们之间的激烈竞争，都可能会使学生产生或多或少的压力。压力过重会给考生的学习造成不良的影响。学生只有学会了在紧张的气氛中调整自己，做到自信、乐观，才能始终保持最佳的学习状态，获得最佳的学习效率。正确面对和缓解心理压力，这将有助于他们获得健康的心理和健康的人生，才可以做到人尽其才，取得中考的成功！所以，在本学期学习时间紧、学习任务重、学生思想压力大，根据毕业班学生的实际情况，在九年级举行“目标激励　放松心情”主题活动，让学生在紧张的学习中能够放松身心、

放平心态，帮助学生制订合理的复习计划，养成良好的学习习惯，优化学习复习方法，积极地应对考试，以良好的精神状态投入到中考备考中。

1.“我奋斗　我成功”百日冲刺大会，以便让学生进入中考备考状态，树立信心，增强斗志，为实现自己的中考梦想努力学习。

2. 尖子生激励动员大会，加强对尖子生的辅导教育，激励他们百尺竿头更进一步。

3.“放松心情　释放压力”游艺活动，通过丰富多彩的娱乐活动，让学生紧绷的学习神经得到放松，释放学生的压力。

4. 六十天冲刺动员大会，在距离中考仅剩两个月的时候再次召开冲刺动员大会，激励学生，为学生鼓劲。

5.“卸下压力　树立信心”考前心理咨询，通过心理咨询会减轻学生考前心理焦虑、失望、急躁等心理。

6. 年级学生推铁环比赛，在考前一周举行推铁环比赛，使学生放松心情，轻装上阵，以良好状态走上考场。

第四节　活动育人的展望

一、活动育人的成果

新乡一中初中部在多年的工作中，不断实践、不断创新，不断修订和完善《新乡市第一中学初中部学生德育培养方案》，德育工作硕果累累。2014年11月，全市义务教育均衡发展现场经验交流会暨标准化学校建设推进会召开期间，我校向市领导及各县（市）区分管教育的副县长（副市长、副区长）及各县市教育局长、各中小学校长就我校德育系列教育工作作汇报。在2014年4月新乡市第四届名校巡礼活动中，我校初中部吕庆生、王丹云两位同志就我校德育系列教育成果向全市中小学代表作专题汇报，并制作印制了《新乡市第一中学初中部德育系列教育成果展》，向全市兄弟学校交流我校德育工作。在2015年新乡市校本课程评比活动中，我校申报的“新乡市一中初中德育校本”荣获佳绩，获得表彰。另外，由我校党委书记张彩霞主持，初中部德育工作室老师主要参与的“初中分年级德育系列教育实践研究”获得河南省教育科学“十二五”规划立项课题，该课题并于2015年6月顺利结项，并获得优秀。此外，德育工作室老师有多篇德育类文章发表，比如：《在中学德育工作中积极构建四位一体育人体系的实践与反思》一文在《时代教育》2015年第8期刊登发表；《初中学校德育工作中分年级开展德育系列教育的探索与实践》一文在《教育界》2015年第6期刊登发表；《中学育人的四“步”曲》一文在《中国教育研究》2015年第4期发表，被评为成果一等奖。同时，我校德育系列教育相关活动先后被光明网、新乡电视台、新乡教育电视台、《平原晚报》等多家新闻媒体宣传报道二十余次，取得良好社会效果，受到社会的广泛认可。

二、活动育人的困惑

1. 教职工忙于日常工作，全员育人很难真正落实

我们自从成立德育工作室，就提出了全员育人的口号，鼓励所有教职工“一岗双责”，在做好日常教学业务的同时，也要成为育人工作的一分子。但由于老师们日常工作压力较大，精力有限，实际上组织德育工作的德育工作室的、开展德育工作的老师是忙前忙后的业务老师和班主任。很多老师除了在教学中，利用本学科特点，对学生进行德育教育，在课外时间很难做到对学生进行德育教育。

2. 德育教育队伍参差不齐，缺乏稳定性

中学德育教育是一件长期的、持续的、系统的教育工程。现在初中部德育工作室共有三位老师，都是由业务教师和班主任兼职。由于每人所教年级每年都会不同，所以德育教育队伍缺乏应有的稳定性。另外，专门从事或者研究德育的老师并不多，德育工作由于缺乏严格的准入制度，中学的德育教育似乎每个老师都可以进行或多或少的参与，这反而造成了德育教育的混乱局面。德育教育不能随便地泛泛而谈，而是要深入人心；不能以主观思维妄断道德行为是否适当，而要进行系统的剖析和分解。

3. 学生受社会环境和社会现实的影响大，德育难度较大

当前，社会上的各种不良风气和丑恶现象给学校思想道德教育工作带来了很大负面影响，一些不健康的影像、书籍、游戏、网站等，充斥着色情、暴力等内容，对尚未成熟的中小学生极易产生腐蚀作用。社会上存在的不良风气和丑恶现象常常抵消学校、课堂上所进行的思想道德教育，这些对学生而言苍白无力的说教，致使学生认为学校教育所宣传、灌输的都是假、大、空的东西，因而出现了“5+2=0”的现象。

4. 部分老师德育意识不强，学生德育时间有限

学校高度重视学生德育工作，把全校每周的周一下午第三节课定为德育班会课，并且在每天下午放学后安排一个小时的学生活动时间，为的是让学生有足够的时间从事德育活动。可是在实际生活中，部分学科老师挤占学生德育活动时间，安排学科作业，使学生在本该属于活动的时间用来完成各科作业。

5. 班主任队伍参差不齐，部分班主任德育工作效率低下

随着近年来学生规模的扩大，很多年轻老师走上班主任工作岗位。由于他们刚刚走上工作岗位，对班主任工作职责不够熟悉，工作方式简单粗暴，德育工作的效果不够理想。少数经验丰富的班主任忙于事务性的检查上交，从根本上忽视了德育工作的根本目的是为了培养人。班会活动只做记录，不开展活动，或者用一点时间应付性地开展活动。对于必须参加的大型德育活动，也只是选择一两个人训练，而忽视了大多数学生的存在。学生在日常生活中表现出来的懒散，熟视无睹，不能积极引导和纠正。

6. 家长对孩子的教育方式不当，造成“5+2=0” 现象

苏霍姆林斯基曾经说过：“如果只有学校教育缺乏家庭教育，或者只有家庭教育没有学校教育，都不可能完成培养人这一极其细致复杂的任务。”现实生活中，我们学校的学生相当一部分都来自比较富裕的家庭，由于家长自身文化素质的关系，有些家长对孩子缺乏科学的正确的教育和引导，有些同学每周在校的五天都能接受学校的管理和教育，但周末回到家，由于受到家长溺爱，使得很多学生“骄”“娇”二气明显，虚荣爱面子，消沉没有斗志，自我控制能力低，行为比较乖张，有的甚至在家里不同程度地沾染上吸烟、玩网络游戏的恶习，在家不愿意做家务，有些同学生活不会自理。

7. 德育活动中有时出现形式主义，制约着德育的实际效果

德育作为塑造学生灵魂的事业，需要我们把它深入到学生内心深处，只有这样才能真正地被学生接受，才能将其内化为学生的人格。但是，有时我们把德育量化为指标作为考核学生品德的一把武器，用分数来衡量学生的德育，至

于在这些分数的背后，学生是否真正地养成自觉的行为，以及平时如何在实际的学习生活中，做好细致的思想工作，培养学生高尚的情操、健全的人格，学校和教师考虑得还不多。另外，学校德育的形式主义倾向明显，致使学生的道德内化严重受阻，学生往往为了追求表扬、肯定或为增加“品德分”而做出一些不符合规定的行为，这在一定程度上降低了德育的效果。应该指出，目前德育存在的问题及各种表现形式并不是孤立存在的，而是互相交织、互相影响的。这需要每一位教育工作者面对现实，认真思考。

8. 德育工作有时滞后，德育对学生吸引力不强

有时候，我们在制订德育工作计划、措施时没有能够遵循教育规律和学生的认知规律，不注意学生的个体差异，内容和目标一味求大求全，严重脱离了学生实际，不能根据学生的年龄阶段适时地进行教育，教育的针对性和实效性大大降低。部分学校德育工作不能完全适应新形势的要求，枯燥说教的多，方法陈旧单一。有时在德育工作中硬的多、软的少，罚的多、奖的少，虚的多、实的少，批评多、表扬少，扣分多、加分少，强迫多、引导少。

9. 未能真正整合教育资源，形成学校、社会、家庭教育合力

要想使德育工作真正取得效果，需要学校教育、家庭教育、社会教育相互支持、相互作用、相互配合。尽管学校成立家长委员会，可是家长没有真正发挥应有的作用；学校也未能真正承担起培训家长、向家长宣传家庭教育知识和提高家长科学教育子女能力的责任。有的家长会制度不健全，有的甚至把家长会开成了成绩分析会。有些教师缺乏主动与家长联系的意识，更没有真正的家访，这样学校就缺乏了沟通的桥梁，教育的合力也就无从谈起。

三、活动育人的反思

1. 落实德育系列教育，实现德育工作科学性、整体性、系统性

在德育工作中要更加科学有效地根据七、八、九年级的学生身体、心理发展不同，制订和实施不同的德育培养方案，针对学生们不同的生理、心理、思

想特点开展有针对性、有目的性同时学生又易于接受的德育培养方案，实现德育工作的科学性、整体性、系统性。

2. 把握教育工作的本质，德育、智育两手都要抓，两手都要硬

要坚持“育人为本，德育为首，教学为主，全面发展”的思想。在现行的教育背景下，我们全力以赴提高教学水平，提升教学质量，抓好学生的智育工作。但如果把所有的精力和时间都用在智育上而忽视了德育，这显然是错误的。正如德国教育学家赫尔巴特指出：“教学如果没有进行道德教育，只是一种没有目的的手段；道德教育没有教学，就是一种失去手段的目的。”因此，我们必须克服智育一手硬，德育一手软的状况，走出智育与德育对立的误区。

3. 认真研究育人工作，整合育人资源，使各种资源形成合力

中学德育是一个整体开放的大系统，应该通过对初中部的育人工作进行认真分析和调研，把学校德育工作放在课程育人、活动育人、管理育人、环境育人“四位一体”的整体系统中实施，努力做到目标上统一要求，时空上密切衔接，作用上协调互补，力量上聚分适度，充分发挥整体育人功能，切实提高育人的效果，成功构建具有我校特色的“四位一体”育人体系。

4. 创新德育工作形式，对学生进行社会主义核心价值观教育

要根据学校和学生实际，努力创新德育工作形式，实现时时有教育、处处有教育。比如，在德育实践中利用每天下午跑操结束的10分钟学生集会时间让学生认真学习社会主义核心价值体系的基本内容，通过观看视频材料、教师演讲等形式，帮助学生初步形成社会主义核心价值观，使他们能够养成基本的道德素质，逐步树立正确的世界观、人生观、价值观、道德观、荣辱观，分清是非、善恶、美丑，明确应有的价值取向、行为准则和道德规范。

5. 建立科学完善的德育评价体系，完善激励和制约机制

德育评价体系的建立和完善是更好地落实分年级开展德育系列教育的重要环节。德育评价体系的建立，不但可以使德育目标和任务有清晰的定位，更可以对学生道德行为、道德水平进行评价，并将结果反馈给教育者即班主任，班主任可以根据结果发现学生还有哪些行为缺陷，以便对症下药找到解决的对策，提高学生的道德素质。新乡一中初中部为同学们建立“个人成长档案”，创新德育评价的方式，以利于服务于促进每个学生成长。这样，通过观察学生的日常行为表现，能够准确反映学生的成长轨迹，而后根据学生的成长记录，对学生进行科学的价值判断，让学生既能看到成长的进步，也能正视成长中的问题。

6. 一切以学生为主体，德育教育内容要与学生的实际联系起来

中学德育需要与学生的实际联系起来，尤其是与学生的实际需要联系起来。这里的需要既包括学生自身内在的需要，也包括社会的需要。德育教育的本质是个体人格和品德的建构过程，也是个人需要和社会需要的对话过程。因此，首先要关注学生的个人内在需要，掌握学生的心理特点，帮助他们树立积极向上的思想。同时，也应该引导学生了解社会需要，并能自觉地以之约束自己的言行。所以说，中学德育教育的内容要与学生的实际相联系，否则，必将与现实脱节，使得中学德育教育陷入内容知识化、程序化的境地，缺少与时俱进性。

7. 坚持德育的首要地位，营造良好的德育教育氛围

学生道德行为习惯的形成、个体情感的养成和心理素质的锻炼，甚至知识才能的增长，无一不是受到积极健康、和谐向上的校园文化氛围的熏陶及家庭小环境乃至社会大环境的影响。作为学校德育工作者，我们应该特别重视育人环境对学生的作用，积极营造健康的育人氛围。通过树立鲜明的学校形象，挖掘学校文化资源，形成有文化底蕴的、浓厚的校园文化氛围，从办学理念方法、学校制度建设、学校发展历史、校园标识等方面综合考虑，结合本校实际制定具有本校特色的校风、校训、校规、校歌，形成有鲜明特色、和谐统一的校园文化。

8. 坚持大德育观，实现显性德育和隐性德育的有机统一

我们的德育活动如果仅仅局限于认识领域，从而就会忽略其他情感、意志和活动等因素。为此，德育活动应该注重将隐性课程纳入德育课程之中，对德育活动进行系统有机的开发，这就会使得存在于课堂、教材、学生活动、整个校园“共同体”中潜在的教育性因素得到充分发挥，从而使学生在德育活动中受到教育和熏陶。所以，要把德育课程建设定位到以学生为中心，以实践活动为载体，以学生直接感官经验的获得为主要内容的一种德育形式，这应该是学生在实践活动中接受综合知识或经验的一种组合方式。

四、活动育人的走向

1. 如何推进德育教育进课堂？学校是思想道德教育的主阵地，课堂是思想道德教育的主渠道，加强德育课程建设是加强和改进德育工作的重要途径。我们以前更多的是忙于通过课外活动对学生开展德育教育，接下来如何探索学科德育、建设课程环境、优化课程模式、发展课程文化，使德育的课程设置和学科建设日趋完善，使德育进课堂取得更大的实效，将是我们需要思考的工作。

2. 整合资源，积极构建全方位立体式的德育工作网络。我们应构建学校、社会、家庭三位一体的德育网络体系，积极发挥学校、社会、家庭教育的功能。这是我们提高德育工作效果，促进德育工作由单一化向社会化转变的重要途径。“十年树木，百年树人”，教育是一项复杂而庞大的系统工程，德育工作是每个教育工作者一切工作的核心，一位学生的德育的优劣可能会关系到他一生的命运。因此，需要我们努力探索德育工作的新途径、新方法，使学校德育工作持续、健康、协调发展。

3. 要加强对于素材的积累，随着初中部育人工作的深入开展，逐渐积累了一些经验和素材，接下来我们将力求在德育校本课程认识上有所突破，在德育工作实践上有所创新，充分发挥德育课程在德育工作中的作用，实现德育工作的系列化、人本化、科学化、规范化、制度化。

4. 如何充分挖掘校园文化资源开展德育工作？我们现在的德育工作着眼点可能比较高，对学生来讲可能有些虚，比如培养学生的爱国情感我们会从近代以来中国所遭受的苦难和屈辱，多少革命先烈的抛头颅、洒热血的角度来讲。而我们以后会从学校 70 多年悠久的校史中去挖掘，充分利用我们的校园文化资源，对学生开展爱国家、爱新乡、爱学校教育。

5. 德育教育要与学生生活紧密联系起来。应注重将课堂知识和课外实践活动有机结合，把德育的活动阵地与校园外的社会联系起来，引导学生撰写各种社会调查和总结等，还要对学生进行乡情教育，把乡土情、学校情等引入德育中，还应增加对家乡的知名人物的介绍，这对家乡文化的宣传有积极的作用，同时可以从不同方面引导和激发学生热爱家乡、热爱祖国的情怀。这些内容的增加将丰富德育教育的内容，使其具有生活化。

6. 要努力实现全员育人，构建“三全”育人体系。教师应做到“学校无小事，事事教育人；学校无界限，处处教育人；学校无闲人，人人教育人”。全体教职工要树立高度的责任感和事业心，要以身作则，为人师表，面向全体学生，对每个学生都充满师爱。教师要尊重学生、爱护学生、鼓励学生，使学生“亲其师，信其道”。

7. 加快学校德育校本课程建设，要充分考虑不同年龄段学生身心发展特征和学生个体品德差异，又要考虑学生思想品德构成要素间的相互促进与和谐发展。结合本校实际，开发有特色的校本课程，不仅让学生知道单个的知识点，懂得某一个道理和思维方式，更要给他们一种正确的感悟与体验，且能内化为他们自觉的行为表现。

8. 进一步完善德育评价机制，实现德育评价机制的多样化。当前，德育评价单一结果的评价形式越来越不能反映学生不同的个性特点和多样化的状况，在客观上也不能满足社会对学生多样人才的现实需求，因此，德育评价在内容上要从单纯重视认知成绩的评定转向对学生的“德”和“能”的综合素质的全方面考查。正如世界上没有十全十美、无可挑剔的人一样，世界上也没有一无是处、浑身缺点的人。所以，作为教育工作者要积极拓宽教育思路，努力使学生被忽略的潜能得到积极的发展，未发展的潜能得以有效地激发，已发展的智能得以进一步完善。我们要尊重每个个体发展的差异，开发每位学生的独特价值，让学生在多样化评价机制中树立自信，激发动力，走向成功。

第三章　管理育人

如何才能让学生相信他们是主人？如何让学生自觉去建设这个家、管理这个家、维护这个家？这是本章的核心问题。归结到两个字：尊重。尊重学生，尊重他们的个性，感受他们的处境，倾听他们的诉求，相信他们的能力，支持他们的尝试，肯定他们的努力，唤醒他们的灵魂，成就他们的发展，用尊重这把钥匙打开教育管理中诸多尘封的铁锁。尊重，是开启一切管理育人工作的前提。

第一节　管理育人的内涵

一、何为管理？如何育人？

1. 何为管理

《说文解字》这样解释："管：如篪，六孔，十二月之音。"亦有约束之意。"理，物质本身之纹路、层次、次序，也有'规律、标准'之意。"《极简管理：中国式管理操作系统》对于管理的理解是："管，细长中空之物，四周被堵塞，中央可通达。使之闭塞为堵，使之通行为疏，有堵有疏、疏堵结合。理，顺玉之纹而剖析。包含合理、顺理的意思。所以，管理就是顺应规律、合理地进行疏与堵的思维与行为。"

我们旁征博引，最终以为：管理，当是指管理主体组织并利用其各个要素（人、财、物、信息和时空），借助管理手段，完成该组织目标的过程。中学管理育人是一个庞大的教育工程，随着时间、空间的变更，内容、方法的异同，管理育人也有发生、发展和变化的过程。目前国内推行的课改大势，不仅仅是课程结构、内容、评价的改革，还包括与之相适应的教育管理的改革。一方面，随着课改深入，学生的学习方式、教师的工作方式、学校的运行机制都在发生变化。这些变化客观上要求教育管理方式也要随之改变；另一方面，用旧的管理体制来推进新课改，冲突与矛盾也会随着课改的深入日益突出。在新课改全面推展之际，解决学生管理如何转型就显得尤为重要。

2. 如何育人

教育改革呼唤教育新理念的启蒙，教育新理念的推进又加快了教育改革的进程。若从科学、民主、人文、开放、自理、自律等学校新文化建设核心理念出发，我们不难把握，在教育新理念的背景下，学校管理制度改革的走向就是让“管理民主化”。“民主代替强权、亲情代替冷漠、信任代替威压、实效代替形式”是其典型的特征。也就是说，学生管理要以尊重、激励、成就为出发点和归宿点，摒弃以训斥、强制、束缚为主要特征的刚性管理手段，创造具有亲和力的学校管理软文化，让师生感受到民主、平等和友善，使学校真正成为师生热爱留恋的地方。

二、管理育人研究现状

“民主”一词源于希腊文“demos”，意为“人民”。19 世纪末 20 世纪初西方教育史上出现了“新教育运动”，倡导民主管理、主动参与、尊重个性、培养能力，这些理念已成为当今教育管理的基本理念。美国教育家杜威阐述了关于教育的本质，他认为，民主主义既是社会政治的理想，也是教育的理想。

中国民主管理思想古已有之，古代的“载舟覆舟”“君依于国，国依于民”等思想对近现代我国学生民主管理发展具有重要的启蒙作用。1945 年，著名教育家陶行知连续发表《民主教育》等多篇文章，公开高举“学生民主教育”的旗帜。民主教育提倡学生自治，提倡教师应当具有民主作风。李镇西、魏书生被称为中国当代教育改革的先行者和领军人物，他们教育思想的精髓就是学生民主管理教育。李镇西认为：“学生民主管理教育”的核心是“尊重”——尊重其人格、尊重其情感、尊重其思想、尊重其个性、尊重其差异、尊重其人权、尊重其创造力。魏书生的民主管理则主要体现在“决策过程的民主”。管理学家陈怡安认为民主管理应理解为点亮人性的光辉，回归生命的价值，他认为民主的管理本质上是以促进人的自由平等、全面发展为根本目的管理理念与模式。

美国教育文化之一的渗透式管理也重在尊重学生个体的差异性，反对统一的教育模式和强行灌输，反对教育交往中教育者彰显绝对权威的强制性行为，强调学校管理和教学方式的多样化，以适应和促进不同学生个体的发展。

加拿大教育家迈克尔·富兰指出：“我们几乎不知道学生怎样看待教育的改革，那是因为从来不曾有人问过他们。”既然学校为了学生而存在，而且教育变革终究要回归到学生层面寻求归宿和方法，那么，这种变革就不应只有管理者在努力，而是要让学生也真正参与其中，成为教育变革的行动者和贡献者。

三、拨云见日，渐渐明朗

学生管理工作是教育管理的基础，学校对学生管理理念的进步与否，对学生能否健康全面地发展起着十分重要的作用。

1. 传统式管理

从学生管理模式上看，由于长期受传统教育思想的影响，一直以来，很多中小学校采用的多是保姆式、警察式、行政式的传统式管理。这种模式过多地强调了班主任和任课老师的绝对权威，忽视了学生主体意识。尤其在班级的实际工作中，班主任过于“有为”，导致了学生的“无为”。学生完全处于被动状态，老师说什么学生就听什么，老师让做什么学生就做什么。对学生过于严苛的管教和过分地限制其行为，只会让学生逐渐丧失个性、自主性和创造性，变得只会服从和依赖，自主意识差，缺乏创造力，缺乏自治能力，同时，班主任也容易被纷繁复杂的日常事务所束缚，身心疲惫，无暇再去进行学习和业务的发展。数据显示，在学生管理教育方法上，教师使用最多的仍是批评式教育，通过批评、讽刺乃至惩罚等方法管理学生，虽然当时效果可能立竿见影，然而，一味地恶语相向、批评责罚，容易挫伤学生的自尊心，导致学生自暴自弃，甚至产生敌对心理和逆反情绪，导致师生关系尴尬、教育功能减弱。

2. 自主式管理

有效的学生管理可以很好地维护学校秩序、保证教学质量。学生自主管理是学生在教师的正确引导下发现自我价值、发掘自身潜力、确立发展目标、形成自主意识和自我管理能力的一种教育管理模式。学生自主管理重在对各种活动以及每个学生个体进行充分的授权，使其产生责任担当，从而激励个体与组织的自主性和创造性。学生自主式管理注重人性要素，重视学生潜能的发挥以及其个人目标与集体目标的内在统一，在实现集体目标的同时实现学生的个体价值。

自主式管理需要良好的氛围去熏陶，形式多样的活动作载体，人性化的规章来约束，合理的评价作保障。它是当前较为可行的一种教育管理模式，与传统教育管理模式相比，自主式管理更有利于培养学生的自主意识，帮助学生从自治走向自主，从自主走向自省，从自省走向自信，从自信走向自立，从自立走向自强，利于学生的终身发展。

同时，我们需要认识到，实施学生自主式管理教育，并非任由学生自由发展，校方的引导作用不可忽视。作为班主任，在学生能够独立完成的班级事务范围内，就要大胆地放手，为学生提供自我价值实现的机会与可能性；当学生步履维艰、沮丧迷茫的时候，班主任就要及时站出来，予以引导和鼓励；而当学生误入歧途、无法自拔的时候，班主任就要趁早介入，主动影响。也就是说，在自主式学生管理模式下，教师必须把握分寸、收放有度，学生才能真正实现全面发展和健康人格的养成。

3. 民主式管理

目前，“以学生发展为本”，教育“民主化”是全球教育发展演变的一个全新趋势。民主，是在一定的阶级范围内，按照平等和少数服从多数原则来共同管理组织事务的一种制度。民主的核心价值取向是平等。民主管理是相对于强调绝对服从的专制型管理而言的，即管理者在民主、平等、公正、公开的原则下，科学地协调各组织、各行为，以达到管理目的的一种管理模式。早在 1972 年，联合国教科文组织就呼吁：“应使学习者成为教育活动的中心。”同样，学生也应该成为学校管理的参与者，从而实现学生的自主管理、学校的民主管理。

当前班级学生管理的主要模式大体可分为两种：一种是班主任委任部分学生担当班干部，对班级各项事务进行管理。这种传统模式违背了教育的平等性和公平性，不利于调动学生的自觉意识和积极性，学生的民主意识也会受到压制，另外，长期担任班干部的学生也容易产生骄傲心态，在平常的学习生活过程中出现盛气凌人的姿态。另一种是通过学生竞选产生班干部。这种班级管理模式，能较好地培养学生的竞争意识，也可以体现一定的民主性和参与性。但是，这种模式最终锻炼的依然只是少部分学生，无法对全体学生进行持续性培养，违背了教育要面向全体学生的基本原则。

如何让学生真正参与学校变革？这显然是一个需要重新审视的问题。可喜的是，一些学校在教育变革中的不断实践和尝试，已经为实现学生真正参与学校变革提供了思路和方法上的引导与启示。民主管理旨在学校教育和管理的过程当中，充分贯彻“以人为本”的思想，以“平等”和“参与”为主要价值取向。新乡一中初中部推进的“课程育人”“管理育人”“环境育人”“活动育人”四位一体的特色育人体系中，确立了学生在其学习与生活管理过程中的主体地位，引导学生在民主管理中提高参与意识和自理能力，逐步形成正确的价值观和责任感，促进学生健康持续发展，继而使学生成为学校进步的直接推动者。

香港学者程介明曾经在1999年向香港800名非教育界的CEO和总裁做了一场关于香港教育改革的报告，题目是“教育问”，整整25分钟的演讲全部都是问句，在当时引起了很大震动。随后，香港传媒界借此策划了一项大型活动，在每个学校立一棵“愿望树”，以“教育应该是……”为题，让学生表达出自己心目中的教育愿望，一共收到4万多条意见和建议，成为了香港新教育改革的重要依据和基础。学生对学校变革的参与，不仅要赋其权，更要增其能。新乡一中初中部实施“I’m in(参与）”卓越课堂之初，师生参与性低下，过程中情况百出，课堂秩序和教学进度均无法保证，对新的教学模式也有明显的排斥倾向。这时初中部领导提出了“要开展及时到位的全员培训工作”的建议，由备课组长培训科任教师，再由教师培训学生，针对如何参与、如何讨论、如何探究、如何展示、如何点评，师生一起讨论、共同尝试，逐渐课堂变得活跃起来，教师也越发得心应手。同样，在学生管理改革之初，新乡一中初中部也采取学习创新先进理念、宣传民主思想、积极开展培训、不断完善机制的思路，大胆创新、积极实践，旨在使学生敢于管理、乐于管理，进而让学生各方面的能力都得到发展与提高。

围绕教育改革核心理念，我们坚信，在学生管理过程中实施民主管理，符合新课改对学生管理的要求，尤其是初中学段的学生正处于自我意识增强的时期，在初中学段实行学生民主管理，既有利于提高学校管理效率，促进学生的个性发展和民主意识的提升，又能减轻班主任及科任教师的管理压力。但是相比于学生自主管理和班级学生自治等研究，有关学生民主管理模式及策略的探讨却并不多，且缺少深入具体的研究。

第二节　让每一位学生都成为自己的管理者

一、教育改革催生管理创新

20 世纪末，中共中央、国务院提出了“要深化教育改革，全面推进素质教育”，从根本上说，动因是当下社会环境的改变。在知识经济时代当中，各类知识以我们无法想象的速度更新着，不学习就会被社会淘汰，这就要求我们必须不断学习、终身发展。从某种意义上讲，具备不断学习的愿望、拥有生存发展的高素养，比记住一些知识、夺得一次考试更为重要。教育的崇高之处我们可以说出很多，但是，如果我们只懂教书，却不懂育人，再多的憧憬也只能是徒劳。教育改革大浪潮提醒着我们，真正的教育应是能够促进学生全面、自主、健康、个性地发展。显然，专制型的管理育人方式，已经不能适应社会发展的更高需求。

从目前教育管理改革的态势中，我们不难发现其中存在的共同问题：教育缺乏整体性。教育本是一个整体，却被分割成诸如教学、育人、管理等不同的要素，而教育管理也被“孤立地”进行改革，而忽略了教育改革的整体背景和教育管理与教育其他构成要素的关系，最终导致学生管理亲近了“管理”，却疏远了“教育”。

新课改突出强调了以学生的终身发展为目标的新理念。众所周知，有效的管理是学校教育新生态形成的重要保障。斯宾塞曾说过：“不要希望一名儿童可以拥有所有的美德。教育者的全部奥秘就在于能否关护和怎样关护学生。如果你感觉到了厌烦，那么，你的教育还没有开始就已经结束了。”新的课程改革呼唤新的学校管理理念，随着新课程标准实施的不断深入，学校原有的管理理念、管理手段和管理模式都受到了巨大冲击。新的管理理念必须在试验和探索之中逐步升华与完善。这就要求我们要及时地转变思想，树立新的管理思想，适应教育改革的发展，从而加快学校的发展。

二、回归学生，寻求管理育人之道

“学生管理到底为了什么?”面对社会纷繁复杂的变化，这样一个看上去十分简单的问题却无法简单地回答，因为，在这样一个简单的问题背后，有着深刻的教育大背景。如果仅仅在管理学的领域里寻根究底，我们很难找到真正的答案，也无法应对不断变化的世界。

从思想来源看，诞生于工商业时代的管理学尽管随着历史的打磨一直在不断地进行着各种修修补补，但始终难以规避其固有缺陷，尤其是以任务为导向的思维方式，不可避免地经常带来对人的轻视，也造就了管理者和被管理者两个几乎完全对立的阵营。

教育是以心灵感应心灵的过程。毫不客气地说，如果教育不能触及人的灵魂，不能从灵魂深处进行感化，便不能称为成功的教育。如果教师不知道主动去感受孩子们的内心，那么教育也就不可能是彻底的和触及灵魂的。我们认为，教育的秘密在于释放，在于尝试着放弃控制之心。

管理育人理念的提出，让人耳目一新，不仅仅是因为它顺应了这个时代，本质上还是顺应了人性。即使在农耕时代、工业文明里，也同样需要每一位个体的主动性与积极性并让其潜能充分发挥。李希贵先生在《面对个体的教育》当中曾说过这样一句话：“发现每一个人可以伟大的地方，并让其行走在一条通往伟大的道路上。”让每一位成员都心明眼亮，目标清晰，积极向上。古人所谓“天高任鸟飞，海阔凭鱼跃”的生态理想，正是管理育人理念的最终追求。归根结底，要寻求管理育人之道，首先需要将管理理念回归学生。

1. 重塑学校管理文化

《学生第二》这本书中曾经写道：“学校文化是一所学校的灵魂，是支撑学校存在、发展的根基和动力。学校文化是学校政策和制度形成的‘土壤’，教育改革能否顺利进行，关键是看这块‘土壤’能否为其提供适宜的生长环境。”其中，作为学校文化重要子系统的管理文化，也就决定着学校的各种组织和规章中体现出哪种价值理念与行为方式。从某个角度讲，师生处在什么样的管理文化氛围中，就会产生什么样的工作方式和学习方法。

当前一些学校管理文化被各种功利欲求不断啃噬着，呈现出各种教育丑态。

（1）唯“分”是从。一切围绕“分数”转。学校对教师、教师对学生的评价和管理，都以分数为最重要标准。“分数管理”严重扭曲了教育的本质，使学校的管理被蒙上了强烈的功利色彩。

（2）“罚文化”：在学校制定的各种规章制度中，倾向约束性、惩罚性的内容随处可见。“不准……否则……”“必须……否则……”等条款屡见不鲜。以罚治校、以罚治学，结果就是表面看似平静，实则愤懑情绪无时无刻不在蠢蠢欲动。

（3）“等级文化”：管理成了挑选、成了分化。学生被分为三、六、九等的现象时常发生，导致优者易恃宠而骄，“差生”破罐破摔，甚至对学校充满敌意。

（4）“监管文化”：学校处处监管森严，学生不敢越雷池半步，否则就会被处分或是扣上差生的帽子，管理变成了一种“冷冰冰”的检查和验收，变成了震慑和被震慑、监管和被监管。

此类的教育管理模式，缺乏对人的价值关怀，成了师生精神的樊篱。新的教育改革呼唤的是民主、开放的管理文化，呼唤人性化管理，学校管理文化应该确立以人为本的教育理念，尊重人、激励人、信任人，创造具有亲和力的学校人文环境，同时做到有法可依、有章可循，使师生通过科学的形式和渠道，参与到学校管理工作中，学校管理不仅仅是控制和协调，更应是开发和促进。

2. 改变学校管理模式

新课改背景下“以人为本”的学校管理，要求尊重师生的意愿，尊重学生成长和发展的规律，尊重教育教学规律。在学校管理和教育过程中，开发学生的潜能，发现个体的价值，最大限度地发挥学生的积极性和创造性，同时让他们体验到成功的乐趣和学习的价值，通过学校的各项管理机制，激励学生在管理过程中养成习惯，主动参与，乐于管理，成为自己的管理者，即实现了学生的全面发展的教育目标，也为学校的持续发展开拓广阔的前景。

不得不说，无论何时，学生管理面临的问题一定是层出不穷、充满变化的，所以没有一劳永逸的方法。麻省理工学院的研究证明，任何管理都需要不断变革和持续的改进，没有人可以逃避这样的变革，因为这个世界就是充满变化的世界。

第三节　在管理实践中不断“蜕变”

管理，是在社会组织中，为了实现预期的目标而以人为中心进行的协调活动，它的基本原则是以较少的资源投入、耗费，取得较大的功业、效果。学生是学校得以存在的最基础条件，也是学校管理着力的最终端。随着现在中学教育资源的日益集中，初中的办学规模逐渐扩大，因此，多层维度和纵深向度的学生管理模式的创新、研究和实践就显得十分必要了。

新乡一中是河南省首批省级示范性高中之一，在老百姓中的口碑非常好，现有 3 个校区，234 个教学班，14000 余名学生，887 名教职工。年级规模庞大，学生的管理以往主要采取的是学校—年级主任—班主任负责制的行政垂直管理模式。近几年，不同的校区、不同的年级大胆地尝试推行了各种创新管理模式，如南区初中部着力开展的“四个”育人管理模式，东区初中部积极实施的分层教学实验，高二年级全面实行的“局部分层走班”改革，均有效提升了学校教育教学质量和管理水平。

一、全面深化推进自主管理

学校教育的目的是为社会培养全面发展、具有健全人格的社会人。而传统的学校教育基本上是强调教师管理和制度育人，往往忽视了学生个性发展和自主参与。在传统教育管理过程中，仅仅把学生当作教育的对象和客体，重教师而不重学生，重传授而不重探究，重外在管教而不重内在自觉，片面强调了学生的被动服从，抹杀了学生的个性，压抑了学生的积极性和创造性，也束缚了学生人格的发展。强制与威慑虽然从表面上能够使教育教学秩序得到一定的稳定，但实质上却得不到学生的认可，甚至还会引发学生各种负面心理情绪。因此，新乡一中初中部在学生管理方面前期率先推行了由自主管理到民主管理的育人模式，力求通过学生自治自理、民主参与，激发学生的参与积极性，培养学生民主意识，提高学生的创造力，完善学生的人格。

1. 年级（级部）管理

年级（级部）是在一定规模的学校中担负教学与管理任务的基层管理组织，同一年级学生的生理和心理特征、德育目标、教学目标、活动安排以及生活和学习区域基本都在同一层面上，所以，进行年级（级部）学生的自主管理就显得十分必要。这种管理模式的探索主要基于以下几种理论。

（1）主体性理论

主体性教育，就是在教育过程中通过增强学生的主体意识和自制能力，培养提高学生的能动性、自主性和创造性，通过自我教育和自我完善的能力塑造，逐渐成为教育活动的主体。主体性教育作为一种新的教育思想，是适应当代社会素质教育改革和发展要求而产生的，只有具备独立人格的新型复合人才，才能在残酷的社会竞争中立于不败之地。

（2）马斯洛需求理论

美国心理学家马斯洛在 1943 年提出了“需要层次理论”。他认为，人会随着发展逐渐显现出生理的需要、安全的需要、归属和爱的需要、自尊的需要以及自我实现的需要。马斯洛的需要层次理论所概况的基本需要，在中学生中同样存在。学校从学生的身心发展需求出发，改革年级（级部）、班级、小组多层次的学生自主管理方式，会使学生获得较大的自我发展空间。

（3）人本管理理论

人本管理是以个体自主管理为基础，帮助组织实现共同愿望，从而实现个体与组织共同成长的一种管理模式。人本管理的核心是实现个体自身价值，是自主管理得以实现的基础。年级（级部）、班级管理的目标不仅仅是对教育资源的分配和对学生的行为进行控制，关键是调动学生的积极性和主动性，充分发挥他们自主管理的能力，让学生学会自己管理自己。

上述理论中的主体性理论是本章的理论基础，通过实施年级（级部）、班级学生自主管理，培养学生的自主性，有利于学生自主成长。年级（级部）依托学生自主管理委员会，形成学生自主管理基础，本着“服务同学、锻炼自己”

的精神，更能真实地收集到同学们对学校的意见和建议，也可以把学校的通知要求更及时有效地传达给同学，同时也可以起到带头模范作用。年级（级部）、班级通过学生自主管理委员会，可以很好地提升学校教育管理的效果，也成为学生锻炼自身能力的有效平台。

除此之外，对学生自主管理的指导，积极拓展自主管理空间也是十分重要的。自主管理委员会的成员们除做好自管会内部的日常工作事务外，还参与协助年级宣传的任务布置，学校公共卫生区、班级卫生、学生仪容仪表、违纪情况的检查督促，参与学生各种活动的组织开展等，通过参与学校管理的方方面面，自管会最大程度地实现了学生的“自主管理、自主教育、自我完善”。

2. 班级管理

有人说班主任是这世上“最小的主任”，可这“最小的主任”管的事却特别多，大至班级建设、教学育人，小至桌椅板凳之类的小事，样样少不了班主任操心。几乎每一名班主任都希望能够有一种轻松有效的管理方法，让自己从无数琐碎的小事中自我解放出来，一些人开始尝试让学生成为班级管理的主人，培养他们自我教育、自主管理的能力。

苏联教育家苏霍姆林斯基说：“真正的教育是自我教育。”要达到班级自治，就应该把机会带给每一位同学，在大家共同的管理和监督下，把自己管好，把班级管好。其中一个很有效的办法就是实行班级“全员管理”，即让全班所有同学都参与到班级管理当中去，既是管理者，也是被管理者。因此，整个班级层层管理，“面面俱到”，每个学生既是“执法者”，也是“守法者”。在这样的双重身份下，他们便会更加遵守规章制度，更加主动、自觉地维护班级的秩序，成为真正的班级主人。

在具体落实全员管理之前，首先要对班级管理工作加以详细分类，以“事事有人管，人人有事做”为准则，哪怕是锁门、关灯这样的小事，都能落实到人。同时，要做好同步的培训工作。一开始，需要事无巨细地教，待学生将要求和方法都掌握之后，就要引导学生自己开动脑筋想办法管理好自己，管理好班级。还要做好监督评比工作，要定期检查并宣布结果。另外，对学生工作中出现的问题要及时处理，对好的给予充分肯定和鼓励。当然，最重要的一点是，要敢于放手，把班主任的权力下放，让负责相关工作的人大胆工作。只有这样，纯正的班风、学风才可以形成，班级的集体意识也才会显现，更能提高班级管理效果。学生们会对自己的班级充满感情，在各方面都积极进取。

3. 小组管理

首先在班级内进行小组的合理划分。小组构建的形式有很多，有关研究的结果表明，理想的群体规模人数是4—6人，这样的规模能够促使群体成员表现出各自的差异和智慧，并且使每一个成员的智慧得以充分利用，而且，这种规模在进行成员协调的时候所花费的时间和精力也是最小的。小组成员的分配主要采用互补式、公平性的原则。按学习成绩、行为习惯、思想品德、性格差异去划分，坚持组内异质、组间同质的原则进行组建。其次在小组内进行合理分工。按照全员参与原则，每组选出学习、行政管理两名组长，然后由行政管理组长任命不同的组员分管小组卫生、纪律等事务，由学习组长在组内任命学科小组长，负责作业收交和检查。小组自行设定组名、组训、奋斗目标、组规。加强集体主义教育，严格参照组规执行，营造组组创优秀的气氛。

在小组的管理上，对不服从组长管理的组员进行如下处理：

（1）组长先找其谈话，指出存在问题，并向班级自主管理委员会汇报谈话情况；

（2）写出200字反思，一式两份（一份交组长、一份交班级自主管理委员会）；

（3）全组约谈、合力帮带（组长和组员全部参与）；

（4）改造期：主动承担组内事务，课堂表现由相关负责人定期签字；

（5）逐级上报，离组搬入反思区（帮带期间仍无改进）。

在小组管理模式下，要培养各小组不断进取的竞争意识、合作意识。根据小组考核细则，对积分高的小组和个人进行奖励是一种有效的刺激，这种奖励既是对小组合作效果的肯定，又是推进小组合作继续深入进行的动力源。在每天早读结束后，由值日班长对前一天优秀小组进行表扬。最差小组组长要到前面作表态。根据积分每月评出优秀小组三组并由年级颁发奖状，同时给予一定的物质奖励，如文具、好书、字帖等。

4. 社团自主管理

一直以来，我们都认为，学校教育不仅要帮助学生“学会学习”，更要让学生“学会做事”“学会做人”“学会合作”。中学生社团集思想性、文化性、娱乐性、学术性于一体，为学生的自主管理提供了成长的重要舞台。我们借助这个舞台，将自主管理理念向学生的课外生活进行全方位的传播，培养学生创新精神与合作意识，塑造学生健全人格，从而为社会输送富有时代气息的、朝气蓬勃的高素质人才。

每学期除按设定的计划安排自主开展丰富多彩的活动，每个社团职责明确，分工合作，每两周召开一次社团例会，共同制定本社团的章程，并且要求社员严格遵守。在活动开展之前，社团成员首先制订详细的活动方案，由初中部领导通过后开始组织。

中学生的特点之一是渴望得到相对独立且自由的空间，并获得成功的体验。而社团组织恰好能满足学生的心理需求，通过社团的各类活动创设学生展示才能的舞台，符合了学生的个性，激发了学生的创造性，培养了学生的组织管理能力和团结协作精神。

（1）自主管理

初中部社团目前共设有五大部门：主席团、策划部、编辑部、宣传部及后勤保障部。除此之外，还设有文学社、象棋社、围棋社、乒乓球社、摄影社等子社团。除社团的总章程外，每个部门都设有分章程，明确了每个社员的职责和权利，学生可以根据自己的个性特点自主参加不同的部门。每一届社团成员均由自主招聘、自主选拔产生骨干精英，通过老社员带新社员，不断地完善社团的组织规范，形成稳定的发展体系。这种有序的制度管理，使社团的活动有了基本的组织保证。

（2）自主活动

社团成员在社长带领下，自主地开展各类活动。学生们在活动中自主设计、自主参与、自行总结反思，使他们进一步增强了责任意识和责任能力。同时，这种强烈的责任感更加激发了学生们去发展自我和完善自我，形成了个体心理发展的良性循环。

中学正是一个充满朝气的时期，如果能够充分挖掘中学生的内在潜能，对学校、对学生都是一件极大的好事。而学生社团就是挖掘这种能量、发挥中学生激情、激励他们自主活动的有效方式之一。学生社团作为初中部拓展学生自主管理的重要手段，作为中学生课余文化的主要载体，在活跃校园文化，促进学生自主发展方面有着积极作用。为了加强学生自主管理，提升中学生的社团文化，学校领导越来越重视学生社团建设，提高对学生社团的关注程度。初中部通过出台《学生社团管理办法》，加大对学生社团的扶持力度，规范学生社团运作，引导学生社团正确发展。

除此之外，初中部还成立了青少年志愿者协会，倡导志愿服务意识，旨在提升学生自主管理内涵。推行志愿服务是现代社会文明的一大特征，构建中学生志愿者服务文化，对于提升学生的自主管理水平也具有积极的推动意义。学校组建了青少年志愿者服务队，建立学生志愿者自主管理模式，发挥学生志愿者的模范带头作用，让学生有机会在学习之余，走出教室，体验生活，进而以奉献文化提升学生自主管理的内涵。

二、创新民主管理模式

2011 年 9 月以来，我校初中部正式提出“I' m in(参与) ”卓越课堂模式改革，我们希望用“平等”“参与”的理念做引领，以校本研究为手段，探究初中生民主管理模式创建的策略和方法，为学生民主管理提供有效途径，激发学生民主和参与意识，提高学生参与积极性，促进学生的健康成长，建构民主和谐的师生秩序，进一步深化“管理育人”理念，创设学生民主管理的良好氛围。

1. 师生平等

师生关系是指学生和教师在教育教学活动中结成的相互关系，它是教育教学中一个基本的关系。随着社会的不断发展和教育理念的不断改革，师生之间的关系已然发生了一系列的变化，它经历了由以教师为中心—以学生为中心—教师主导、学生为主体的师生关系的变迁。不同的时代背景赋予了师生关系不同的解说。

儒家思想在我国占据着重要的位置，儒家文化强调师道尊严，这深深地渗透在我们的思想中。在我国封建社会，存在着非常严格的等级秩序，这样的秩序反映在教育上肯定是要培养学生等级秩序意识，所以学生就很轻而易举地在师生关系中感受到等级。师生之间等级森严，他们之间会有一道不可逾越的鸿沟，不可越雷池一步。

在当代，学生是具有独立的社会地位和法律地位的人，享有宪法、民法所赋予的一切权利，同时还享有未成年人保护法等赋予的权利。他们有自己独立的人格和精神世界，在人格上与教师处于平等的地位，是以独立的个体与教师共同完成教育活动。因此，教师与学生在教育活动中应是人与人之间相互尊重和理解的关系。教师也只有充分认识到学生是一个具有自主性和发展需求的人，才能真正与学生进行平等的交流与对话，满足学生的发展需求，促进学生的发展。

长期以来，教育教学中总是以教师为中心，教师占据主导地位，学生只是被动地接受，因此，现阶段教师应改变课程过于注重知识传授的倾向，改变过于强调接受学习、死记硬背、机械训练的现状，倡导学生主动参与、合作探究、创新思维、分析和解决问题。

李希贵校长曾经提到，教育就是从平等开始的。平等了之后，孩子们才变得真实起来。在民主观念下，教师应尊重和鼓励学生个性的发展，鼓励他们积极地参与到各项活动中。在活动中，教师要和学生相互尊重、相互合作，从而使学生感受到自己人格的尊严。作为教师，需要相信每一个学生都有其闪光点和潜力，不应放弃任何一位学生，对任何学生都应一视同仁。

随着社会的进步，民主、平等的理念逐渐渗透到人们生活的每一个角落，也成为了当代师生关系思想中最核心的词汇。我们每个人心中都追求平等，但要真正把理念上的追求落实到行为中，还真的不太容易。只有真正做到了师生平等，才能让民主平等的意识深入学生的心灵。只有先给学生平等，才能有明天真正平等的政治和社会。

2. 生生平等

学生的权利是法定的，教育民主化的一个重要内容，是人们不受政治、经济、文化、民族、信仰、性别、地域等的限制，在法律上享有同等的受教育权利，在事实上具有同等的受教育机会。

教育中生生平等的含义包含 3 个重点：

第一，人即目的。人受教育的最终目标是个体自由、和谐地发展，只有尊重每一个个体的基本人权与自由的发展，才符合教育平等的原则。

第二，教育权利平等原则。这是相对于政治、经济的平等来说的。无论学习成绩优劣，每一位学生都理应受到同等的受教育的权利。

第三，教育机会均等原则。良好的教育制度是每个人有均等的入学机会，在教育过程中也应有均等的对待和实现成功的机会；不过，由于教育的效果会因受教育者个人的天赋、机会与机遇而不同，机会均等不可能机械地实现，因此，教育平等的实现必然对每一个个体以不同的教育待遇。

《中华人民共和国教育法》第四十二条规定，受教育者享有下列权利：(1）参加教育教学计划安排的各种活动，使用教育教学设施、设备、图书资料；(2）按照国家有关规定获得奖学金、贷学金、助学金；(3）在学业成绩和品行上获得公正评价，完成规定的学业后获得相应的学业证书、学位证书。《中华人民共和国宪法》第三十八条明确规定：中华人民共和国公民的人格尊严不受侵犯。禁止用任何方法对公民进行侮辱、诽谤和诬告陷害。学生也是公民，其人格尊严同样受法律的确认和保护。《中华人民共和国义务教育法实施细则》第二十二条规定，学校和教师不得对学生实施侮辱人格尊严的行为，不得歧视品行有缺陷、学习有困难的儿童、少年。《中华人民共和国教师法》第八条规定，教师应履行“关心、爱护全体学生，尊重学生人格，促进学生在品德、智力、体质等方面全面发展”的义务。《中华人民共和国未成年人保护法》第十三条规定：学校应当关心、爱护学生；对品行有缺点、学习有困难的学生，应当耐心教育、帮助，不得歧视。第十五条规定：学校、幼儿园的教职员应当尊重未成年人的人格尊严，不得对未成年学生和儿童实施体罚、变相体罚或者其他侮辱人格尊严的行为。

当然，学生在享受法定权利的同时，也要承担相应的法定义务。《中华人民共和国教育法》第四十三条明确规定，受教育者应当履行下列义务：(1）遵守法律、法规；(2）遵守学生行为规范，尊敬师长，养成良好的思想品德和行为习惯；(3）努力学习，完成规定的学习任务；(4）遵守所在学校或者其他教育机构的管理制度。

一般来讲，每个学校在学期结束的时候，都要评三好学生或者说优秀班干部，而三好学生或者优秀班干部的名额却是少之又少，对于大部分学生来说是望尘莫及，根本起不到对全体学生激励的作用，只能是少数优秀学生的专利。

在新乡一中初中部推行的民主管理改革中，师生平等、生生平等被放在首要位置。每一个学生都有着自己的长处和闪光点。无论男生、女生，“好”生、“差”生，农村学生、城镇学生，学校都一视同仁，公平对待，以往的评选方式得到改变，校方从不同的方面评价每一个学生，使每一个学生都获得肯定，比如学习进步奖、课堂表现奖、体育优胜奖、积极发言奖、文明礼仪奖等。对于那些不爱学习又调皮捣蛋的学生，也能获得明日之星奖。我们希望通过这些举措，能够让学生积极地认识到自己的潜质，改正自己的缺点，逐步变成优秀的人、全面发展的人。

3. 制度面前人人平等

新时代的背景下，强调以人为本的和谐社会，民主意识已经逐渐深入人心，渗透到社会的方方面面。《国家中长期教育改革和发展规划纲要（2010—2020年）》中也明确提出，学校管理要实行民主化管理。所以，民主化管理顺应教育发展潮流。学校群体中不仅仅有教师，更重要的有学生这一大群体。管理制度实施效果，由学生的变化来体现。因此，学校管理不仅需要调动教师的民主意识，还应创造一切机会鼓励学生民主参与学校管理。来自学生的建议是最能体现学生民意和感受的，集中了背后无数学生的智慧，加以疏理，便会成为学校民主管理的重要组成部分。

在教师统一认识的基础上，及时召开学生动员会，号召学生积极为学校管理献言献策，学习学校管理的目标措施、奖励办法。各班推荐学生代表，负责收集学生的意见和建议，学校定期召开学生代表会，校园内设置意见箱，由教务处收集汇总上报学校，一旦采纳任用，给建议者以回执，没有采纳的由教务处委派专人负责解释，避免打击学生献言的积极性。让学生代表深入走访，就学校管理中的某个现象或问题进行调研，适当时机开展活动组织学生发表演讲，如以“假如我是校长”“假如我是班主任”等为主题，这样的活动能够激发学生参与学校管理的热情，也能让学校管理更能体现出人性化。

第四节　管理育人的展望

一、管理育人的成果

新乡一中初中部通过对学生进行常规管理的不断规范、自主管理的大胆放权以及对学生民主管理的不断尝试，已经积累了很多成功的经验。

1. 学生自主管理常规工作常态化

学生行为习惯日趋规范化，逐步实现从“他律”到“自律”的过程转变；纪律、卫生、跑操、眼保健操、考勤、仪容仪表等常规工作有序开展，逐渐形成常态。学生自主管理委员会各部门各司其职，互相配合，志愿者协会成员经常利用课余时间进社区、进敬老院义务劳动，培养自己的爱心和责任心，受到了家长的一致肯定。学生的社团管理也日趋成熟，各种社团自主开展形式多样、内容丰富的文体活动，大大提升了学生参与的积极性和团队协作意识。

2. 团队凝聚力和集体荣誉感提升

初中部管理育人的整体思路形成了立体的多层面的管理框架，这种管理方式赋予了年级、级部、班级、小组共同的发展方向，形成了浓厚的集体意识，增强了学生的奋斗动机。同时，在管理过程中，人人都是小主人，个个都是管理者，在合作过程中人人发挥所长，加之积极有效的培训和引导，极大地增强了集体的凝聚力和竞争力。

3. 学生自主管理意识增强

管理育人模式的实施，增强了学生主人翁意识，使学生掌握了年级、级部、班级、小组管理的主动权，使各级组织都能够根据自己的发展目标有建设性地开展自我管理、自我教育、自我反思。管理过程也是参与与合作的过程，每个人都可以发挥自己的特长，通过参与来展示自己，从而获得成功的体验，进一步激发学生的内在动力，增强合作与竞争意识，使个人能力得到进一步的锻炼和拓展。

4. 教师管理负担减轻，校方管理实效性提高

在传统的班级管理模式下，教师以强制约束学生言行，并施以居高临下的说教，很难打动学生，还可能会激起学生的反感和叛逆，班主任在不在效果明显不一样，繁杂的班级事务让班主任忙得不可开交，而取得的效果却差强人意。在管理育人模式下，管理者以引导代替强管，鼓励学生参与到层层管理中去，人人参与管理，使学生在管理中体会到管理者的不易，从而提高个人责任意识和自律性，努力做好年级、班级的管理工作，从而减轻管理者的负担。

5. 分层管理，目标明确

由管理大师彼得·德鲁克提出的目标管理理论，强调群体组织共同参与制定具体的、可行的、能够客观衡量的目标。也就是说，学生管理的目的和任务必须转化为目标，目标的实现者同时也是目标的制定者。在学生管理中，由领导、学生和老师共同确定学生管理总目标，并把总目标分解转化为年级目标、班级目标与个人目标。管理者通过对实施过程的管理和结果的评估，促使班级及个人自觉朝着预定的目标前进，从而实现学生管理的总目标。目标管理对于激发学生参与班级管理的积极性和提高班级管理效力有积极作用。实施有效的分层管理，能够提高管理效力，较快实现管理目标。学校管理中，常规管理是非常重要的方面，涉及了年级（级部）学生管理的方方面面。从常规管理制度的确立，到执行过程中的检查督促，再到执行效果的信息反馈、调整反思，最后到完善制度之后的新一轮管理，形成了学生常规管理的闭合循环系统，使学生管理方式逐步纳入正轨，管理内容落到实处，并不断调整完善，逐步走向科学发展道路。

二、管理育人的困惑

通过前面对新乡一中初中部管理育人模式的实践分析，我们对初中部实施管理育人的组织机构、制度建设、操作细则、实施的阶段性成效等均做了较为深入的阐释和认识，同时也发现，实践中还存在着一些亟须解决的问题。

1. 部分学生班级荣誉感不足。大约有46%的学生表示热爱班级，能与同学和睦相处，但也有35%的学生是选择了无所谓的态度，缺乏责任感，与同学关系不怎么融洽。

2. 对班级的未来发展信心不足。大约有52%的同学觉得班级氛围良好，58%的同学对班级未来充满信心和希望，还有部分同学对班集体认识不够，因此对班级的发展缺乏信心。

3. 班级学风有待进一步增强。大约有45%的学生认为班级特色是学风好，且对自己影响大，班级中学习氛围浓厚；相当一部分同学认为自身基础薄弱，学习缺乏信心，加之社会上读书无用论的影响，进取心不强，缺乏目标。

三、管理育人遭遇困难的原因分析

结合以上存在的问题，我们对各项问卷进行了细致的梳理，对过去的学生管理进行深刻的反思，对反映出的问题进行了较长时间的思考和分析，基本摸清了问题背后存在的原因。通过问卷调查反馈，我们认为，各班级学生大都能在班主任老师的指导下，对班级进行较为有效的自主管理，但仍存在一些不容忽视的问题和难以回避的困难，而这些问题与困难的出现，其主要原因有：

1. 相当一部分学生的独立能力较差。当前，初中阶段的学生多为独生子女，他们生活条件比较优越。在舒适的环境中，一些学生的独立生活能力、克服困难能力、竞争能力、从事社会劳动的能力相对较弱，而这些能力的贫弱就决定了学生实施自主管理的前提条件仍不完全具备。

2. 部分家长教育孩子的理念比较陈旧。调研发现，许多家长存在严重的溺爱行为，普遍忽视对孩子基本生活能力的培养，还有相当多的家长过分强调成绩，一切唯分数是论。不少家长否认生活也是学习的一部分，更没有意识到学生学习能力的形成不是孤立的。没有能力安排自己生活的人，也是不能够安排好自己学习的。

3. 部分学生对自主管理的认识还不够到位。调研中发现，有些学生对自主管理的认识不到位，认同感较弱。他们认为所谓的自主管理、民主管理就是少数学生干部代替老师管理学生的一种行为，没有意识到自主管理的终极目的其实是实现良好的自我管理，进而推动自身的学习、生活能力的发展。

4. 一些学生过强的依赖心理阻碍管理育人工作的开展。调查中发现，一些学生自我约束力差，导致对进行自我管理没有信心，总想依赖别人的监管和督促，这样的同学当然更谈不上积极主动地参与管理班级事务。

5. 学校对学生自主管理缺乏有力的支持和配合。学校没有能够为班级自主管理多创设一些支持性的软环境，让学生们从思想上和认识上加深对自主管理的理解。此外，学校针对学生的多项管理工作的开展都是以行政命令的形式由年级和班主任进行推动，客观上阻碍了学生进行自主管理的参与热情。而学校对学生自主管理缺乏必要和有效的培训，也使得学生自主管理的方式方法不够优化，效率不高，从而影响学生参与自主管理的积极性。

6. 学生自主管理的时效性不长、有效性不强。义务教育阶段的学生绝大多数仍以学习为主，自身时间、精力的分配规划不尽合理，进而导致在学习的强大压力下，会忽略对自己的自主管理。同时，学生干部在牵扯到自己过多精力的情况下，就会产生对管理工作的懈怠，会使管理出现间隙和漏洞，从而影响管理的时效性和有效性。

四、管理育人的反思

1. 观念变革是前提

新时期的学生个性很强、特点也很鲜明，但心理承受力和自我约束力却很弱，他们崇尚个性的发挥，喜欢新潮的事物，可社会责任感和世界观、人生观、价值观却非常淡薄。如何教育好现在的中学生首先需要我们转变教育观念，绝不能再用传统的方法去对待学生，这是我们实施学生管理育人获得成功的前提所在。

（1）树立主体教育观，不要把学生视为被动受教育者

新时期的教育理念提倡把学生从被动的受教育者转变为主动的受教育者，不能再忽视学生的主体意识，要重视学生的主动性和积极性，要大力培养学生的主动参与意识和自主实践能力，给予学生充分的尊重和关爱，激发学生的民主意识和创造性，给学生以更广阔的空间，让学生最大限度地发挥自身能量。在强调制度、规范的重要性的同时，通过采用引导、启发等方式让学生更加积极主动地进行自我教育，直至达到自觉遵守社会规范的境界。这是我们教育工作者所共同期待的，也充分体现了以人为本的教育观。

（2）树立正确的人性观，重视学生自我完善的力量

我们在教育过程中应重视学生自我完善的力量，因为任何外力的影响都不能彻底改变一个人的思维和行为习惯，只有自身的主观能动性得到充分发挥，做到自知自觉，才能释放出无穷的能量。所以，要充分重视学生的内在潜能，培养学生树立正确的人性观，鼓励学生自我设计、自我创新、自我完善，不断进步。

2. 完善制度是基础

在实施学生管理育人的过程中，各项规章制度的不断完善非常重要。任何规定都不可能十分完美，也不可能一成不变，它都需要在实践中不断地改进和完善，使其更加科学、更加可行。作为制度的制定者和领导者，绝不能有一劳永逸的思想，要结合实际情况不断研究、不断分析、不断改进、不断创新，逐渐完善各种规章制度，做到与时俱进。同时，也要坚持制度修订过程当中时时体现民主，处处鼓励师生参与，形成民主、平等的校园管理大氛围。

3. 健全评价是保障

有管理自然就要有评价，良好、科学的评价体系也是有效的教育手段，同时也是学校成功实施学生管理育人机制的依托和保障。我校在最初推行学生自主管理模式时，很多学生自主管理委员会的学生都遇到过同学不服从管理的尴尬境遇。鉴于此类现象，我们制定了一系列的奖惩措施，为各层的学生自主管理机构更好地进行工作提供了可靠的保障，慢慢地，这种管理模式被同学们认可和接受，收到了很好的效果。

目前大部分学校根据学生一学期的学习情况，给予评定是否具有评优评先的条件，往往把成绩好、遵守纪律、体育成绩不错作为评为优秀学生的条件，而大部分学生基本上处于被忽略的状态。我们可以试着改革评选的流程，广纳民意，充分听取学生的建议，这样做可以极大地激励每一位学生参与的积极性和主动性，这种评选活动与每一位学生的学习生活联系起来，真正起到了激励和引导作用。

4. 把握尺度是关键

实施学生民主管理实质上是给学生以充分的平等和自主空间，让学生更好地发挥自主实践能力，体现教育的主体性原则。其中，如何把握好尺度是管理育人工作能否成功的关键所在。如果“放”得过大，年级、班主任彻底放手，把管理权力完全交给学生，由于学生的处事能力和思维逻辑能力尚处于成长期，在实施自主管理的过程中很有可能会出现各种混乱局面，而各个自主管理机构的学生们处理棘手问题时的应变能力不强往往就会出现处理上的不合理，得不到大多数学生们的认可，遂使自己处于被动。这种混乱会使管理育人模式过早夭折。反之，如果“放”得过小，不给学生们充分的自主空间，老师传达指令，学生参照执行，那就根本无法体现出学生的主体地位和民主性，也让推行民主管理育人模式失去原有的意义。因此，学校应该在推行的过程中实施宏观调控并积极地给予各层学生自主管理机构以指导和帮助，对学生们制定的章程和制度进行完善，当出现争议时及时讨论，当取得成绩时给予充分肯定。这样，学校管理育人工作才能够切实、有效地推进，才能够获得最终的成功。

五、管理育人的走向

总而言之，在学校教育中，学生既是学习活动的主体，又是自我教育、自我管理的主体，同时也是学校民主管理建设的重要参与者。身为教育者，必须充分学习先进教育理念，大胆尝试，不断实践，了解管理育人的意义、规律及方法，让学生成为能够对自己行为负责的人。只有将外在的要求转化为自我要求时，教育才是有效的。学校只有让学生民主参与制度修订、民主参与过程管理、民主参与结果评定，才能使他们产生责任心和使命感，才能让他们懂得义务和担当，才能提高自我认识、自我教育、自我管理的能力，才能在“自己说服自己，自己感受自己，自己战胜自己”的体验中，从他律走向自律，从自律走向自觉。

面对教育改革新的发展机遇和挑战，我们应继续秉承优秀教育理念，抓住机遇，进一步提升学校管理水平，加强学校的常规管理，优化管理育人质量，在总结自主管理的基础上，全面推进民主管理，完善管理育人体系。这不仅是学校自身发展的需要，也是当今社会和广大家长对学校的殷切希望。我们相信，随着学生管理工作的逐步深入和管理水平的逐步提高，上述困惑都会被逐步认识、逐步完善、逐步解决，管理育人工作也将会走上更加科学的发展轨道，在学校管理中发挥更大的作用。

第四章　环境育人

显性文化塑形，隐性文化育心。良好环境的创设能充分发挥学生的主体作用，展示个人的志趣和才华，使他们的潜能得到挖掘，智慧之光得到闪烁，创造力得到提升，主人翁意识得到强化，从而达到“随风潜入夜，润物细无声”的效果。

第一节　何为环境？如何育人？

一、何为育人环境？

1. 环境的概念

我们对“近朱者赤，近墨者黑”“孟母三迁”等典故早已耳熟能详了，它们无不说明一个问题：环境对育人是很重要的。习近平总书记于2014年在上海外国专家座谈会上的讲话中指出：“环境好，则人才聚、事业兴；环境不好，则人才散、事业衰。”可见国家层面的领导人对育人环境也高度重视。

“环境”二字我们都不陌生，可若想给环境下个全面、确切的定义，却又不太容易。在字典中，我们不难找到对环境的描述：环境既包括以大气、水、土壤、植物、动物、微生物等为内容的物质因素，也包括以观念、制度、行为准则等为内容的非物质因素。“环境”二字包含范围十分广，我们可以简单地对“环境”一词这样理解：我们周围的地方、周围的情况、影响。

2. 校园育人环境的界定

校园的育人环境是学校所具有的特定的文化氛围和精神环境，它包括校园建筑设计、校园景观、绿化美化等这些物化形态的内容，也包括学校的历史、学风、人际关系、集体舆论和学校的各项规章制度以及学校成员在集体活动中形成的非书面的行为准则。健康的校园环境，可启迪学生智慧、陶冶学生情操、促进他们的全面发展。幽雅、充满文化气息的校园、班级文化环境，能使学生在美中快乐生活、乐中愉悦求知，在潜移默化中实现身心的健康发展，进而将校园真正变为学生的“学园、乐园、家园”。

在本书中所提到的环境指的是育人环境，也可谓校园文化环境。广义地讲，指的是一所学校在办学过程中所创造、积累的物质、精神财富的总和。狭义地讲，指的是通过教育活动所形成的，并为全体师生共同遵循的价值观念、学校宗旨、作风与传统、规章制度和行为规范的总和。它是通过教育活动所创造和形成的精神财富、文化氛围以及承载这些精神财富、文化氛围的活动形式和物质形式。

校园育人环境包括两个大的方面：其一是显性环境，即物质文化环境；其二为隐性环境，即精神、制度等文化环境。在校园育人环境建设中，显性、隐性文化环境是相互促进的统一整体，建设显性、隐性文化环境时应齐头并进，但事实上往往并非如此。在进行学校育人环境建设时，显性文化通常成为各个学校不同时期的主流文化，而隐性文化却往往不受重视。其根源在于，显性环境大多是由校方来宣扬宣示的，这就势必会给社会人民造成一种印象，似乎除此之外再也没有其他文化形式的内容了。

二、育人环境的要素

研究者们对育人环境含义的理解是仁者见仁、智者见智。我们认为育人环境是学校在建设和发展中所形成的物质文明和精神文明的总和，包括办学中的硬件与软件，或者说显性环境与隐性环境两部分。

1. 显性育人环境

显性育人环境包括一所学校的建筑物及其风格，文化设施、布局，学校内部各项物品的布置、学校的绿化等。倘若学校的硬件具备独特的文化内涵，就能潜移默化地影响校内师生等成员的观念和行为。

学校的显性环境建设内容大致有：学校建筑文化的建设，如学校建筑的布局、建筑物的命名、校史馆的设计等；内部陈设布置，如学校教学楼、图书馆等的陈设，教室、走廊的布置；学校绿化和美化，如学校绿化景点、雕塑等的设计；学校传播设施，如校徽等学校标志的制作，黑板报、阅报栏、橱窗、广播、校园网络设置等。以上项目的环境建设主要依赖于该学校的规划和经济投入。在现代的校园生活中，学生学习知识的时间越来越多。从走进校门开始他们中的不少就会抱怨，因为迎来的基本都是单调、乏味的日子，做不完的作业，听不完的批评、唠叨，交不完的各种考卷。如果他们再在一个毫无氛围的校园中，生活、学习压力所产生的不良情绪就不易得以释放，由此一来，就势必会有学生无法承受校园生活的枯燥，而表现出厌学情绪。在这种环境中教师也可能会不堪工作压力，心情不易得到放松，进而影响到教学效果，造成人才流失和屡见报端的教师心理问题等。

2. 隐性育人环境

校园的隐性环境倾向于精神层面，它是育人环境的核心，包括学校的办学思想、优良的校风教风和学风、凝练的校训和办学特色、全校师生员工的素养、学校文化积淀、校园心理氛围、校园人际关系、校园精神的质量与丰富程度、信息传播的方式和速度及校园舆论等。它既包括学校的思想、意识、观念、习惯及情感领域，也包括全体师生在积淀中形成并共同遵循的价值标准、行为规范等。

另外，隐性育人环境还包括精神环境建设，如学校制度、风气、传统等方面的总和。其中制度是学校管理的最重要的手段，学校制度无一不反映出一个学校的管理思想和管理风格。制度的功能在于它的导向性和激励性。

心理学研究表明：校园中良好的精神环境确能促使学生身心愉快，也有助于激发学生的学习兴趣，能进一步提高他们对知识信息的接受能力，从而形成优良的校风、学风。

三、育人环境的营造策略

1. 创建良好物质基础，营造良好文化环境

学校是学生成长的重要园地，良好的育人环境对学生的思想、道德、信念、行为等都有潜移默化的教育和熏陶作用，营造良好的氛围是深化素质教育的重要举措。

学校除了要有计划地进行整体规划、美化环境，还应重视校园的生态环境

建设，创造宽松、优美、催人奋进的育人环境，使得学校每一处设计、每一面墙壁、每一块园地都具有一定的教育意义，都能展现学校的发展蓝图。校内应设有“教育方针”“三个面向”“社会主义核心价值观”等宣传标语牌；设立能够展示名人名言、中国传统文化如孝道等的文化长廊，走廊应设立名人名句、名人画像，教室内外应有《中小学生守则》《消防安全措施》以及学生的书法、绘画作品等。这样做，既有结合学科内容精心设计的语言环境，又有适合学生年龄特点的环境布置，会形成良好的教育氛围。

2. 开展各项文化活动，创建浓郁的文化氛围

第一，营造优美的校园文化环境。可从绿化、净化、美化校园入手整治，同时要设置各种文化设施，设置阅报栏、黑板报、阅览室、德育展览室等思想教育阵地；张贴名人名言挂图，展示学生书画作品；开辟班级图书角、英语角；分班级建设“小绿地”“小花池”等，使校园内的每面墙壁、每个角落都成为会“说话”、具有教育意义的“老师”，学生在这样的环境中就无时无刻不受到感染与熏陶。

第二，组织丰富多彩的校园文化活动。学校应积极开展各种课外文化活动，如组织各种文化艺术课外活动小组，丰富学生的业余生活。各班可组织学生开展小型的文化娱乐活动，为学生的课余文化生活增色。学校每年需举办一次校级的大型艺术文化教育活动，使广大学生的艺术素质得到普遍提高，为校园文化向健康高雅的方向发展起到导向作用。

第三，形成良好的校园风气。要对本校的各级领导作风、教师教风、学生学风做出明确的要求，并长期坚持。要结合本校办学实际，通过制定校训、校旗、校徽、校歌，建立校史展览室等做法，弘扬校风，形成独特的风格。

3. 开展校园文化教育

（1）教师要多运用孩子们喜闻乐见的方式进行教育。可以聘请有关专家或学者举办一些专题文化艺术讲座、报告会；广泛开展各种读书活动；举办有关知识竞赛；让孩子们到一些德育基地和名胜古迹参观、游览；可以举办主题夏令营、野外采风等学生们喜闻乐见的活动，并从中受到直接熏陶和潜移默化的教育。

（2）注重中学生日常行为的规范性教育。立足学生不同年龄和学段的实际，将中学生的日常行为进行规范与细化，制订出具体的实施方案，分阶段、分步骤、分层次地落实到实处。在强化教育的同时，要通过等级考核与量化考核等手段，甚至将学生的操行评定与评比“三好学生”及毕业、升学、就业直接挂钩。要在中小学校普遍开展评比文明班级与文明学生等活动，引导学生们养成文明、守纪、勤学、上进的良好思想品德与行为习惯。

（3）要积极广泛地开展多种心理健康教育。将心理健康教育作为学校德育的课堂教学内容之一，普遍地建立起由学校领导、有心理辅导资格和有经验的班主任或老师等参加的心理健康教育研究小组、咨询小组，向学生们传授心理健康知识，并组织开展一系列必要的行为训练，培养中学生们良好的心理素质与自我心理调节能力。

4. 加强校园文化管理

（1）加快建立健全校园文化管理制度。首先就要将建规立制作为校园文化各项建设的基础工作来抓。加强对中学生们生活、学习、宿舍、食堂等方面的管理；健全学校德育工作制度、班级管理制度、学生操行考核评定制度、学生课外活动制度；完善学校公物、卫生、食堂、宿舍、治安等方面的管理制度等，从严治校，保证校园日常正常的学习和生活秩序。除强化行政管理职能外，还要通过开展学生值周、建立文明监督岗等形式，增强学生自我管理、自我教育、自我约束的能力，从而养成能自觉遵规守纪的良好行为习惯。

（2）防御、抵制灰色文化的侵扰。凡发现有学生乱写乱画或损坏公物者，要对其进行严厉的批评教育。组织专门人员对学校的楼道、墙壁、课桌、厕所与车棚墙壁等进行严格检查，对所涂污秽图画及不文明的语言进行严格认真地清除，从而杜绝“破窗效应”。

（3）净化校园周边文化环境。各教育行政部门、学校，积极主动争取有关部门的支持与配合，制止并取缔在校园门口乱设摊点以及干扰学校正常的教育教学秩序、不利于学生身心发展的娱乐场所。

5. 建立健全教师职业道德体系，不断提升教师素养

自古以来，“名师出高徒”，高素质的教师队伍就会培养出高品质的学生。

教师是一所学校的人文主体，是人类灵魂的工程师，是人类文明的传播者，教师群体是育人环境中最生动的部分。“德高为范，学高为师”是古训。若是要培养出时代所需要的青年一代，首先就应该培养一支优秀的教师队伍。

不可否认，我们教师队伍的主流是好的，他们不仅“德高”，而且“业精”，堪称学生表率。但有的教师没有认识到高尚的道德情操本身就是一本内涵丰富的教科书，就可以给学生无形的教育。而只教书、只管完成知识传授，不管学生思想道德素质培养；对学生的违规违纪行为视而不见，缺乏起码的职业道德，意识不到教师的一言一行、一举一动都对学生的成长有着潜移默化的教育作用。对此，可以进行教师“师带徒”举措，让德才兼备的老师发挥更大的影响力；对教师加强职业道德教育，增强老师的职业意识，培养教师的职业热情和奉献精神；全面加大教师的考核力度，让教师职业在教师心目中更加崇高起来；利用各种时机，树立先进典型；等等。

第二节　为何进行环境育人？

众所周知，校园的文化环境氛围对学校的长远发展、学生的终身发展都有十分重要的作用。校园文化环境氛围既是经过长期的历史积淀形成的，也是以师生为主体创造并共享的。

一、环境育人的特征

1. 方向性

中学阶段是青少年世界观、人生观、价值观形成的关键阶段，所以中学校园文化必须坚持正确的政治方向，这是由现阶段办学目标所决定的。中学校园文化环境要坚决服从、服务于这个政治方向，引导学生朝着社会、学校培养的目标去努力。

2. 独特性

校园文化环境和特定的校园相联系，离开校园就谈不上校园文化环境，因此说具有独特性。这种独特性具体体现在学校传统特色与发展特色上，突出表现在每所中学的校训与办学特色上。

3. 潜移性

校园文化弥漫在整个校园，并渗透于一切育人活动之中，有润物无声的功能。生活在校园里的师生在无意识中便受到校园文化的影响和熏陶，形成特有的品格。潜移性具体表现在校园内人的思想行为之中。

4. 参与性

中学校园文化建设离不开广大中学生、教职工的参与和奉献，他们同时也是校园文化的重要载体。外在的教育要求、文化熏陶都需要通过他们自身主观能动性的发挥和参与才能内化为信念，并外化为行为。

二、中学校园环境对学校发展的意义

目前，中学如何进一步巩固成果，抓住机遇，深化改革，完善管理、教学、科研、后勤等各项机制，已成为这一阶段工作的重中之重。文化建设创新是中学办学过程中的亮点、突破点，充分挖掘文化、弘扬文化、发挥文化潜能，对拓展发展空间、推动中学品牌建设具有重大的意义。

1. 有助于发挥中学“文化软实力”的导向功能

校园文化主要是学校传统、风气、风貌、特色等方面的有机统一，既包含有形的物质文化，又包含无形的、摸不着的精神文化。“大象无形，大音希声”，无声无息的校园文化总是能“此时无声胜有声”，传播千里，润泽万物。首先，中学的校园文化带有明显的“定向性”，在教育理念、教育风格、角色认同上都以教书育人定向规范为主，强化学生的思想道德和情感，帮助他们形成正确的人生观。其次，优良的中学校园文化环境具有很强的感染力和启迪作用，优秀、富含魅力的校园文化可以抚慰人心，为广大青少年学生指引前行方向，引导他们成才成人。同时，博大的胸怀、宽容的品格的形成也离不开校园环境的熏陶。此外，优良的中学校园文化环境在某种程度上已成为社会进步的助推器。一方面，它引领、塑造、传播着新鲜、健康的良好风气；另一方面，它昭示“向善”的精神力量，能够改良社会，规范体制，维系人与人、人与社会、人与自然间的和谐关系，为物质文化和精神文化建设提供精神动力和智力支持。

2. 有助于提升中学校园办学层次，增强核心竞争力

一些地方性中学一方面依靠文化的传承、传递、传播功能，着力彰显鲜明的办学特色，倡导先进的办学理念；另一方面，通过开展丰富多彩的活动，不

断加强基层文化的宣传力度，适时扩大在民众、社会间的影响力。事实证明，没有扎实的文化底蕴，学校的各项工作就难以顺利开展；没有多种文化的碰撞和交流，就不可能产生思想上的突破，学校建设也会举步维艰；没有德才兼备的优秀教师队伍，很难培养出新世纪德、智、体、美、劳全面发展的综合性人才。因而，加强人文素质教育和创新文化建设是中学提升办学层次的必由之路，也是体现社会主义核心价值观、增强中学凝聚力和战斗力的必然选择。21 世纪，各个中学之间的竞争日益激烈。从规模、速度竞争，进而转向内涵、品牌、办学质量竞争，竞争层面已由外在、横向逐步向内在、纵深转化。文化建设的创新型战略使学校在竞争中更有底气和自信，更有活力和生命力，在具体办学方式的选择上更有前瞻性和主动性，能有效地调动一切积极因素，从而在竞争中厚积薄发，脱颖而出。

3. 有助于打造校园品牌文化，彰显办学特色

随着世界全球化步伐的不断加快，中学校园环境的影响力也在逐渐扩大。在转型期，中学自身的文化品位、文化格调、办学特色、精神风貌、气质底蕴等，既是学校发展壮大的核心，在相当程度上也是引领社会文化及社会价值观的风向标。健康的校园文化环境往往能够调动全体师生的积极性，引起广泛的共鸣，促进文化的传播和传承。从长远来看，一是要党政联合、级部齐抓、师生合作，营造积极向上的校园文化氛围，爱护、维护环境，努力构建文明、争先、创优的精神家园。二是要重新整合教学资源，创新课程设置、学科和师资队伍建设，结合学校的办学层次、办学条件，形成内容丰富、形式多样并独具特色的校园环境。三是要将文化看成是学校的形象，是学校的“名片”，每一位教职工都应脚踏实地、谦虚谨慎、同心协力致力于文化建设，铸造校园精品文化，开发品牌文化，使中学教育始终走在社会改革的前列。

4. 符合以人为本、可持续发展的战略要求

《国家中长期教育改革和发展规划纲要（2010—2020 年）》提出：“坚持以人为本，是贯彻党的教育方针的时代要求。”目前的中学教育存在一些弊端，比如课堂上教师注重专业知识的传授，割裂理论与实践之间的联系；学生对于课程的参与度不高，缺乏自主研究，主要是“模仿式”“传授式”“集中式”练

习，课程教学缺乏对个人创新思维及创新能力的开发等。

十年树木，百年树人，人才的成长过程并非一朝一夕，人才的社会功能也不能仅关注眼前的成效。中学教育需要进行长远规划，将人的可持续、全面、和谐发展纳入人才培养的目标体系，在传授知识的同时教会他们生存的本领、做人的准则及必备的道德情操、伦理观念。中学教育理应遵循人才成长规律，凭“良心”说话，本着为学生、为家长、为社会负责的宗旨，尽可能多地为学生提供施展才能的空间。个别学校不太关注学生的心理健康，导致学生早恋、叛逆、自杀等现象层出不穷。重视良好环境氛围会给他们带来潜移默化的改变，可以有效帮助学生塑造健全人格，以饱满的精神迎接风雨、挑战自我。

三、中学校园环境对学生成长的意义

校园环境是社会环境在校园内的具体表现，参与校园环境并受其熏陶、感染、启迪和教育是同学们完成社会环境的个体转化，即个体社会化的重要环节。在同学们个体社会化的过程中，校园环境与其他的常规教育相比具有独特的育人功能：“为了更好地挖掘校园环境这个宝贵的教育资源，充分发挥其独特的教育功能，我们非常有必要从理论上了解校园环境在初中教育过程中的功能和作用，以更好地开展校园文化建设工作。”

初中校园环境是学校教育的必然产物，是一种特定的文化环境，在培养人才的过程中具有不可或缺的教育功能。具体来说，它具有启迪智慧、行为导向、陶冶激励、调适缓解、扬弃选择、规范约束、凝聚释放等多个方面的功能。我们从以下几方面来研究和认识校园环境的一些主要育人功能。

1. 行为导向功能

初中校园环境的内容与形式及所构成的氛围，对同学的思想行为和生活方式会产生很大影响，它是一种客观实际的力量，有规范思想和约束行为的作用。因此，校园里物质文化和精神文化一旦内化成为学生的思想意识，就会形成一股巨大的导向力量。教育心理学认为，青少年处于生理与心理急剧发育、变化的时期，思想活跃，非常容易被环境影响，非常容易接受新鲜事物，思想观点、政治态度、道德观念均具有不稳定性和模糊性。所以，我们的学生在面对目前全球化形势下出现各种良莠混杂的现象，缺乏辨别筛选能力，特别容易受到“从众模仿”的心理影响，致使思想上盲目、行动上盲从，甚至会误入歧途。

在这种情况下，如果我们重视发挥校园环境的行为导向作用，通过各种有益健康的活动和不失时机的宣传、教育，创造出良好的环境氛围，唤醒学生的内心世界，给学生们的成长提供肥沃的精神土壤，同时消除那些不良心理、行为和习惯，使学生们在校园环境的正确引导下，选择正确信息，接受先进思想，健康地成长起来。

2. 调适缓解功能

调适缓解是指通过有计划、有目的地调整人的心理、行为，以使其能适应某种规范的要求。主要体现在心理调适和行为调适两方面。

（1）心理调适。青少年正处在“心理断乳”的成长期，具有种种生理或心理弱点。在接触社会、体验人生的过程中难免会产生不适应感乃至困惑，产生社会和内心世界相冲突的情况。在校园这个特定的环境中，文化经过选择、提炼，可作用于同学们的价值取向、思想观念、行为方式，从而有效缓解个体与社会的矛盾和冲突，积极促进同学们在健康、宽松的氛围中学习人际交往技能，学习社会规范和基本经验，培养同学们的心理品格。

（2）行为调适。初中生精力充沛，容易冲动，接受力强，追求新奇和刺激，但同时自制力较弱。校园环境的调适缓解功能是指将违背常规的不正当行为的表现或宣泄形式转移到正当、健康的活动形式上来，通常采用体育竞技、竞赛等活动形式来满足学生的躁动性和激烈性的心理需求，以提供正当的释放能量的机会与途径；或通过开展艺术节与科技活动等为有个性特长的同学发展提供展示个性的舞台，从而把他们由不正当、不健康的行为方式引导并转向到健康向上的行为方式上来。

3. 扬弃选择功能

初中校园环境所具有的扬弃选择功能，具体体现在精神文化方面。校园环境是学校历史积淀的精华，是所有校园人的思想和价值取向的共识，一旦确定，必将对社会中的异质文化有强烈的排斥作用。在一块农田里，如果庄稼长得茂盛了，杂草自然就少了；在一个活动丰富多彩、充满正气的校园中，消极文化、歪风邪气自然就会萎缩；在一个治学规范的校园里，随波逐流、不思进取的行为自然就会消除。

不可否认，在今天的中学校园中，确有一些中学生在多元文化的选择上，存在着对武侠等消遣文化、哈韩哈日等低级庸俗有色文化的偏执倾向，个别学生为此而无心向学甚至荒废学业。如果我们加大加强中学校园环境建设，用优秀、丰富的校园环境来熏陶、充实他们，满足同学们对各种文化的心理渴求，就能最大限度地遏制同学们在思想、行为上的堕落，从而有效地抵制和排斥多种逆向文化对同学们的侵蚀。

4. 凝聚释放功能

优秀的校园环境使人身居校园而心感温暖。学生之间互相鼓励、关怀、团结友爱；师生之间，同学们尊师重教，教师爱生如子、以校为家。这种环境氛围令人心情舒畅、精神振奋，催人进步。而这种“校兴我荣，校衰我耻”的校园精神一旦形成，就会产生强烈的凝聚力，激发同学们积极主动地为学校的荣誉和发展而努力奋进。

中学生正值受教育、长身体的关键阶段，精力旺盛、爱好广泛并喜欢表现，而校园文艺文化可以为同学们提供一个团结协作、释放潜能的广阔天地。中学生在参加各类文化活动的过程中，不仅调节了紧张的学习生活、增强了集体凝聚力，还可以身心放松，陶冶情操，寓教于乐；不仅能使学生们调节精神，保持乐观向上的情绪，同时更能起到“以乐醒人”“以美育人”的良好作用。

第三节　环境育人的具体建设策略

校园环境，即校园文化环境，是一种群体文化氛围，是在学校的发展过程中所创造的物质财富和精神财富的总和。具有无形的教育功能，对师生的思想品质、道德情操都具有潜移默化的影响。文化环境合力一旦形成，就会产生极大的力量，能使同学们的品位得到提升、情操得到陶冶、心智得到改善、视野得到开阔、心灵得到净化，那些“负能量”能得到有效抑制。所以，优秀的环境对于学校的发展是极其重要的。校园环境的内容非常丰富，我们就校园、班级层面的显性、隐性环境进行探讨，因隐性文化往往不能得到足够重视，本节偏重探讨隐性文化。

一、显性文化塑形——校园、班级显性环境创建

优美的环境是一本多彩、立体而又极具吸引力的教科书。校园和班级是师生日常学习和多种活动的场所，因此学校在建筑、绿化、景点等的设计和建造中，要多加注意其教育内涵与美感，使学校里时时处处、事事物物都能对学生们不断地产生良性刺激，促进学生们形成高尚的情操、文明的举止。让学生们在对美的欣赏中，获得美感，提高审美能力；在美的愉悦中热情得以激发，情感得以丰富，灵魂得以净化。所以，美化校园及积极引导学生们参与校园的美化活动本身就是对学生们的教育。

1. 校园层面显性环境

校园内，校徽、校训、校风可以以多种方式呈现。同时，在同学们经常出入的走廊等醒目位置张贴名人、伟人画像和名言警句等，让这些画像、警句与

校园的美化融合在一起，时刻鼓励着学生们健康成长，陪伴着学生们，若这些名人又恰为本校杰出校友，教育意义就更能体现出来，如新乡一中在各楼连廊处张贴了本校杰出校友 100 余人的事迹，起到了良好的教育作用。

校园中培植的各种草坪和花木，形成了良好的环境氛围，其中植物名称均以中英文标示，可使其发挥最大的育人效果。这一切都使学生们在愉悦的环境中产生着良好的心理体验。新乡一中还开展了“班级树木认领”活动，许多树上面还挂有班级制作的精美标志牌，这样不仅让学生参与其中，也能起到让他们自己自觉爱护环境的作用。

完善图书室、阅览室、多媒体教室等功能教室的设施设备。充实藏书量，完善健全管理制度，让这些功能教室也成为同学们吸取校园文化食粮的重要场所之一。还可培养同学们积极参与校园的美化净化工作，采取分片包干的办法，实行教室、宿舍、校道清洁卫生的班级承包制度；餐厅要有相应的标语，并要求学生们文明用餐、节约粮食，真正使学生的教育和行为要求和美化、净化达到有效的融合。

总之，校园环境要以学生们所喜闻乐见的形式来建设，同时又要讲究艺术性，以学校之美，促进学生们德、智、体、美、劳多方面的发展，让学校的每个角落都能飘溢着高雅的气息。

2. 班级层面显性环境

（1）班级标志

班旗和班徽，都是班级的标志，反映了班级的特点，最能够代表一个班级朝气。它们犹如一个班级的形象代言人，代表了一个班级的精神风貌和文化特色，其中所蕴含的教育学意义、文化学意义是深远的，带给学生的影响也是很大的。设计班旗、班徽的过程中，可以增强班级的凝聚力，提升学生们的审美品位。所以，在进行班旗、班徽设计的时候，应该坚持一定的原则：第一，形象性。要化抽象为具体，给学生们积极、健康的心理暗示。第二，激励性。要调动学生们的主动性，激发学生们向上的动机。第三，创新性。能体现学生们的独创精神，彰显班级特色。第四，美观性。要给人以美的视觉感受。

（2）墙壁文化

苏霍姆林斯基曾说：“成功的教育应该使学生在没有意识到受教育的情况下

却受到毕生难忘的教育，而这种潜移默化过程中受到的教育往往具有滴水穿石的作用。”同学们大多数时间是在班集体中度过的。班级文化是学生受教育的最直接、最重要的影响源之一。“无论是种植花草树木，还是悬挂图片标语，或是利用墙报，我们都将从审美的高度深入规划，以便挖掘其潜移默化的育人功能，并最终连学校的墙壁也在说话。”所以，搞好班级的内部环境，能使同学们在心情愉悦的氛围中获得知识的感悟，并产生蓬勃向上的力量。

在布置的过程中，需要遵守的基本原则：第一，直观性的原则。第二，系统性的原则。从入学到最终的中考，班级文化的建设应该是与时俱进的。第三，教育“简约化”原则。这里说的简约不是简化，不是应付。

新乡一中初中部各班对班级的每一面墙都进行了修饰，成为了名副其实的“文化墙”。如：门外走廊墙壁分成了“快乐阅读”“小组建设”“星光灿烂”“青春风采”等部分，每个部分都有相应的丰富内容并及时更新，各班文化墙安排有专人负责。“快乐阅读”栏中张贴有学生作品或优美文章；“小组建设”栏中有班级周、月优胜小组奖状以及优秀小组合影、各小组目标、小组介绍等；“星光灿烂”栏中张贴有学生美术作品、书法作品以及各科学生完成较好或进步较大的作业等；“青春风采”栏中会呈现出参加学校、班级各类活动时的一张张朝气蓬勃的面庞以及能够展示青春气息的文章或图片。这样一来，就做到了让无声的墙成为具有教育意义的文化乐园，对学生进行了潜移默化的教育。

自然，室内环境也要进行布置。以我校九年级的一个班为例：正对黑板讲台前方左右分别为“业精于勤荒于嬉，行成于思毁于随”，黑板最上面为“日行一善”，用以激励师生；黑板左侧除《中小学生守则》外，还有装裱好的“锲而不舍，金石可镂”；前后门之间的墙壁最上方为“三更灯火五更鸡，正是男儿读书时。白发不知勤学早，白首方悔读书迟”；后黑板两侧为“书到用时方恨少”“事非经过不知难”；后黑板右侧上方“父母的期待”栏中有家长在开家长会时每位家长的留言，让学生时刻感受到父母的殷切期待；后黑板右侧上方有“留言墙”栏，在此同学们可以把心语（如奋斗目标、计划或感恩之类）写下来。班级靠门一侧墙壁上是中考倒计时牌，牌的两侧是中考分数目标，左边是各高中历届录取分数线；两窗户中间墙壁展示有“感动班级十大人物事迹”，上面张贴有学生照片、事迹简介、颁奖词等。

在进行班级环境布置时，要进行这样的思考：第一，尊重学生主体地位，构建民主的师生关系，提供并保证师生间有良好的沟通与交流渠道。第二，保证学生的参与，注意学生对班级物质文化建设的信息反馈，使班级物质环境建设既符合学生的年龄特点，又符合学生个性发展的需要。

（3）图书角、班刊

“书到用时方恨少”，班级文化素质教育要立足于学生的德、智、美等方面全方位发展，教学生学会学习、学会做事、学会做人。学会学习是一种能力，尤其是利用图书资料、先进的信息化途径进行学习，在现代人的生活中起着越来越重要的作用。因为在知识爆炸、信息网络化的年代，不断地学习将有利于提高自身的素质和能力。随着新课程改革的全面实施，班级图书角在培养提高学生综合素质方面更显示出它的重要地位和作用。

设立班级图书角不仅能增强学生的集体责任感和荣誉感，促进集体观念的形成和巩固，更重要的是能为学生提供丰富的课外读物，为培养学生课外阅读兴趣、拓展知识视野创造一定的条件。

办报可以使学生在成功中得到快乐，从而形成自我激励的良性循环；可以为学生提供施展身手的舞台，最大限度地发挥学生的主体性；可以培养学生的创新能力、实践能力，提高学生综合素质，提升个人修养；可以体现一个班的特色，加强班上成员间的了解，增强集体凝聚力，加强同学间的团结与进步，塑造班级独有的文化特色。

在班刊文化建设中，要坚持以下原则：

第一，实用化原则。搞班级文化建设不是仅仅摆出来给自己给别人看的，重要的是能促进学生的学习生活，促进学生素质的提高，真正锻炼学生的动手能力。第二，个性化原则。建设自己的班级文化不可千篇一律，应该突出学生个体个性，突出班级个性，促进学生各方面的发展。

办报的宗旨：反映时代精神，反映丰富多彩的学校生活，活跃学习气氛，提高学生对人生、对社会的认识，提高学生的写作。

办报的内容：力求思想性强，可读性强，知识性强，趣味性强，紧扣时事，倾诉心声。

办报的形式：各类文体均可，短小精悍，灵活多样，可以摘录，最好自己写。

办报的组织：班级是报社，人人是编辑，个个是记者，自采自编自写，轮流进行。然后，由班报编辑小组收集整理，最后出版。

以班报为载体，开展丰富多彩的班级文化活动，如：百科知识竞赛、古诗词积累比赛、时事评析比赛、话题作文等。这有利于学生在丰富多彩的活动中开展自主、合作、探究性的学习，从而训练思维、发展智力，带动学生全面素质的提高；有利于学生从封闭的课堂走向开放的社会，将知识的传递与应用结合起来，面向未来，走向成功！

(4) 编排座位的艺术

编排座位是班级管理中人际空间结构的艺术。编排合理，能产生激励效应，形成和谐的气氛；编排不当，则易造成不必要的冲突和纠纷，影响班级管理实效。编排座位要注意如下几方面：

动静搭配：在了解学生性格的基础上，根据学生的性格差异和气质类型，安排座位，使之具有互补性和制约性，并在一定程度上矫正其性格缺陷，促使其完善发展。

男女搭配：有的班主任在排座位时，男生一组，女生一组，泾渭分明，说是防止中学生早恋。其实，根据中学生喜欢在异性面前表现自己，特别注重异性同学对自己评价的特点，应该男女生交叉排列。这样有利于构成和谐轻松的学习氛围，有利于学生自觉养成言行文明的好习惯。

优差搭配：优秀生和后进生可交叉搭配，这样能以先进带动后进，并有效防止不利于班集体建设的非正式团体的形成，从而使全班同学共同进步。在编排座位的过程中，班主任应注意克服几种倾向：按成绩的好坏排座位，根据亲疏关系排座位，根据自己的意志随心所欲地排座位。

二、隐性文化育心——校园、班级隐性环境创建

赫尔巴特说："如果不坚定而温和地抓住管理的缰绳，任何功课的教育都是不可能的。"这句话道出了班级管理工作的重要性。没有一个具有普遍约束力的班级制度，就不可能在班级民主化和文化建设上取得突破。

1. 学校层面隐性环境

（1）健全相关制度，严格规范管理

建立健全各种规章制度，是学校加强校风学风建设的重要条件，规范的制度和严格的纪律是形成优良风气的基本保证。加强学风建设，应努力从广义上去做好学校方方面面的工作，即包括学校领导治校、教师治学和学生的学习风气。学校在制定政策的时候，要充分考虑到学风建设，促进学校良好校风、教风和学风的形成。要在宣传贯彻国家教委制定的有关规定的同时，结合学校的实际，制定符合学校自身发展情况的规章制度，使校风、教风和学风建设逐步规范化、科学化，实现经验性管理向科学化管理的转化。

（2）创造和谐人际关系，优化校园人际环境

从某种意义上说，校园人际关系直接反映的就是校园文化。校园人际关系主要包括教师集体的人际关系和学生集体的人际关系以及教师与学生之间的人际关系。和谐的校园人际关系，尤其是良好的同学关系，不仅可以使学生全身心地投入学习，促进学生奋发向上，健康成长，还可以形成良好的集体意识。我们都知道能够“亲其师”，才会“信其道”，因此，要取得良好的教育效果，师生间就应该建立融洽和谐的关系。一方面是教师首先应该具有较高的师德修养、精湛的教学艺术、良好的外在形象，要热爱学生，尊重学生，做学生的知心朋友。另一方面，学生也应该有良好的礼貌习惯：尊师重道，勤学守纪。只有师生互相理解，互相尊重，才能建立起和谐的师生关系，出现乐教乐学、教学相长的生动局面。

此外，还可以在师生中创造性地开展一些活动，重点突出开展一些形式多样文体活动（如教师节联欢、新年汇演、教师篮球赛、校运会等），让师生在活动中感受到快乐，感受到温暖。

中学校园的主体——中学生，正处于青春期，学生间的人际关系既影响着学生的健康成长，也影响优良集体的形成。教师要有目的地加以引导，提倡学生间学习上互帮互学，共同进步；生活上一人有难，八方相助；纪律上互相督促，互相提醒；思想上倾心交流，互相提高。同时，教师要重视学生的心理状况的变化，帮助他们解除烦恼。学生在这种团结友爱、相互尊重的气氛中人格才能得以健康、健全的发展，学习成绩才能不断进步，从而形成优良的校风、学风。

(3) 发挥各种媒体功能，形成良好舆论氛围

发挥学生电视台、广播站、橱窗、黑板报等宣传工具的作用，营造正确的舆论氛围是开展校园文化建设的重要一环。在开展广泛校园文化建设的过程中，发挥宣传媒体的教育优势，引导师生们追求高尚的道德情操、健康的审美情趣。

①设置内容丰富的专栏橱窗

学校利用公开墙设置专栏橱窗，结合时事，开辟安全教育、卫生教育、教学教研、班队工作、学生风采等专栏。各种专栏橱窗采用定期更新、不断滚动的形式，在上面公布学校当前的教育教学动态，师生参加各种比赛的成绩、荣誉，展示优秀学生的风采，学生活动剪影，优秀教师事迹介绍等，以此让师生相互激励、共同进步，使之成为开展宣传教育、展示师生及学校办学成果的窗口。

②开辟学生广播站

除定时播放宣传学校好人好事，扶正黜邪外，还可根据中学生年龄和兴趣特点，在不同时间段设计不同的专题广播板块，活跃校园文化氛围。

(4) 继承学校优良的教学传统

特色是一所学校传统形成的重要基础。办学特色的保持与提升也就逐渐形成学校的品牌、传统与风格，而品牌、传统与风格就是学校的竞争力。一方面，珍惜学校优良传统，认真组织撰写校史，让师生了解学校的过去。创造合适机会展现学校历史中杰出校友的成功案例，激发全体师生的集体自豪感。另一方面应重视对新教师的培训，引导新教师尽早融入大家庭之中。

比如新乡一中实施的“青年教师拜师会”。这项举措充分发挥了学校优秀教师、骨干教师的作用，让他们与新教师结对子进行跟踪培养。骨干教师要从业务学习、备课、上课、批改作业、辅导学生、考试、反思等各个环节精心指导新教师，指导要中肯、具体，不要花架子，切切实实提高教师的业务水平。新教师拜师要诚恳，虚心学习骨干教师的教学艺术。指导教师除上好示范课外，还要随时向新教师开放课堂及不定时地进入新教师的课堂进行听课指导点评，让新教师快速成长，承担起教育教学的重任。特别是在新教师入校后半年左右，每人有一节面向全学科组的“汇报课”，在该课备课、试讲等各项准备中，教研组特别是作为“师傅”的指导教师会特别重视。对新教师的备课、上课、评课工作，学科组在集体点评中会给一些指导意见，促进其提高，从而保证学校的优良教学传统得以继承。

学校通过开展经验交流、上汇报课、案例分析、集体研讨、上公开课、推门听课等形式，可以不断提高教师的教学、科研能力；用“活到老，学到老”的理念指导、鼓励教师多参与读书活动，促使教师养成课余读书学习的习惯；学校可邀请家长参加听课、评课，开展以“家长开放日”为主要内容的各种教研、班级管理活动，促使家长参与管理，从而支持和完善学校的各项工作。

（5）开展多姿多彩的文化活动

中学校园是育人的主阵地，学校要为学生健康发展提供广阔平台。多姿多彩的校园文化活动也是学校德育工作的重要环节。

①开展各类主题活动

学校可运用学生喜闻乐见的形式，开展各种主题活动，如：播放爱国主义教育片；新生每年入校时组织开展入学教育，进行新团员宣誓，参加各项典礼活动，如开学、毕业典礼，期中、期末授奖仪式，入团、成人仪式等；利用各类校园主题活动，可全方位培养学生特长发展，是学校开展校园环境育人、推行素质教育的重要措施。开展的主题教育活动，如诚信、学生荣辱观、孝亲尊师等系列教育活动，使学生受到潜移默化的教育和直观的熏陶。

②组织各类竞赛、比赛活动

对于教师而言，新课改要求教育要具备“未来性”“社会性”等价值观念。学校应充分引领教师，用形式多样的工作来锻炼教师，使教师拥有丰富的知识文化背景以及充实的实践基础。师德乃教育之魂，学校若拥有具有高尚师德的教师队伍必然会带出品学兼优的学生。

学校应定期开展师德建设活动，与建立师生和谐关系紧密结合，突出开展以“爱岗敬业、以校为家”等为主题的师德论文、师德演讲比赛等。引导教师读书，建立校长到老师的各级读书会，每年定期开展书香教师的评选活动，以使教师养成读书习惯，把学校变成教师的乐园，成为教师发展的舞台。

对于学生而言，学生是教育的主体，是校园环境建设的主力军。他们思维敏捷，具有较强的想象力，富于创造精神，对新信息反应迅速，在学生身上蕴含有强大的潜能和创造力。所以，应激励学生积极参与文化活动和各类比赛，如科技创新大赛、校园文体艺术节、体育联欢会等活动；参观爱国主义教育基地，开展服务工作等，可以有效地促进校园文化的发展。可以说，各种主题活动起到推动学生素质发展的动力作用，在学生的素质教育中发挥了举足轻重的作用。

（6）关注学生的心理健康状况

①对学生进行心理健康教育

在初中阶段需开设心理健康课程，这有助于学生了解心理学知识，掌握心理调节技巧，课程可分两部分：理论部分和实训操作部分。前者为心理健康知识普及，后者是开展心理健康教育的有效方法。实训操作包括角色扮演、人际交往能力训练，掌握情绪转移、痛苦宣泄、愤怒发泄、自卑克服、树立自信的心理调节手段，以期得到防患于未然的作用。

②设立悄悄话信箱、热线

设立悄悄话信箱、热线有利于与学生交谈，因信箱可省去害羞的顾虑，这种方式对一些较内向，怯于进行面对面谈话的学生较为有效。学生还可以把自己存在的问题在信中、电话中描述得更为完善。

③设立心理服务站，提供心理咨询

由于当前初中学段的学生迫切需要提高心理健康水平，心理咨询室的建立也势在必行。初中学生也开始从拘束、害羞地进门到落落大方地进行心理咨询；从以试探性的谈话到完全倾吐心中苦闷。时代的发展告诉我们，开设心理咨询与治疗服务已不再是个别学生的需求，而成为一种时代趋势。担任心理咨询的教师要有意识地和咨询同学建立起尊重、关心和指导的关系，并使用适当的心理治疗方法，以减轻或消除学生的不适情况。

④兼顾对学生家长及家庭问题进行心理宣传

每位学生身上都有家长的影子，学生的心理健康与家庭和家庭中的人际关系有直接联系，有些心理问题甚至是家庭问题的表现。因此，不管是了解学生心理问题的原因，还是心理治疗计划的制订和实施，都最好能够取得家长的配合，因此也要兼顾对学生家长及其他方面的宣传。

2. 班级层面隐性环境

（1）制度文化

①制定班规——奠定班级管理的基石

班规是实施班级管理的基石，也是一个班级制度的集中体现。李镇西老师在“民主化”班级管理的思想与实践中称之为“班级法律”。以“法”治班的做法：第一，统一思想，形成共识。第二，统一学习：班规与《中小学生守则》不一样的地方。第三，确定班规的原则：广泛性、可行性、互制性。第四，起草：让每一个人都有资格成为班级的“立法者”。第五，严格执行：班规面前，人人平等（对事不对人）。

②“轮流执政”——建设民主、规范的班级文化

教育家片冈德雄写道：“把成长、学习作为最终目标的班级组织管理的首要方式，是让班级的每位学生，在自己所在的集体中均能获得一个适合自己的分工，担任一个角色。也就是说，让每位学生都处于一个‘能发挥作用’的位置上。”

首先，每位同学对班级事务的积极性能够得到充分的调动，他们参与班级管理工作的热情得以激发。在担任值日、值周班长过程中，几乎每位同学都尽职尽责，十分愿意为班级服务；同时也能严于律己，遵守纪律，学习认真，与同学相处也更加融洽。其原因在于：每个人都具有双重性，既是被管理者，又是管理者。在开展工作的过程中，他们能够体验到管理工作的艰难，因而更易于尊重别人的劳动，同时也培养了他们的道德品质和良好性格。

其次，轮流值周、值日制给每个同学都提供了锻炼和显示自身能力的机会：卫生工作的开展、自习课纪律的维持、人际关系的处理等。在工作实践过程中，学生的管理、组织、协调能力不断得以锻炼。在这个过程中，一批原来默默无闻的学生脱颖而出，以他们的热情服务、认真负责、严格要求自己的实际行动，赢得了大部分同学的称赞。更重要的是，部分学习成绩较差、缺失自信的学生在值周、值日工作中显现出了他们的才能，赢得了师生的赞许和信任，找回了自信，从而增强了上进心，也促使了学习成绩的提高。

最后，轮流值日、值周措施为班级的教育活动注入了新血液。它有利于激发更多的同学参与班级管理工作的积极性，充分发挥班级中每个同学的才干，班级活动的内容变得更加丰富，形式更为多样，从而能够形成班集体的合力和学生的集体自豪感、荣誉感。

③教师自我规范——促进班级文化环境建设

教师在工作中应以行动感染人，以理服人，以爱对人，以情动人，以身示范。唯有这样，同学们才能从教师身上内化崇高的道德和行为，师生间才能形成良好的互动，教师才能成为有力的影响因素浸染学生的内心，促使他们明辨

是非、具有强烈的主人翁意识，如此以来，才能真正形成优秀的班级文化环境。

（2）精神文化

①构建融洽的师生、生生关系

人际关系是指人与人之间的社会、心理关系，是在群体间相互交往过程中所形成的较为稳定且持久的关系。班级的人际关系包括教师与学生之间的关系，即师生关系；学生与学生之间的关系，即生生关系。良好的人际关系有助于促进师生之间、生生之间的有效交流和合作，利于更好地发挥班集体整体效应。

班级中，构建良好的人际关系，教师要树立正确的教育观念，定期通过各种活动对学生进行思想教育，尊重学生的情感、意愿，保护学生的正当权益，培养他们的交往能力。

②确立班集体的奋斗目标

班集体奋斗目标可以理解为班集体建设的各阶段发展规划，依据时间长短可分为长期、中期和近期目标。确立班集体奋斗目标的办法多种多样，一般来讲有如下两种：一是师生共同协商法。该法优点为：第一，集思广益，确立更切合于实际的目标，可行性较强；第二，可以满足学生的情感需求，具有激励性；第三，可以使班主任和学生的情感得以沟通，增强师生间的合作，形成师生合力；第四，共商班集体奋斗目标的过程也是学生自我教育的过程，从中学生自我调整、自我教育的能力会得到培养。二是由教师（班主任）决定。这种方法是由班主任老师作出决断，向全班提出要求，作为班集体的奋斗目标。事实证明，这种方法因不利于调动班级成员的积极性、主动性，有较大的局限性。有观点认为，对于发展状况良好的班级，宜采用第一种方法；第二种方法更适于班级初建或在整体较乱、较差的班中使用。即便如此，教师在做出决定时，也须深入学生之中去进行细致的调查询问，尽可能地了解并接受学生的要求和愿望；在班集体奋斗目标提出后还应做反复的讲解、动员，使目标能尽快转化为学生的实际行动。

要保证班集体奋斗目标能得以实施，还需做好如下工作：首先应发动班级学生，以获得全班学生的认同，在此基础上，通过不同层面和任课教师介绍，以博得他们的密切配合和关注，同时还要取得家长的支持；其次要制订尽可能详细的实施计划，设立合理的规章制度和一些相应的奖、罚措施，以保证奋斗目标的实施；再次要培养德才兼备的班干部，树立榜样，以典型引路；最后还要发挥班委的作用，不断地检查反馈、督促落实，及时总结经验教训，提出改进措施，以保证班集体奋斗目标的圆满实现。

③引导健康的集体舆论。

集体的舆论是在班集体中占据优势、为多数人所赞同的言论、观点。它是班内学生观念态度的集中体现，也属于班级深层次的精神文化。班集体的健康成长离不开良好的集体舆论氛围。

培养健康的舆论：首先，要让学生有端正的态度和正确的认识，学生有正确的认识是形成健康舆论的关键。其次，要引领个别具有号召力的学生正确地把握集体舆论。教师也要善于启发引导，以确保舆论朝着积极、健康的方向发展。最后，教师要善于树立典型，注意自身素质，利用舆论工具，充分发挥它们的作用。

④形成优良的班风。

班风是指班级大多数学生的思想认识、精神状态的综合反映，是班级环境的核心和精髓所在。优良班风犹如熔炉一样，对全班每位学生都起着熏陶、感染的作用，能激发出巨大的教育力量。但任何优良风气的形成，都不是一蹴而就的，都需要一个漫长的培育引导过程，而且往往也会出现许多波折。因此，在培育优良、健康班风的过程中，一方面要持之以恒，另一方面还要看准时机，因势利导。

（3）建立和谐有效的班级评价体系

现行班级管理中的最大弊病通常在于：过分重视学生考试分数，并以每次考试的结果把学生排队，作为好与坏、奖与惩的依据，这便是造成不和谐班级的最大原因。我们应尽可能把机会、荣誉给每个在各个方面有进步的学生而不只是学习好的学生，让不同起点的学生都有实现自我价值的机会和空间。作为教师，在不经常受关注的学生身上应倾注更多的欣赏和关注，让他们的付出及时得到认可。其实一个班集体对学生的影响，不在于学生做对多少题、考了多少分，而是培养他们良好的学习和生活方式，培养他们学会做诚信、有责任感的人。一个和谐科学有效的评价体系对学生的发展格外重要。因此班级的评价体系需体现如下四个方面：

一是真诚性。“精诚所至，金石为开。”学生受到真诚的评价之后会由衷地产生震动，受到感染。与学生交流时，教师还应善于将双方建立在平等的基础上。比如：在和学生谈话过程中，教师坐着，也尽量找张椅子让学生坐着，面对面交流；在教师表达自己观点之前，先倾听学生的心声；在交流中让学生尽可能地把教师当成一位睿智、能排忧解难、能倾听心声的朋友。同时，在师生交流中，说话时还要注意语调、表情：能微笑着说的话要笑着说，因为笑着的时候，心与心的距离不觉中已被拉近，更易于接受教师的教诲。

二是激励性。《增广贤文》有云："良言一句三冬暖，恶语伤人六月寒。"教师对学生评价要尽可能体现人性化、平等化、科学化。这样一来，学生的主动性、积极性、创造性才更易被激发，管理上才会焕发出生机与活力。学生在青春期成长过程中，一次温暖的拥抱、一句关切的话语、一次如沐春风的表扬会起到超乎想象的作用，甚至会改变他的一生。

三是宽容性。教师尤其是班主任应善于和学生交朋友，但并不等于无条件容忍学生所犯的错误，学生犯错误时要尽可能用善意的批评或幽默的暗示，让他认识自己的错误，并帮助其改正。在对学生进行批评教育时，班主任一定要在适当的时候，把自己的善意表达，耐心地和学生分析犯错的原因和解决办法，教师需提供一些力所能及的帮助。

四是差异性。集体之中，学生之间无论在基础知识、智力、学习习惯、学习态度等各个方面，定会存在或多或少的差异，因此对每个个体的要求与评价不能"一刀切"，教师要对学生分层加以鼓励。在班级管理过程中，必须努力用积极的暗示来引导学生，提醒他们每天努力让自己更充实、快乐。但教师也不能急功近利，不要奢望每一位学生都能成名成家，做出非凡的成就。

（4）以人为本，构建班级情感文化

以人为本，积极构建班级的情感文化，能使师生、生生之间相互理解，平等、友好相处，形成奋发向上的氛围，从而使学生们对事物的看法能向着正确、积极的方向发展。这样有利于学生形成正确的人生观、价值观，因此，作为班主任，我们不能只看到各方面都优秀的学生，还应关注处境不利的学生，这是班主任义不容辞的责任，班主任应遵循无歧视原则。不管学生来自哪种文化背景，不论家庭贫富、男女、正常与否，都应得到教师平等的对待。同时对不同类型的弱势学生，应采用非常规的教育、管理方式。

成绩较差的学生内心更加脆弱，教师对他们不当的教育行为很有可能会导致其产生心理问题，如自卑、退缩、厌学、紧张、焦虑、恐惧、抑郁等严重心理障碍以及学校恐怖症、反应性精神病等心理问题，更有甚者还会导致学生出走、自杀、犯罪等极端行为，从而酿成严重的后果。因此，营造平等、和谐的新型师生关系就显得势在必行了。

总之，对那些处于困境的学生，教师要尽可能地多给他们一个善意的微笑，多给他们一个宽容的机会，多给他们一句温柔的关心，多给他们打一个主动的招呼，多给他们一些发言表现的机会……让他们心理上得到满足，生活上受到关爱，行为上受到开导，学习上得到帮助，从而产生集体归属感，这能够激发他们努力克服自身弱点，磨砺自身意志，重塑完美自我，为和谐班级的构建增加健康的因素。

（5）利用网络环境对传统班级文化创新

网络已逐步渗入学生的生活中，让相当一部分家长紧张和担忧的是学生易沉迷于游戏、聊天之中。这种担忧有一定的道理，但是简单粗暴地禁止学生接触网络和游戏并非恰当做法，好奇心会因被禁止越来越强烈，正如大禹治水能够成功的原因一样，疏导往往比堵塞有效得多。

①在网络环境下，进一步营造班级心理文化氛围

在班级文化环境创建中，网络环境因其独特性而不可被替代。因网络环境中的人机交往不可见，学生更易袒露真诚，说出自己真实的想法，而无须顾及“面子”，这是传统方法无法比拟的。此外，网络环境中图文并茂，学生无须戴着假面具说漂亮的虚伪话语，若利用得当，健康的网络环境对于建立良好的班级心理文化是大有裨益的。

通常利用网络进行文化建设主要有两种途径：一是开放班主任信箱。师生之间通过网上交流思想，通过网络互发贺卡、祝福，这样能及时沟通、解决问题。二是网络心理咨询。初中学段的学生不管身体还是心理发展都十分迅速，可谓是日新月异，但成熟也势必给他们带来烦恼，他们需要向值得信任的人、老师、专业权威人士倾诉，但往往会羞于启齿。针对这种情况，可在网页中设置心理专栏，介绍青春期常见心理问题及解决方案等，在此基础上，还可以设立答疑解惑热线，及时疏导他们成长过程中遇到的来自心理、生理、学习等各方面的苦恼。这样通过无声的师生对话、生生对话，沟通和疏导都已在不经意间进行了。

②在网络环境中，拓展班级特色文化空间

通过创建班级文化网络、传播特色知识、保存和展现文化作品、交流和共享文化成果等，能够形成班级的交流互动和积极向上的风貌。这样一来，学生的闲逛、聊天、打游戏的精力会被吸引到关心集体中的人和事、培养团队精神上来，学生的兴趣、爱好也会逐渐步入健康的轨道。

③建立班级特色网页，培养学生的集体意识

教师可鼓励学生在校园网或微博中动手建立本班网页，集众人的智慧，通过集体协作，创立属于自己的一片特色天地。各班可根据本班实际以及学生的思想动态，灵活地设置各项栏目，如班级风采展示、班级新闻、星光灿烂、团员之窗、读书园地、心语留言板等，内容需贴近学生的学习、生活，不拘形式地对学生进行隐性文化培养，学生在班级网页的建立过程中也定会增加凝聚力，增强集体意识。

第四节　环境育人存在问题与原因分析

一个人若长期在文化内涵丰富、优雅的环境中生活，久而久之必会形成良好的性格。良性循环的校园环境对初中学生人格完善和智慧增长大有裨益，对学生身心健康的发展和良好品德的形成具有深刻、持久的影响。就中学生成长、成才本身而言，它已渗透在校园显性文化（物质文化）、隐性文化（精神文化、制度文化和行为文化等）之中。

近些年，我们能够欣喜地看到，伴随着我国基础教育改革的深入发展和校园里教职员工、学生的共同努力和不断探索，我国的校园环境建设已普遍取得了巨大的进步和可喜的成绩。但我们仍需认识到，社会、经济的快速发展已经给校园文化环境建设产生了冲击。

一、校园环境育人存在的主要问题

许多中学普遍存在的问题主要是文化的缺失问题，尽管一些中学修建得气势恢宏，充满了现代化气息，但普遍存在一种不良现象：那就是学生厌学、教师厌教，师生精神状况不佳等。

倘若对教育工作进行深刻反思，我们不难发现，在教育过程中，我们重视的往往只有学校的环境建设、教学质量、学生行为规范等方面，缺少的是以人文精神为主导的校园环境。这种背离以人为本的管理必然会导致文化缺失现象。文化缺失现象大致体现在以下方面：

1. 精神文化偏颇

精神文化是校园文化的核心和灵魂，有什么样的精神文化就有什么样的办学模式和办学质量。从目前我国中学校园文化建设状况看，有的中学对校园文化建设既没有正确、全面的理论认识，也没有科学、有效的实践过程，这主要是由于精神文化偏差所导致的。

（1）在某些学校领导的办学理念中，不研究、不重视校园文化建设工作是存在的。许多人把校园文化建设归属于学生会或团组织，把校园文化建设看作是学生自娱自乐、调节学习生活的活动；有的把校园文化建设归属于学生的思想政治教育；有的干脆把校园文化建设等同于学生业余活动的开展；也有人认为校园文化建设就仅仅是校园外表的净化、美化、绿化，甚至有人把学校的基本建设也理解为校园文化建设。因此，这些中学的校园文化建设在很大程度上被局限在学生管理和思想政治教育的层次上，并没有把校园文化建设放在整体办学方向、教育培养目标和学校发展定位的高度上认识。

（2）在校园文化建设上，一些学校没有自己的特色和发展目标。许多学校办学模式有太多的雷同，学校领导抓校园基本建设多，抓升学率多，抓学科竞赛多，抓校园环境整治多，唯独抓校园文化建设少。对此，我们可以从最能体现学校办学特色的校训制定情况看我们的校园文化建设。校训往往是凝聚几代校园人思想和学校特色的一种理念，是学校办学发展和特色追求的目标和方向。然而，目前部分中小学的校训在内容上几乎是一样的，“团结、求实、创新、进取”或者“创新、严谨、自强、拼搏”等，到处可见。这种情况说明我们中学的办学理念是大致相同的，缺少自己办学理念上的文化思考。

（3）在教学工作上，有的教师存在这样一种认识：教学本身就是传播知识文化，平时能教出好成绩就是功劳；中考、高考升学率高就是贡献。至于研究如何营造利于中学生全面发展，如何培养中学生的创新精神和能力意识则考虑不多或免谈。其实教学工作也蕴含着文化因素，那就是教师的教学观、学生观和质量观，作为教师如何看待这些问题，是以学生为本还是以自己为中心，是重视大多数还是关注少部分，是鼓励学生充分展示个性还是整齐划一的要求，对于这个问题的回答可以体现出一个教师的教学观念和教学态度。如果一个教师没有正确的教学观和学生观，那么他在教学和工作中很难取得好的教学效果。

2. 中学制度文化僵化

中学制度文化的主要内涵体现在管理的规范和约束方面。一些中学的管理状况从制度文化的角度看，存在僵化、相似和无效的状况。这些问题必须引起我们关注。

（1）上级对下级管理得过死。各级各类学校本应该有着自身的办学规律和特点，不同档次、类别的中学应该有着因地制宜的办学理念和办学特色。上级教育部门应赋予学校充分的办学自主权，让各中学根据本校的实际情况，遵循自身的发展规律，采取不同的措施和方法，在教育改革发展中，形成自己的特色文化。然而，目前在教育行政管理中，一些上级主管部门对下面学校管得过多过死。比如一些中学在创建校园文化内容和模式上，许多工作必须由上级教育行政主管部门统一安排、统一制定标准、统一拨款。做什么、怎么做都是由上级主管部门说了算。这样，整个管理仍带有浓厚的计划经济色彩和上级领导的权威性，学校没有自主权和选择权。

（2）现行管理制度僵化。学校管理制度僵化主要表现在各种管理规章制度内容缺乏创新精神，不能与时俱进，许多条条框框对目前我们的教育改革具有很大的制约作用。如我国对教师在选择工作方面，是鼓励合理流动的，在政策上是宽松的。然而，实际上，中学教师的调动按照目前的教育行政管理规定，必须要经过层层报批；学校需要教师必须要报请上级教育行政主管部门批准，没有上级的批准，学校自己招聘教师被视为无效。

（3）规章制度建设形同虚设。大多数学校都有自己的制度文化，不管完善与否，基本上都有一套学校管理规章制度。然而，一些中学的学校规章制度建设严重缺乏文化特性和人文精神，甚至不符合国家的政策法规。一些地方的学校在规章制度建设上，做表面文章，各种规章制度照搬其他学校的，其内容都是一个版本，根本没有自己管理的特色。学校的规章制度管理手册，其内容几乎没有什么不同。在一些学校里甚至可以看到挂在墙上已经发霉、破旧的规章制度。一些规章制度都是虚假无效的，是挂在墙上、写在纸上装门面用的，这种状况的出现在很大程度上与我们的教育管理体制、督导检查评价机制的不完善、低效率有直接关系。由此可见，校园制度文化形同虚设，会给我们教育的发展带来严重的阻碍。

3. 行为文化缺少规范

行为文化的内涵主要指学校办学行为和校园人在一定校园文化的熏陶影响

下表现出的行为模式、工作情况以及个人的言谈举止。行为文化是观念文化的外在表现，有什么样的观念文化也就有什么样的行为文化。

（1）办学模式缺少新意。许多学校在办学行为上表现出没有自己的办学特色，没有改革创新意识。升学率就是学校的生命线，初中把中考每年能有多少学生考上重点高中、名牌高中当成是学校的资本、校长的荣耀；高中更是把高考升学率看成关乎学校生存的大事。学生整天绝大部分时间都是在“三点一线”（宿舍—餐厅—教室）中度过的，学习生活的确很单调。可以毫不隐讳地讲，一些中学校园文化仍是“考试文化”或者说是“应试文化”。学校的一切管理行为——教学行为、学习行为、评价行为、德育行为主要都是围绕中考、高考成绩和升学率来进行设计的。

（2）教学行为单一枯燥。在教学行为中，一些学校存在单一枯燥的状况。学校的课程设置不能以人为本，体现不出基础教育的丰富多彩性。由于上级对学校办学质量的评价仍以学科竞赛、升学成绩作为衡量学校好坏的重要标准，这就促使学校只重视有竞赛任务、有升学考试任务的学科，大多数高考班级，只设置与中考、高考有关的课程，而与升学考试无关的学科一律不开课，也不参加知识竞赛、社团活动、体育节、艺术节、科技节等各项大型教育活动。这种单一枯燥的教学状况对发展学生个性、培养学生能力方面有着严重不良影响。

（3）学生纪律观念淡薄。由于校园行为文化缺少规范性，使得许多学生在思想纪律方面表现出严重失衡状态。学生思想表现出冷漠、消极，行为表现出散漫、冲动。有些学生在思想和行为上表现出两面性。一方面他们的政治思想课成绩可以拿到优秀，而另一方面他们的纪律行为却表现得很差。打架斗殴、破坏公物，甚至违法犯罪。这主要是因为在众多的中学校园里，行为文化淡薄，管理和教育被冠以表面化，升学教育仍主宰着校园。

4. 环境建设重心失衡

文化设施、文化队伍、社团组织、文化环境等是校园文化建设的“硬件”，而校园精神、文化心理、文化制度等则是校园化建设的“软件”。“硬件”建设是“软件”建设的基础，“软件”建设是“硬件”建设的条件。目前，在我国中学校园文化建设中，仍存在着硬件建设硬、软件建设软，抓业务工作硬、抓文化建设软，抓科学管理规章制度建设硬、抓人文精神建设软的普遍现象。

显性文化易得，隐性文化难求。精神文化是搞好学校工作的最为核心的元素，它制约着整个中学校园文化的发展水平。目前，中学校园文化建设最大的难题就是构建先进的校园精神文化。就物质文化而言，各校校舍越造越漂亮，校园建筑的造型与空间布局越来越讲究，校园现代教学设施越来越完善，校园的美化、绿化、净化也做得越来越好。固然，物质文化也能折射出精神状态，但作为代表精神文化的具体特征的办学理念、校风建设、价值追求、精神面貌却与现代教育对学校的要求相差甚远。有的学校的领导者习惯于抓“形象工程”，热衷于校园的基本建设和教育创收，整个管理理念功利色彩、商业化倾向比较严重，对潜移默化、润物无声、最具有育人功效的校园精神文化建设工作抓起来就显得力不从心。

众所周知，缺少精神文化建设的学校校园，尽管其校园建筑气势恢宏，但是终会因为缺少应有的文化精神而显得生命力不强。学校的灵魂不是气派宏伟的高楼大厦，而是蕴藏其中的校园精神文化，没有精神文化建设的校园文化就只是流于形式。这种忽视精神文化建设的现象在许多中学中仍普遍存在。

二、中学校园文化环境建设问题的成因分析

一些中学校园文化建设的确存在许多与我国教育改革与发展不相适应的地方。如果不重视总结、分析这些问题的成因，那就将会贻误我们的教育事业。我们必须同时从理论和实践的高度来搞清楚这些问题产生、存在的原因，只有这样，我们才能更好地实施我国中学校园文化建设工作。

1. 对中学校园文化建设的理论研究比较肤浅

中学校园文化虽然是中学教育工作的重要组成部分，但从目前已公开发表的论著来看，更多有关的文章是关注高校校园文化建设，对中学校园文化建设的研究为数不多。到目前为止，尽管对中学校园文化建设的研究开始起步，但其中多是对中学校园文化建设的个案研究，没有系统、全面的专题论述。其主要原因是：

（1）目前从事中学校园文化研究的大多是高校教育人员，他们身居大学校园，远离中学校园，对中学校园文化并不十分熟悉，因此同是研究校园文化，

对他们来说研究高校校园文化可以驾轻就熟，加之高校有非常浓厚的文化氛围和多种的研究目标，十分便于开展对身边文化现象的研究，也容易取得研究成果。相比之下，中学校园文化理论研究就受到了冷落。

（2）中学的科研力量相对比较薄弱，在中考升学率以及生源质量激烈竞争的压力之下，校园文化研究通常得不到应有的重视。研究、实践校园文化理论的教师缺乏。虽然近几年，随着教育改革的深入和素质教育的推进，中学对校园文化建设的研究也开始重视，经济发达地区的部分学校率先做出了一定的探索，通过借鉴高校的建设经验，取得了一定的理论研究成果，但是从整体来看理论研究的水平并不算很高，通常局限在德育或思想教育范围之内，没有明显的突破。

2. 对中学校园文化建设的实践工作探索不多

由于中学校园文化实践理论上的薄弱，在很大程度上存在着盲目性和随意性。有目的地营造校园文化，发挥中学校园文化作用的思想意识在目前一些学校领导心目中还不强，主动积极地探索校园文化实践工作的典型学校还不多。其主要原因是：

（1）校园文化建设的工作力度不够。许多学校领导对该工作没有明确的认识，甚至是不清楚校园文化建设的内涵，也没有教师来专门研究此项工作。因此，学校的文化建设工作也就无从谈起。我国中学校园文化建设发展带有区域性的不平衡，发达地区比不发达地区略好一些，但是从整体上看，大多仍局限在德育工作的层次上。

（2）校园文化建设实施层次过于浅薄。目前一些学校在实施校园文化建设中，容易把校园文化建设工作当作德育工作的一部分。文艺、体育活动和艺术展览通常被认为是校园文化的主要内容，校园文化建设仅停留在浅层次的活动范围之中，学校的领导和教师对校园文化建设还没有全面、明晰的认识，特别是对校园文化建设的了解不够多，加之目前我们对校园文化建设资金投入严重不足。所以，许多学校领导不愿意在校园文化建设上做文章，而把主要精力放在抓校园工程建设和考试升学率上。

3. 对中学校园文化建设的育人作用普遍忽视

部分中学都把校园文化的功能看作是改善学生学习、生活的娱乐活动，把校园文化建设看作是教育教学活动的管理方法，与学校的师资配备、课程开设、校园建设、制度管理、校风建设等割裂开来，把校园文化建设当作是德育工作的一个附属品。没有意识到校园文化具有非常强的育人功能，这在很大程度上限制了校园文化功能的正常发挥。由于在中学校园文化建设中存在忽视校园文化作用的思想倾向，使得目前校园文化建设工作总体处于低水平状态。中学校园文化建设之所以出现这种状态，根本原因就是对校园文化缺乏正确的认识，忽视了校园文化的育人作用，从而也就不能按照校园文化的内在要求去搞好中学校园文化建设。我们认为，实施中学校园文化建设的意义不仅能为中学提供一种全新的教育内容和教育活动的方式，更重要的是它能为实现中学教育目标提供新的视角。校园文化的核心和实质是超功利主义的，其出发点是针对人的全面发展，它以文化为载体，着眼于精神文化建设，直接服务于学生的全面发展。中学校园文化的这种作用与中学的培养全面发展的人这一目标相一致，把它提到了一个新的高度，不再局限于仅实现思想政治教育甚至只是娱乐活动的狭隘认识。诚然，中学校园文化是有管理、思想教育和娱乐功能的，但这些只是其功能的最基本的部分，参与校园文化活动可以使中学生知识丰富、能力提高、视野扩大。

但更重要的方面是，校园文化能赋予学生一种文化意识和文化素养，可以使学生接受校园文化的各种功能的教育和熏陶。由于长期置身于校园文化形成的浓郁的氛围之中，中学生会不自觉地形成奋发向上、积极进取、博学多才、兴趣广泛、品德高尚、关爱他人、责任感强等文化意识和文化品格。这才是学校教育的本质所在，也是校园文化建设最根本的目的。

4. 中学校园文化建设受到传统应试教育干扰

在推行素质教育和实施校园文化建设过程中，遇到的最大阻力就是传统的旧教育观念和挥之不去的应试教育影响。中学生本来正处在长身体、长知识、长能力的青春年华阶段，他们的天性就是活泼好动、勤学好问。可是我们的教育，特别是传统教育模式根本不顾及学生们的这些特点。据调查，很多中学生从早上7：00甚至更早就要到学校学习，中午一般要到12：00或更晚些才放学，下午放学时间一般多在5：30或更晚些时间，有的地区晚上还要求学生统一来校自修。在校期间学生除体育课外，一般都被关在教室里学习，试想让我们成年人学习、读书坐上1~2个小时都感到吃不消，想一想我们的孩子们，他们是怎么年复一年、日复一日地在教室里饱受煎熬的。

我们的教育为什么要如此对待我们的学生呢？说到底就是传统教育模式和应试教育在作怪。要早日改变这种怪象，关键是要把我们的教育从应试层面转化到育人层面，排除传统的旧教育观念和应试办学模式的干扰，恢复教育的本来面目。目前，我国教育改革提出的实施素质教育，培养学生创新精神和实践能力，注重学生全面发展的新课程改革正是基于以上问题的思考。我们应该认识到，中学校园文化建设与实施素质教育是相辅相成的事情，而与应试教育则是相克相抵的，素质教育可以为中学校园文化建设提供和谐、广阔的拓展空间，而在应试教育中则无以人为本的校园文化的立足之地。以素质教育为载体的校园文化建设，应该是一种包含各方面教育因素在内的新型教育资源，这种丰富的教育资源有待进一步开发利用。

5. 对中学校园文化建设的督导评价低效

目前，中学校园文化建设不能正常开展的一个根本原因就是学校教育督导评价机制低效问题。在传统的学校检查评估标准中，有学校德育工作、教学教研工作、后勤管理工作、党政建设工作、基础设施和仪器配备等方面内容，唯独没有校园文化建设这方面的内容。这就明显说明，我国的教育督导检查评估工作存在内容缺失和工作低效问题，致使中学校园文化建设工作长期以来无法摆到教育行政主管部门的议事日程上来。正是由于这种督导检查评价机制不健全，个别中学领导才会忽视校园文化建设工作。加之目前我国的教育改革尚处于艰难的转轨之中，学校领导整日忙于抓学校基本建设、抓升学率、抓设备购置、抓校园设施维修等一些摸得着、看得见的工作，根本无暇考虑时间长、见效慢的校园文化建设工作。因此，不重视、不落实校园文化建设工作的现象也就不足为奇了。

第五章　基本规范

基本规范是每个初中学生在学校、家庭和社会活动各方面应当遵守的一些基本的做人准则和行为规范，是中学生走好青春每一步的生活坐标。对初中学生进行基本规范教育应该以治理不文明现象为抓手，定位于培养学生规则意识，具体目标指向是将学生培养为合格公民。

第一节 何为基本规范？

一、基本规范的内容

规：尺规；范：模具。这两者分别是对物、料的约束器具，合用为“规范”，意思可以拓展成对思维和行为的约束力量。除了法律、规章制度、纪律，学说、理论和数学模式也具有规范的性质。伦理也属于规范。基本规范是指在从事某种活动时所要遵守的几个规则，因为常常屈指可数而又是最基础、最根本的，所以可以称为基本规范或基本原则。对初中生进行基本规范的教育是帮助学生养成良好习惯，促进身心健康发展和端正学习态度，也是引导初中生积极向上、文明礼貌、提高个人素养和思想道德素质的一个有效渠道。

落实基本规范教育和提高学生的整体素质是现代教育的根本目的，也是我国社会主义教育必须完成的目标。孔子提出过“少成若天性，习惯成自然”的论述，这说明初中学生的基本规范教育和素质教育将对学生今后的长远发展起到决定性的影响。

近年来随着社会的变革，独生子女和留守儿童增多，以及新旧观念的冲突和家长教育理念不同等因素，初中学生的行为习惯和个人素养出现了令人担忧和深思的问题，在这种情况下实施基本规范教育就显得尤为重要。行为规范和文明礼仪是做人的基本行为约束，也是素质教育的基本内容，加强学生日常行为规范的养成教育，培养学生良好的社会公德意识、文明行为习惯和思想道德素质是育人教育的最基本要求，也是每一位学生必须达到的要求。《中小学生守则》和《中小学生日常行为规范》是实施基本规范教育不可或缺的载体，在实践中，学校坚持以治理不文明现象为抓手，定位于培养学生规则意识，具体目标指向将学生培养为合格公民。

初中学生基本规范教育的重点是落实《中小学生守则》和《中小学生日常行为规范》，通过丰富多彩的班级组织的活动、年级安排的各项比赛以及学生舆论和学校舆论引导形成对学生的系列教育，达到国家对初中学生“自尊自爱，注重仪表；诚实守信，礼貌待人；遵规守纪，勤奋学习；勤劳俭朴，孝敬父母；严于律己，遵守公德”的最基本要求。大力开展初中学生基本规范教育，力促学生整体素质的提高。

二、基本规范的必要性

首先，初中阶段不仅是青少年积累知识、增长智力和增强体力的重要阶段，也是基本规范意识和思想道德培养的关键时期。在当今社会环境中的初中学生，其基本规范意识的形成受到多方面因素的影响，使得现在的教育更加复杂和困难。而规范意识的养成又极其重要，它是每一名学生健康成长和良性发展的必要保障，学生是中国的未来，也是中国的希望，那么，如何提高初中学生的基本规范意识，就成了摆在我们教育工作者面前的一个迫切需要研究和解决的问题。作为一名初中教师，我们更有义务和责任观察研究自己每天面对的学生基本规范意识变化、提高和教育的问题。

其次，现阶段青少年不文明现象随处可见。比如刚清扫结束后的校园，就有同学扔下未喝完的牛奶袋、饮料罐、冰糕纸；在整洁的校园里，有同学丢的纸屑、塑料袋；在书声琅琅的课堂上，有的同学却萎靡不振；在课间总有那么少数同学在高声喧哗，追逐打闹；还有少数同学受一些不文明行为影响，讲粗话、脏话，争吵，打架，搞不团结。以上种种现象虽只是发生在极少数的同学的身上，但破坏了学校优美和谐的育人环境，与当今社会所倡导的文明主流不相符。一个社会的文明程度取决于人的素质，一个城市的文明程度取决于市民的素质，一个学校的文明程度取决于每位同学的素质。

再次，青少年违法违纪现象也时有发生。随着互联网不断走入我们的生活，网上的一些负面的东西对初中学生产生了错误的导向。有些初中学生将个人的成功等同于获得金钱，为了追求个人享乐和物质利益，就会不顾道德、纪律，甚至是法律的约束，在校内、校外勒索同学或偷窃钱财。在校园里，我们经常能听到学生满嘴脏话，连女生也有骂人、打人、欺凌同学的现象，还有的留怪发、打耳孔、文身、穿奇装异服、拉帮结派、早恋等。凡此种种，极大地影响了学生心理健康和正常的生活与学习。

最后，一些学生受不良影响导致观念转变。学生长期在低俗网络、黄色视频、暴力小说的包围下不能自拔，而有的家长借口忙于生活和工作，只重视对孩子物质的保障，忽视对孩子学习成长的关注；还有的家长对家庭教育认识不足，缺乏社会公德意识和个人修养，对孩子缺乏基本的文明素养和社会公德不以为耻，反以为荣；再加上有的家长唯利是图、金钱至上，在父母的言传身教下孩子受到熏染，不爱学习、不想学习，抱着读书无用的想法混迹于校园，他们认为只要有钱便可畅通行天下。在这种思想的影响下，学生无心学习，整日在学校无精打采、上课睡觉、谈天说地、看课外书、玩手机，周末喝酒打牌、泡网吧、出入不健康场所，对老师布置的作业置之不理。

总之，以上这些现象让我们每一位教育工作者都感到痛心，不管是家庭、学校，还是整个社会，都有责任与义务关心学生的健康成长，并进行深刻的反思。学校在改变现状上应责无旁贷地挑起大旗，严格进行学校管理，加强德育系列教育，坚持以治理不文明现象为抓手，定位于培养学生规则意识，具体目标指向是将学生培养为合格公民。

三、基本规范对学生成长的影响

基本规范教育是整个教育体系中不可分割的组成部分，也是最基础、最重要的部分，它关系到中华民族整体素质的提高和青少年学生健康成长。通过“行为规范”“文明礼仪”等一系列基本规范教育，让学生将规则意识深深地植入到自己的心中，从根本上教会学生做人和引导学生成为一名合格公民。做人是立身之本，良好的规则意识是成才的基础。

基本规范教育要从小抓起。美国著名心理学家詹姆斯曾这样说：播下一个行动，你将收获一种习惯；播下一种习惯，你将收获一种性格；播下一种性格，你将收获一种命运。学生的规则意识是从无到有，从外部调控到内心自觉，从低级到高级逐步发展起来的。根据学生的年龄特点有效地对初中学生开展德育系列教育在初中学生的道德品质的发展上具有重要意义，用这种规则意识长期陪伴学生们成长，也是学校德育工作不可或缺的重要部分。因此，为把学生培养成合格公民，就要抓住时机开展初中学生的基本规范教育，这是十分有必要的。

第二节　基本规范教育的意义

一、基本规范教育的重要性

在21世纪里，希望、困惑、机遇、挑战等多种情况随时随地都可能出现在每一个社会成员的生活之中。面对错综复杂的新时代、新环境，初中学生只有认清形势，提高认识，自觉抵制不良影响，处处以一名新时代合格初中学生为标准，才能真正地实现自己的人生价值，才能胜任起时代所赋予的使命。那么，怎样才能成为一名合格的初中学生呢？最基本的是要遵守学生日常的行为规范，养成良好习惯，促进身心健康发展和端正学习态度；初中学生要积极向上、文明礼貌、努力提高个人素养和思想道德素质，将规则意识植入到自己的心中，只有这样才能成为一名合格的学生、合格的公民。

初中学生务必要遵守初中学生基本规范，养成规则意识，培养规则习惯、固化规则理念，从点滴做起，从小事做起，平时严格要求自己，努力提升个人素养和公民道德水平，让自己成为一个懂文明、讲礼仪、有素养的合格公民。

作为当代初中学生应该把做人方面的规则意识和科学探索上的求真精神结合起来，将规则观念固化为自己的内在素养，将文化知识化为自己的内涵，才能无愧于时代重托，无愧于国家和人民培养，这样的人生也才会有意义、有价值。

二、基本规范教育的目的

教育目的的确立，可以规范教育活动的全过程，使教育活动更加合乎教育的规律性和社会的需要性。因而，教育目的对教育活动的顺利进行具有多方面的功能。

人类的教育活动因学生个性差异的不同始终是丰富多彩的，但又是在一定的规律支配下进行的。有了教育目的，就全方位地规范了教育的方方面面活动。我国规范了学校以下几个教育环节：

第一，规范了人才培养目标和学校的教育方向。任何一个层次、一个类别的教育活动在开展之前和在进行之中，都必须时时围绕教育目的去修正自己的培养目标。

第二，规范了课程的设置和教学内容。课程是学校教育实践的实体，教学内容是课程的具体化和实践上的展开。学校开设什么课程，讲授什么内容，这是由学校的培养目标和教育目的决定的。

第三，规范了教师的教学行为。教师是社会的代表，教师要保质保量地完成社会赋予他们的使命，完成人才培养的重任，就必须时时刻刻按照教育目的的要求把学生教好。

第四，规范了学校管理。学校管理是为学校的教学活动服务的，实质则是为人才成长服务的。学校的科学管理是根据人才培养需要做好相应的服务工作。

有了目的，就有了奋斗的目标，也就从教育方向、教学内容、教学行为、学校管理等方面有了统筹规划，为进一步实现初中学生基本规范教育打下了良好的制度基础。

基本规范教育要达到的目的就是培养每一个初中学生都能成为一名合格的公民。当我们落实了基本规范教育的目的，我们就明确了教育的方向，就在教育这一复杂的系统中将基本规范教育的目的渗透到学校的教育、课程的设置、教师的教学行为、学校管理制度等当中去，才真正能将基本规范教育落实到实处，才能将基本规范教育植入到老师和学校的教育行为当中，才能让基本规范的意识深深地植入学生的心中。

在全面开创我国社会主义现代化建设，建设社会主义和谐社会的进程中，探索如何培养学生做一个合格公民的必备要求，应该从以下方面去努力实践：

1. 要做一个有规则意识的人

具有规则意识是对一个人的最基本的要求。人类社会要生存、要发展，其前提条件是要规范、约束社会的每一个人的社会行为。如果一个社会不能规范大多数人的行为，那这个社会就会大乱；也就是说，如果一个人不能用社会规范来规范和约束自己的行为，严重的就会被社会的洪流所淹没、所淘汰。

规范是人类为了维护共同的生活需要，有利于社会生存、社会文明、社会发展对所有行为的各种限制，也就是要告诉人们哪些是应该做的，哪些是不应该做的。如果做了不该做的事就要受到怎样的批评、处分等。人类和其他动物群体的根本区别，就在于人类社会是按照一定的社会规范进行活动。进入社会就要学习社会规范，这个过程就是人的社会化过程。人的社会化的最终目标就是要造就一个能够按照社会规范行事的合格的社会成员，即一位合格的公民。

2. 做一个遵守规则习惯的人

具有了规则意识后，在自己的生活和学习中能长期按照规则约束自己，慢慢地养成了自觉遵守规则的习惯，习惯于用规则来约束自己和他人。

就人的本性而言，人是有七情六欲，有惰性的。为了防止个人的欲望无限地膨胀而损害他人的利益和社会的利益，就要以社会的规则来约束，这是社会生存、社会发展的最基本要求。公民生活在社会的大集体中，就要在自己的整个人生中，养成以社会的规则来约束自己的习惯，这样才能有利于人民，造福于社会，成为一个合格的公民。

3. 固化成有规则理念的人

规则理念不是一朝一夕能培养成的，因为初中学生年龄小，自控力弱，可塑性强，因此需要学校和家庭不断地提醒、监督，帮助引导学生逐渐形成明确、统一、可持续发展的规则意识，并在学生长期遵守规则的行为中慢慢培养他们的规则习惯，只有形成了规则习惯，才能将这些习惯固化为学生自己真正的理念，伴随学生一生，使学生的个性和社会性相得益彰，受用终身。这样，于学生、社会都有好处，我们才可以构建真正和谐有序的社会。

综上所述，只有努力做一个有规则意识，有遵守规则习惯，固化成有规则理念的学生，才能成为当今社会需要的合格公民。作为初中学生，要树立远大的理想，保持坚定的信念，深化规范理念，并且有志于实现自己的人生价值，刻苦进取。

当我们落实了基本规范教育的目的，我们就明确了教育的方向，就在教育这一复杂的系统中将基本规范教育的目的渗透到学校的教育、课程的设置和教学安排、教师的教学行为、学校管理制度等当中去，才真正能将基本规范教育落到实处，才能将基本规范教育植入到老师和学校的教育行为当中，才能让基本规范的意识深深地植入学生的心中。

三、基本规范教育对学生长远发展的影响

有这样一个故事：1998 年 1 月 28 日至 2 月 1 日，全球 75 位诺贝尔奖获得者相聚在法国首都巴黎，为人类所面临的重大科技问题进行研讨。会议期间，有人向一位诺贝尔奖获得者请教："您认为您在哪所大学、哪个实验室获得的知识最重要?"大家都在等待着这位诺贝尔奖获得者深思熟虑的答案。出人意料的是，这位白发苍苍的老者却说："是在幼儿园。"提问者一下子愣住了，接着问："您在幼儿园学到了哪些最重要的东西呢?"这位科学家耐心地回答说："我学会了把自己的东西分一半给小伙伴；不是自己的东西不能拿；用过的东西要摆放整齐，吃饭前要洗手；午饭后要休息；做错了事要表示自己的歉意；仔细观察周围的事物……"这位科学家一口气说出了许多我们习以为常的基本行为习惯。谁也没有想到，在我们平时看起来最平常的行为习惯，竟是成就这位科学家辉煌事业的重要因素！这位获奖者的一席话真是耐人寻味啊！

的确，良好的规则意识和行为习惯会影响人的一生。有了好习惯，失败不容易；没有好习惯，成功不容易。由此可见，规则意识强、习惯好对于人的一生是多么重要。在中华民族悠久的文明史中，规则意识是最厚重的积淀，是维系中华民族持续发展最宝贵的精神财富，是中华民族的传统美德。

第三节　通过不文明行为专项治理活动落实基本规范教育

一、基本规范在育人目标体系中的位次

在探索将学生培养成为一个合格公民的必备要求教育体制下，结合基本规范教育在初中部多元纬度和纵深向度特色育人体系，这就赋予了基本规范教育在纵深向度中是第一位的，也就决定了基本规范在育人体系中的特点是基础的、重要的、强制的、全面的。

1. 基本规范教育的基础性

基本规范是每个初中学生在学校、家庭和社会活动各方面应当遵守的一些基本的做人准则和行为规范，是培养每一个初中学生都能成为一名合格的公民的保障。《弟子规》中说“首孝悌”“次谨信”“泛爱众”“而亲仁”“有余力”“则学文”，只有达到最基本的仁义礼智信这些要求，成长为一名合格公民，才能通过进一步的文化学习来提升自己。反之，如果达不到一名合格学生和合格公民的要求，其他的一切也就不用谈了。正因为此，基本规范教育才是所有教育的基础，没有基本规范教育，其他的各种方式的教育也不可能达到好的效果。

2. 基本规范教育的重要性

“道虽迩，不至不行；事虽小，不为不成。”虽然，初中学生基本规范要求的内容在生活中是微不足道的小事，但点滴见智慧，这些事就如一面镜子，照出了

我们真正的素养和品德。自古欲成大事者，必成于小事；不扫一室，何以扫天下。21世纪是一个变幻莫测的世纪，是一个催人奋进的时代。这个世纪科学技术飞速发展，知识更新日新月异，在这个世纪里，希望、困惑、机遇、挑战等多种情况随时随地都可能出现在每一个社会成员的生活之中。面对错综复杂的新时代、新环境，初中学生们只有认清形势，提高认识，自觉抵制不良影响，处处以一名新时代合格初中学生为标准严格要求自己，才能真正地实现自己的人生价值，才能担负起时代所赋予的使命。所以，广大初中学生，务必要遵守初中学生基本规范，从点滴做起，从小事做起，努力成为一个文明的、有素养的、极具个人魅力的合格公民。

3. 基本规范教育的强制性

为什么在德、智、体、美、劳全面发展教育内容中要把“德”放在第一位，就是因为“德”是社会性的，是衡量一个人价值的体现，有才无德是奸人，无才无德是小人。一个人的身体再好，智慧再高，没有“德”，只能是自我的，是对社会有危害的，而且是身体越好、智慧越高，其对社会的危害也越大。因此，从这个角度来讲，“德”是主宰“智”与“体”的领袖，是第一重要的。我们所说的人才，是要先做好了人，立正了身，必须要具备“德”的因素，然后才能称得上为人才。何况人的才和德对于社会的关系是以“德”而定的。我们说社会的人才比比皆是，但社会之“德”却只有一种。社会之“德”是万万不能少的，没有了“德”，就会不成体统，就会造成社会混乱，其后果是不堪设想的。

基本规范教育是“德”育的基础，没有了基本规范教育，就没有了“德”育，就会造成“德”的缺失。基本规范教育就是要帮助学生成为合格学生、合格公民，让学生具有“德”，这是符合我国社会主义现代化建设利益的，所以对学生基本规范教育是促进和谐社会的保障，是维护我国社会安定、全国统一必须进行的教育，所以我们必须在初中强制推行基本规范教育。

4. 基本规范教育的全面性

基本规范是每个初中学生在学校、家庭和社会活动各方面应当遵守的一些基本的做人准则和行为规范，是我们青少年学生迈好青春每一步的生活坐标。对初中学生进行基本规范教育是帮助学生养成良好习惯，促进身心健康发展和端正学习态度，也是引导初中学生积极向上、文明礼貌、提高个人素养和思想道德素质的一个有效渠道。

正是因为基本规范教育涉及的是全体学生，所以这就要求我们教育工作者要对每一位学生负责，认真贯彻基本规范教育，让每一位学生养成良好的文明礼仪和道德品质。如果在我们手中出现一个道德养成不好的学生，轻者会像《弟子规》中所说“身有伤，贻亲忧；德有伤，贻亲羞”，给家长、学校和社会蒙羞；重者会使孩子的道德水平下降而走向犯罪的道路，从而增加无法计算的法律和社会成本。

总之，初中学生基本规范教育应当引起全社会的关注和思考，无论是学校、家庭，还是整个社会，都有责任与义务关心学生的健康成长。对于学校管理方面，我们要加强以基本规范为主要内容的德育系列教育，坚持以治理不文明现象为抓手，定位于培养学生规则意识，具体目标指向是将学生培养为合格公民。大力开展初中学生基本规范教育，力促学生整体素质的提高。

行为规范和文明礼仪是做人的基本行为规范，也是素质教育的基本内容，加强学生日常行为规范的养成教育，培养学生良好的社会公德意识、文明行为习惯和思想道德素质是育人教育的最基本的要求，也是每一位学生都必须达到的要求。

二、不文明行为专项治理系列活动

我校为了全面开展基本规范教育，并将基本规范教育落到实处，进行了一系列丰富多彩的学生活动。

首先落实的是基本道德修养教育。基本道德修养是以“爱国守法，明礼诚信，团结友善，勤俭自强”的基本道德规范为出发点，使学生认识到“爱国爱家、孝敬父母、尊敬师长、友爱同学、诚实守信、勤劳节俭”是中华民族的优良传统，以此重点培养学生的爱国情怀、集体荣誉感、诚信意识、创新精神、实践能力。通过对学生有目的地施以道德影响的活动，提高道德觉悟，陶冶道德情操，磨炼道德意志，树立道德信念，培养道德品质，养成道德习惯。

其次落实的是良好礼仪素养教育。良好礼仪素养是讲人无礼则不生，事无礼则不成，国无礼则不宁。通过礼仪、礼貌、礼节教育，以培养学生良好的文明礼仪为重点，着眼于全面提高学生的思想素质和文明礼仪素养。通过开展礼仪教育实践活动，使学生懂得文明礼仪的重要性，人人争当“文明礼仪标兵”，形成人与人之间彼此尊重、互相帮助的氛围，提高礼仪意识，自觉践行文明礼仪，全方位提升文明素养，为进一步加强年级的德育工作创设良好的育人环境。

还有最具特色和代表性的基本规范教育就是我校的不文明行为专项治理系列活动，下面介绍一下我们具体活动的开展方案。

附件 1：

校园不文明行为治理实施方案

为加强学校管理，提升学校文明程度，改善校园环境，经初中部研究，决定对校园不文明行为进行专项整治，请各部门高度重视。

一、领导小组

组　长：吕庆生
副组长：刘　宾
成　员：年级主任助理、各级部长、各班班主任

二、活动主题

“从我做起，做文明一中学生。”

三、活动宗旨

紧密围绕初中部“课程育人、活动育人、管理育人、环境育人”的育人目标，以贴近学生、贴近生活、贴近实际为原则，以增强学生主人翁意识为出发点，通过对文明习惯、公共道德的学习引发学生思考与感悟，增强学生文明意识、道德意识，并将其转化为道德实践，使广大学生坚持好习惯、坚守道德准则，保证学校有一个优雅、洁净、舒适的学习生活环境。

四、活动时间

2015 年 4 月 15 日—2015 年 6 月 15 日。

五、活动安排

1. 组织各班学生分小组讨论身边的不文明现象，并讨论解决方案，营造出“告别陋习，修身正德”的浓厚氛围，加强学生行为规范道德教育，促进学生文明习惯道德养成。

2. 对各班讨论的不文明现象进行汇总，初中部得到较有共性的校园十大不文明行为。而后各班开班会讨论，如何杜绝这些不文明现象。

3. 奖惩办法

（1）年级处理部分：

随地吐痰，乱扔瓜果皮核、纸屑、饮料罐、饭盒、口香糖、塑料袋等废弃垃圾，从教室内向外抛掷废弃物者，责令改正，年级通报批评，初中部集会批评，并扣班级量化分3~5分。

课间在教室、走廊大声喧哗、追逐打闹者，值班人员进行批评教育，视情节扣班级量化分3~5分。严重者给予初中部通报批评，或者上报校纪处理。

踩踏草坪、破坏公物、欺负同学、浪费食物、买饭插队者等，视情节扣班级量化分3~5分。严重者给予初中部通报批评，或者上报学校进行校纪处分。

（2）班级处理部分：

班级应成立专人负责的监督委员会，对上课说废话、脏话，乱翻别人物品，开恶意玩笑，给别人取外号，不服从管理等不文明现象进行记录，视情节可进行班级通报批评、通知家长、上报初中部、校纪处分等处罚。

（3）本记录结果作为学生处每月优秀班级的评选依据，每月推荐文明学生到年级层面表扬，评选“文明之星”。

六、检查办法

1. 个人层面：每位同学应加强个人修养，做文明一中学生，做好自查。

2. 班级层面：各班对做得较好和较差的学生进行投票确定，在班内进行表扬和批评，表现突出者可以申报初中部文明学生并发荣誉证书（每月1次）。

3. 志愿者层面：志愿者在课间前往各区域对不文明现象进行监督、捡拾垃圾，给其他人做好表率。

4. 学生会层面：纪律部负责监督课间学生追逐打闹、大声喧哗；卫生部负责“垃圾不落地”检查。

5. 年级层面：各年级由级部长成立检查小组，每个楼层要安排专人监督，结合年级实际进行检查。

6. 带班、值班老师课间在教学楼巡视，发现有学生不文明现象，拍照传至初中部管理团队、班主任微信群，班主任应对其批评教育。

7. 初中部层面：成立检查小组，定时检查和不定时检查相结合，发现问题及时查处。

七、总结表彰

各年级、班级每周总结一次，初中部每月总结一次。

1. 召开班会

针对学生自己身边的不文明行为，我们采取各种措施，运用各种手段务必使每位学生要做到六个字：

思——反思检讨。针对自己平时的不文明现象进行自我批评，发现自己平时的不文明现象。

议——讨论总结。小组进行讨论，将每人的不文明现象进行总结，发现和认识到不文明现象的危害。

写——书写整理。针对小组讨论结果，将身边的不文明现象进行整理并书写下来，各班进行汇总。

对——对照检查。结合不文明现象的汇总，自己再次深入地反思自己平时的不文明现象，以及对他人产生的不良后果。

讲——讲明危害。在小组间、班级内和年级大会上对不文明现象的危害进行演讲，深入理解不文明现象的危害。

行——行动改正。发出倡议进行自我行为改正，并结合班级、级部、年级进行监督。

初中部认真研究、充分调研，出台了《新乡一中初中部不文明行为民主治理活动方案》，在例会上与班主任们共同学习，要求班主任们要从思想上高度重视不文明行为民主治理的重要性，认识到不文明行为对学生健康成长的种种危害。其次，要求各班要召开主题班会，带领同学们认真学习活动方案，并让学生们自觉主动参与到该项活动中，力求民主治理的真正实现。

附件2：

“告别校园不文明行为”主题班会设计方案

班会地点：新乡一中初中部2014级15班

班会时间：2015年5月

主持人：张永强

记录：李佳月

应到人数：62人

班会预期目的：

一、培养同学们的优良学风，优化育人环境，使同学们从自己内心深处反省自己的缺点和不足，增强文明意识，养成文明的良好习惯，同时将“创建文明校园，争做文明学生”进行到底。

二、通过本次活动，使同学们充分认识到文明创建的重要性，文明建设就在我们身边，我们应当从我做起，从身边小事做起，从一点一滴做起，用精神来引领行动，从行动到精神上做一个文明的中学生。

活动过程：

一、引出主题

主持人就“文明”二字展开引导，并列举当今社会一些不文明现象和习惯，引导大家深邃地思考“究竟什么是文明”“为什么文明和我们息息相关”“我们该怎么着手创建文明”等问题。

二、深化主题

1. 请同学们首先观看一个公益广告《手手相牵》，引发同学们对文明的深层次思考。

2. 请同学们列举身边的不文明行为并讨论其危害，由同学们推选发言人陈述观点。

3. 主持人播放我们身边的不文明现象并总结我们身边存在的问题。

4. 举例说明“勿以恶小而为之，勿以善小而不为”的道理。

5. 主持人提问：面对这些问题，我们应该怎么做？请同学们积极讨论献言献策，同时用幻灯片播放我们在行动的过程。

三、总结主题

1. 首先主持人请班长对此次主题班会作出总结，提出对大家的期望：和谐校园，文明先行。我们要从小事做起，从自我做起，从身边的点滴做起，创建一个和谐而美满的校园、一个文明团结的班级，需要我们班的每一个同学的共同努力，文明礼让、团结一心，行胜于言。

2. 由学生代表宣读“创建文明校园，争做文明学生”倡议书。

3. 全体同学起立宣誓。

勿以善小而不为，勿以恶小而为之。校园文明建设，要从自我做起，养成良好习惯，倡导社会公德，我们在此向校园不文明行为宣战，争做文明学生，创建文明校园！

4. 结束语：文明是一粒最有生命力的种子，它会在我们的精神世界里发芽、开花、结果，指导我们的人生观、世界观，让我们把文明之花播撒到生活中、校园中！

2. 召开年级广播会

召开年级广播会，由各班推荐先进典型向大家宣讲文明礼仪的重要意义。同时，让同学们针对自己身上的不文明行为，人人对照，写出反思和决心书，从思想上要彻底与不文明行为绝裂。另外，要设立监督岗，充分利用初中部学生会、自愿者协会等社团组织监督查找校园里的不文明行为，并让学生们自我监督，相互监督，做到人人自查、互查，树立先进文明典型，曝光不文明行为。最后，要进行总结评比，表彰在此项活动中的先进典型。

附件3：

“告别不文明行为”演讲稿

敬爱的老师，亲爱的同学们：

大家好！

今天，我演讲的题目是“告别不文明行为”。

我们为什么要告别不文明行为呢？约翰·凯恩斯曾说过：习惯形成性格，性格决定命运。

有个别人，从小就乱拿别人的东西，上中学就抽烟、喝酒、进网吧，从来就不把学习当作自己应该做的事；平时，说话不讲诚信，做事马马虎虎，不遵守公共秩序，和人交谈的时候满嘴都是脏话。这样的人只能被我们厌恶。

但也有些同学，虽然年龄不大，但无论学习方面，还是为人处世方面，都很有修养，受到了老师和同学的喜爱。

怎样才能做一个文明的学生呢？我认为：

文明的学生，一定是爱学习的人。他总是对知识充满渴望，在课内课外都是一个主动的学习者，爱提问题，不怕困难。

文明的学生，一定是讲礼貌的人。礼貌用语在他嘴边，远离污言秽语，他懂得要想别人尊重自己，首先自己应尊重别人，因为尊重他人与尊重自己同样重要。

文明的学生，一定是有着良好的卫生习惯的人。他会自觉维护校园环境，他不会乱丢垃圾，而且会动手捡拾垃圾，因为他懂得环境是大家的环境，把美好留给他人和自己。

文明的学生，一定是爱护公私财物的人。他爱学校的一草一木，不会践踏草坪，不会乱涂乱画，更不会浪费水电……而且会劝阻、制止破坏行为并及时报告。

文明的学生，一定是一个有爱心和责任感的人。他会尊重师长和友爱同学，关爱身边的人和事，不会与同学吵架，搞不团结，他会懂得感恩，感恩父母长辈的养育，感恩老师的教导。

同学们，时代的脉搏已开始跳动，行动的号角已经吹响，大家一起行动起来吧！不要再犹豫，不要再退缩，不要再让文明只挂在我们的嘴边，而要让文明的阳光洒遍校园，让文明充斥在每个人的心中，让我们与文明同行，与时代同行，共同迈向更加辉煌的明天！

3. 各班总结10个不文明行为

经过前期动员，全校师生对生活和学习中的各种不文明现象进行了激烈的讨论，每个学生都各抒己见，将多种不文明的现象和不文明行为导致的结果都进行了深刻的分析，认识到了文明礼仪的重要性。但由于初中学生年龄小，自我约束能力差的特点，治理不文明现象的活动不能就此结束，而应该持续和深入地开展，只有这样才能让每一个学生都养成良好的文明礼仪习惯。结合前期工作，各班都总结和评选出了自己的十大不文明现象，学校根据各班上报的情况又总结和评选出了全校的十大不文明现象。

附件 4：

初一（4）班十大不文明现象

1. 随地乱扔垃圾。
2. 说脏话。
3. 随意践踏草坪。
4. 破坏公共财物。
5. 大声喧哗。
6. 插队。
7. 偷窃。
8. 打架斗殴。
9. 浪费公有财物（公共资源）。
10. 给别人起外号。

4. 针对总结的不文明行为写出反思和决心书

为了将治理不文明现象持续地进行下去，学校针对总结出来的十大不文明现象，让每位学生根据自己和他人平时的行为表现开展批评和自我批评，并写出反思和决心书，使文明礼仪的习惯深深地刻在学生的心中。

附件 5：

初二（16）班“十大不文明行为”自查报告

学校是一个育人的摇篮，是一方纯净的沃土，校园的文明直接折射出社会的文明。然而，我们的校园中常常出现一些不文明的现象。为此，新乡一中初中部开展了“不文明行为”整治活动。

治理十大不文明现象的活动旨在利用自查自纠活动强化师生的文明意识，每位教师、学生自我检查，自我纠正；教师间、同学间、师生间互相监督，发现问题互相纠正；召开专题会，认清不良行为的危害，开展自我批评，制订纠正计划和措施；

重点针对党的群众路线教育实践活动查摆出的干部教师存在的突出问题，及10月份层层查摆汇总出的初中学生“十大不文明行为”进行集中整治。学校对整个活动进行总结，表扬先进，对不良行为提出警示。活动开展以来，发现了诸多存在于师生自身的不文明行为，重点体现在以下几方面：

当你走进校园，踏入教室，观察一番之后，在这美丽的校园中，我们会发现一些不和谐的音符。我们不难看到，在我们教室的桌斗里，没吃完的零食、废纸片、揉成团的草稿纸、地摊上买来的小玩具、铅笔屑、塑料袋、没交的作业本……里面可是应有尽有；在书声琅琅的课堂上，有的学生萎靡不振，有的学生左摇右晃，有的学生把手伸进桌斗里，自顾自地玩玩具等；晨会上有左顾右盼，在下面窃窃私语的同学；教室里有乱涂乱画的桌子，摇摇晃晃的凳子；有用脚“开”门的同学；在整洁的校园里，有我们同学丢的纸屑、塑料袋；还有一些同学受一些不良习惯的影响，讲粗话、脏话，争吵，搞不团结。以上种种现象，不仅严重地违反了中学生日常行为规范，而且也破坏了学校为我们提供的优美和谐的育人环境。

借这次整治活动，提醒大家注意自己的行为，改正自己的不文明举动。通过活动，慢慢使大家形成一种良好习惯，增强对校园不文明现象的厌恶和憎恨。广大同学们，让我们行动起来，从点滴之事做起，从我做起，跟不文明行为永远告别，为学校的文明贡献自己的力量吧！

5. 自我监督，相互监督，设级部监督岗

为培养学生文明礼仪习惯，提高学生思想道德修养，弘扬中华美德，创造文明校园，形成“人人学习文明礼仪，人人宣传文明礼仪，人人践行文明礼仪，人人监督文明礼仪”的良好氛围，提高学生自我管理、自我教育、自我监督的水平和能力，结合我校实际，开展青年志愿者——“文明监督岗”活动。

人员组成：“文明监督岗”由各级部推荐出来的工作能力强，乐意为大家服务，能以身作则的同学组成（团员优先考虑）。

值勤时间：早读6∶50—7∶10，午休11∶45—12∶15，下课课间时间。

“文明监督岗”岗位职责：

（1）值勤员必须认真学习相关文件，秉公值勤，秉公处事，在管理过程中力争做文明值勤员。（2）值勤员值勤时，要佩戴校团委统一发放的“文明监督岗”标牌。举止文明，执岗规范，认真履行职责，积极为校园文明建设服务；

按时到岗，不迟到、不早退，更不可缺岗。（3）值勤员要维护文明、和谐、安全的校园环境，对同学中出现的不文明行为进行劝阻、批评教育。（4）“文明监督岗”值勤员代表级部管理、检查、监督校园内同学的行为。违章违纪的同学必须服从值勤员的管理。发现不服从值勤员管理，对值勤员威胁、辱骂或进行人身攻击者，送交德育处严肃处理。（5）各级部监督岗做好情况记录，于当日16：45将“文明监督岗记录”公布在级部的公示栏中，做好交接工作。（6）校园“文明监督岗”记录中的有关奖罚事实，将作为期末班级考核的依据之一。（7）学期结束对表现突出的值勤员进行表彰，对不能胜任此项工作的成员，校团委将与班主任协商及时进行调整。

“文明监督岗”督察内容：

仪容仪表	不按规定穿校服
	戴耳环、戒指等不适合学生佩戴的饰物
	烫、染发，（男）留长发，留长指甲
文明礼仪	见到老师不问好，讲粗话、脏话
	教学楼走廊上追逐，同学间哄闹、打架
	教学楼内拍球、踢球
	乱丢垃圾，随地吐痰、吐口香糖
	就餐时大声喧哗、打闹，乱倒剩饭
	购买、携带、食用零食
	不服从管理，顶撞值勤员
安全守纪	校内骑车
	携带MP3、游戏机等
	携带香烟、打火机，在校内抽烟
	翻窗爬门
爱护公物	攀折花草树木
	踏入花坛随意玩耍
	破坏学校公共设施

建设优美的校园环境和维护优良的校园秩序是每个“一中人”的共同职责，让我们每一个“一中人”积极行动起来，自觉遵守校规校纪，自觉培养“自治、自理、自律、自强”的能力，为营造积极、健康、文明、和谐的校园氛围做出我们的贡献！

6. **总结评比**

学校对各项活动开展情况进行综合评估，对每个学生的文明活动情况进行了专项评价，评选了文明、礼仪、规范活动示范班级，优秀班级和一批“文明守纪示范学生”，予以通报表彰，宣传学习。通过这项活动，展示师生在文明规范教育月活动中的阶段性成果。

三、教育效果和反思

学校在不文明行为专项治理活动中注重以学生为本，充分发挥学生的积极性、主动性、创造性。全体学生在学校的领导下积极参与活动的开展，充分体现出了主人翁的意识。通过本次活动，很多同学都得到了锻炼。平时胆小的同学，都敢在同学面前进行演讲，也给很多平时不爱表现的同学以展示的机会，同学们共同参与，调动了同学们集体荣誉感和凝聚力。通过对不文明现象的大讨论，反映了很多班级和学生都存在的问题，让学生认识到自己平时不注意的细节可能在别人眼中是极其反感的事情，找到了同学间矛盾的出处，抚平了这些不和谐的因素，并在以后的学习生活中自觉改正不良行为。这比老师单纯地说教，效果会好得多。

在不文明行为专项治理活动中，学校注重情感与实践相结合。通过一系列的互动活动不断升华情感，多角度多方位地使全体学生受到教育。从整体效果来看，基本达到了我们教育的目的。学生们在本次活动的讨论、批评和自我批评、反思总结中充分体现了他们的主动意识，发现了大量的文明、礼仪、规范标兵，使班集体产生了强烈的凝聚力，达到了空前的团结。由于本次不文明行为专项治理活动的开展，学生们更加约束自己的日常行为习惯，做到了文明用语，使本次活动取得了非常好的效果。

学校还要在活动的设计上更加有预见性，避免学生在活动中的盲目性，使他们更加有针对性地参与活动中，达到人人参与、时时参与，真正将文明、礼仪、规范植入到学生的心中，让文明、礼仪、规范成为每一个学生发自内心的良好习惯和行为准则。

第四节　加强基本规范教育，注重培育“真”人

陶行知说：“千教万教，教人求真；千学万学，学做真人。”这既是教师的职责，同时也是基础教育改革最重要、最基本的目标。对于学生的“真”人教育不仅要通过不文明行为专项治理活动落实基本规范教育，而且也要从学校其他教育方面来加强基本规范教育，坚持以治理不文明现象为抓手，定位于培养学生规则意识，具体目标指向是将学生培养为合格公民。大力开展初中学生德育系列教育，力促学生整体素质的提高，培育“真”人。

一、与常规管理结合的基本规范教育

《礼记·中庸》讲到“凡事预则立，不预则废”。对于基本规范教育也是如此，除了通过不文明行为专项治理活动落实基本规范教育，学校还要提前规划好教育的形式、方法和环节，这样才能保障将基本规范教育落到实处。

言教、行教和身教都是教育形式。我校在学生刚入校的时候就进行了军训和学前教育，在这短短的几天中跟学生讲文明礼仪、讲基本规范，这些都是典型的言教。除了言教，学校还从课堂、活动、管理等方面用行教和身教来教育学生。

1. 通过课堂落实基本规范

课堂是学校教育的主阵地，学生在课堂上养成自觉遵守基本规范的习惯，将大大有利于学生的健康成长。基本规范是严肃的，它带有一定的强制性。同时，基本规范又需自觉遵守，只有自觉遵守基本规范才有铁的纪律。这是因为，

基本规范、法律和道德虽然同属行为规范，但它们的作用范围不同，遵守基本规范介乎于法律和道德之间。与道德的不同之处，在于基本规范更具有强制性的要求，但这种强制性又比法律弱些。所以，遵守基本规范还需建立在自觉的基础上。一个人如果不遵守基本规范或无视基本规范的约束，那就是没有道德，一个人的纪律性如何，能够直接反映出他们的思想道德水平。

我校为了落实基本规范教育，对课堂的每一个环节都提出了具体的要求，通过早读比声、课堂比活、课间比控、晚自习比静等活动落实课堂纪律和基本规范教育，让学生在早读时“站军姿、面朝前、高声读”；课堂上“不学习就是违纪”；课间不吵闹，不追逐，无不良行为；晚自习“零走动、零讨论、零交流”。

事实表明，有着高度基本规则意识的人，也是具有高尚道德情操和高度文化素养的人。遵守基本规范，就需要加强学生的道德修养和文化修养，从思想上认识到遵守基本规范的重要性。同时，要自觉地遵守基本规范，不论大事小事，凡是基本规范要求做到的，就坚决去做；凡是基本规范所禁止的，就坚决不做；在没有人监督和别人不知道的情况下，同样遵守基本规范，养成遵守基本规范的习惯，使遵守纪律成为我们的自觉行动。

2. 通过活动落实基本规范

初中学生迫切需要树立基本规则意识，从而自觉地遵守一定的规范。中学生主要的生活场所是学校，因此，班规校纪是重要的基本规范内容。通过对班规校纪的学习，以及在平时学习和生活中对学生的表扬和批评，慢慢地使中学生自觉地学会尊重他人、尊重师长、爱护公共财物，学会文明礼仪，并在生活中逐步完善基本规则意识。

初中学生最喜欢集体活动，所以集体活动成了教育学生的最好方式。在学校组织的各项活动中，学校都对学生提出明确的基本规范要求，对每次活动的集合站队、集会纪律、行为举止、会后清洁等都进行评比和表扬，让学生在评比中增强基本规范意识，让学生在整齐划一的队列中为自己感到骄傲。

学校的基本规范是为了维持学校正常的教学工作和生活秩序，使学校的教育管理工作规范化、秩序化，同时也为了给广大学生创造一个良好的成才环境，培养学生良好的行为习惯，促进德、智、体诸方面发展而制定的，这是每一个学生必须了解和必须遵守的行为准则。

3. 通过管理落实基本规范

中学生正处于一个形成自我意识的时期。在过去，他们只是被动地要求做什么就做什么，而现在他们将逐渐变为，认为该做什么就做什么。他们的自我意识在萌芽的时候，就会带着一种叛逆。在这个时候，他们往往表现出对纪律的蔑视，或者不愿意自觉遵守。这一切都是因为他们的自我意识正在形成的缘故。越是在这个时期，越需要教师耐心地去培养学生的基本规则意识。

通过学生自我管理落实基本规范就是以人的发展为中心，在管理过程中充分发挥学生的主体作用，不能把学生仅仅看作是你的管理对象。其实，学生既是管理的客体，又是管理的主体，是主客体的统一。所以我们要尊重他们在管理中的地位和作用，积极通过学生会和青年志愿者等形式来满足学生独立自主的愿望。这样的民主管理，有利于充分调动每一个学生的积极性，充分发挥他们的聪明才智，培养他们自立、自理、自治的能力。

为了让学生更好地管好自己，学校在学生会的管理中实行自愿报名制，让每个学生都能参与学校的管理工作，共同管理学校。这样的角色互换，同学们能亲身感受到不遵守纪律时，班干部内心的痛苦，从而自觉自愿地按要求办事，遵守基本规范的意识就在不知不觉中深入到学生的心中。

二、与《中小学生守则》结合的基本规范教育

将《中小学生守则》教育与基本规范教育相结合，是非常重要的途径。养成基本规范教育必须建立一套切实可行的制度，并组织学生利用校、团委会加强学习和长期执行。为此，我们把教育部颁发的《中小学生日常行为规范》作为学习、生活的行为准则，结合学校实际，制定了本校的一些规章制度，如《告别十大不文明现象》《一日常规》《文明班级、学生评比标准》《纪律卫生评比细则》《违规违纪学生处理办法》等，特别是《告别十大不文明现象》的制定及不文明行为专项治理系列活动，收到了良好的效果。

德育工作老师、学生会和青年志愿者根据可控可检原则，对每一项措施都进行监督实施，具体做法是组织开展“学习行为规范，创建文明班级”活动。

这项活动的评分方式是多样的，应充分征求各方的意见，力求做到公正合理。既有行政领导的亲自检查，又有教师的情况汇报，既有团委“文明礼仪监督岗”的工作记录，又有来自普通学生的问卷调查。每周评比出一定比例的“流动红旗”班，既让学生们产生了对规范学习的积极性，又激发了他们遵守规范的自觉性，得到了全体学生的关注、参与和认可，有力地促进了学校养成教育工作的开展。

由于制度齐全，抓得紧，管得严，学生组织纪律性增强了，文明语言多了，出操及各种集会都做到了快、静、齐。

三、与合格公民结合的基本规范教育

要做一个合格的公民，权利与义务两者都要重视，不可偏废，偏废便会导致异化。所以，我们理解这“爱国、守法、诚信、知礼”的准则，也理应自觉从权利与义务并重的角度去解读。倘若只是狭隘地以为这其中只有单向度的义务要求，那是难以做一个合格“现代公民”的。

爱国，是一种对文化共同体的认同。它如此深刻地烙印在每一个生于斯长于斯的公民内心，所以当有一种与生俱来的家国荣光与民族自豪。战场上的赴汤蹈火、马革裹尸是爱国，讲坛上的痛批腐败又何尝不是爱国？爱国是一种义务，所以才有人喊出“国家兴亡，匹夫有责”，爱国更是一种权利，因此每一个公民都有宪法予以保障的自由与权利，来表达他们对于国家发展的思考与建议。正是因为对于祖国有深厚的爱，所以才不当有止于仅仅言爱的肤浅。“非典”肆虐之时，钟南山不畏权威不畏上，坚持真相，是为爱国。这是一名合格的现代公民。

守法，是一个法治社会的必然要求。而法治社会的建设，不折不扣地是一项规模庞大、需时长远的公共工程，而中国目前显然正处在这一工程的关键时段上。身为公民，自然应当知法守法，这是第一要义。而依法伸张权利、以法监督公权，也是一个法治社会里值得大力倡导的“守法意识”。比如，不惧社会惯性，不怕维权艰难，发起“中国乙肝歧视第一案”的张先著，就是一名合格的现代公民。

而诚信与知礼，既是我们这个文明古国的优良传统，又是一个现代社会的和谐要素，这其中有怎样的权利与义务结合，又将能够怎样发力于一个公民社会的成长，也许同样是我们需要去思考与探究的命题。

一个开始懂得提倡公民意识的社会，终究是一个进步而有希望的社会；我们作为这积极社会的其中一分子，要自觉地去做一个合格的公民。这既是自身素质的提高，也是中华民族综合素质的提高。

公民教育是培养合格公民的教育，它与基本规范教育是一致的，是一种最重要的素质教育。中国的公民教育是培养中华人民共和国的合格公民，因此，从这个意义上说，它具有政治色彩的概念，不是独立于政治之外的教育。1912年，民主革命家蔡元培在任民国政府教育总长时，就明确提出了以培养公民道德为主的教育宗旨，他首倡教育应德、智、体、美四育并重，同时又应“以公民道德教育为中坚”，赋予公民道德以“自由、平等、亲爱”之内涵，具有反封建的进步意义。今天，我国宪法规定：“凡具有中华人民共和国国籍的人都是中华人民共和国公民。”但是，有了公民身份，并不意味着自动产生合格的公民，而要产生民主法治国家的合格公民，必须提高公民素养意识和基本规范意识，也就是公民素质。

在我国现阶段，公民教育落实到学校教育过程时，更多体现在公民素养意识和基本规范意识的教育上，即树立社会主义民主法治、自由平等、公平正义理念，培养社会主义合格公民。这一教育目标的达成在学校教育中主要依托德育工作，尤其是学校基本规范教育来进行。而在义务教育初中阶段，合格公民教育和基本规范教育相结合就是各学校德育课程的主阵地，而这些正是现代公民素养的核心部分，也是“真”人的教育，因此开发合格公民的基本规范教育和培养现代公民素养教育就尤为重要。

第六章 基本素养

基本素养教育是在基本规范教育基础上的进一步深入，是让学生在明确规则、礼仪的基础上提升学生的内在修养。一个具备基本素养的人，不仅有较强的规则意识和文明礼仪，还要有较高的人文修养和突出的素质能力。基本素养教育的目的是把学生培养成知书达理的优秀公民。

第一节　基本素养的概念

一、基本素养的内涵

素养是指一个人平素的修养，与素质同义，从广义上讲，包括道德品质、外表形象、知识水平与能力等各个方面。在知识经济的今天，人的素养的含义大为扩展，它包括思想政治素养、文化素养、业务素养、身心素养等各个方面。初中生基本素养教育就是通过思想教育、行为引导等方式内化学生的涵养，把学生培养成为知书达理的优秀公民。基本素养是学生应该具备的品质，也是学校应该着力培养的基本道德规范和行为品质。

有这样一个故事：有一个男孩有着很坏的脾气，于是他的父亲就给了他一袋钉子，并且告诉他，每当他发脾气的时候就钉一根钉子在后院的围篱上。第一天，这个男孩钉下了 37 根钉子。慢慢地，每天钉下的数量减少了。他发现控制自己的脾气要比钉下那些钉子来得容易些。终于有一天，这个男孩再也不会失去耐性乱发脾气。他告诉他的父亲这件事，父亲告诉他，现在开始每当他能控制自己的脾气的时候，就拔出一根钉子。一天天过去了，最后男孩告诉他的父亲，他终于把所有的钉子都拔出来了。父亲握着他的手来到后院说：你做得很好，我的好孩子，但是看看那些围篱上的洞，这些围篱将永远不能恢复成从前。你生气的时候说的话就像这些钉子一样留下疤痕。如果你拿刀子捅别人一刀，不管你说多少次对不起，那个伤口将永远存在。话语的伤痛就像真实的伤痛一样令人无法承受。

还有这样一个故事：有一名毕业成绩优异的在德中国留学生，在德国求职时却屡屡被拒绝。后来他选了一家较小的公司，面试时老板汉斯对他很欣赏，但最后还是拒绝了他。这位留学生很纳闷。汉斯给他看了一份记录，原来这位中国留学生在乘坐公共汽车时曾经被发现3次逃票，留下了不光彩的记录。一个月后，这位找不到工作的留学生，想起这家公司，老板是对他态度最好的一个，于是鼓起勇气再一次来到汉斯的公司，希望能争取到一个机会。他表明来意，汉斯就爽快地说："我知道你的过去，但你还有勇气来找我，这不容易；你也有才能，我相信你，给你一个机会！"这位心怀感激的留学生在汉斯的公司不仅业绩突出，为公司开发了一系列新产品，成了公司的研发部经理，还被评上了城市的模范市民。

无独有偶，在20世纪80年代，温州皮鞋又叫"一日鞋""晨昏鞋"，假冒伪劣的品质引起全国消费者的公愤，以至于很多商场贴出"本店无温州鞋"的安民告示。1987年8月8日在杭州武林广场，5000双温州劣质皮鞋被市民扔进熊熊大火。这把火烧醒了温州人的诚信意识。15年后，温州人用诚信重新拾起温州皮鞋的尊严，在"中国十大鞋王"中，温州皮鞋有三大品牌名列其中。2002年，温州人又将8月8日这个倍感耻辱的日子确定为"诚信日"。

如果一个人心胸狭隘，那么终会害人害己；如果一个人总是食言，那么以后将不会有人再相信他，"狼来了"的故事至今都在警醒着我们；如果一个人能够提高自己的修养，宽以待人，敬人礼让，那么人与人之间就能和谐相处，共同发展。我们认为尊重、仁爱、宽容等品质都属于基本素养范畴，初中生应该从开始就注重培养基本素养。我们前面提到了基本规范，基本规范是所有学生都应该做到做好的，而我们现在要说的基本素养是在基本规范基础上的进一步深入，是学生品质修养的提升。

很多同学都习惯性地把学习文化知识放在第一位，而经常忽略了自身的内在修养的培养、文明习惯的养成，但这正从本质上展现出一个人的内在素养。学生首先应该做一个正直的人，一个讲文明、懂礼貌的谦谦君子，然后才是成才，不能做一部单纯掌握知识技能的机器，而应成为一个身心和谐发展的人。

二、基本素养的外延

在现代社会，一个优秀的初中生必须或多或少地具备某些素质，日后才能更好地融入社会。但许多人在步入社会以后，要么是不能很好地融入社会，要么是干一些违法乱纪的事，而这些归根结底，主要是他们在青少年时期没能很好地培养自己。联合国教科文组织曾发布报告称在新世纪学生需要具备四种素质：学会求知、学会做事、学会共处、学会生存。《国家中长期教育改革和发展规划纲要（2010—2020 年）》明确了学校应“培养德智体美全面发展的社会主义建设者和接班人”，也明确了初中生应该具有的基本素质。

这些思想为教育者指明了工作的方向，在长期的教育教学实践中，我们觉得学生需要具备以下基本素养：

自尊自爱：首先自己爱自己，尊重自己，才会得到他人的尊重。自尊就是尊重自己，自爱就是爱护自己。自尊自爱是一种对自我的关注与肯定，是一个人的快乐之源，更是成功之始。因为自尊，我们才能被尊重；因为自爱，我们才能被爱护！学生要早早地有自尊自爱意识，才能赢得尊重。

孝顺：孝是儒学伦理中重要的内容，它具体规范了封建时代子女必须对父母及其他长辈履行的义务。在儒学伦理中，父母必须照顾好自己的子女，将他们抚养成人，相应地，子女在父母年迈之时，也必须作出回报，尽赡养老人的义务，这就是“孝”。在封建伦理文化相当发达的古代中国，孝犹如封建法律条文一般，“十三经”中的《孝经》把孝当作天经地义的最高准则。“百善孝为先”，在中国古代社会的伦理价值体系中，孝是最基本、最重要的品德之一。中国的孝文化作为传统文化的重要部分，源远流长，博大精深，在中国历史上发挥了举足轻重的作用。追本溯源，继承传统精华，孝同今天的现实生活紧密结合，并在提高人类的道德水平方面发挥重要的作用，对进一步弘扬中华民族的优良传统文化和道德，更好地建设和谐家庭、和谐社会，有效地解决人口老龄化问题等，都将具有深远的社会意义和现实的指导意义。当今之世大谈孝道看似过时，却是最合乎人性潜能发展的秘诀，也是一个人立身处世应具备的基本素质。

担当：担当精神，就是敢于负责、能够负责的精神，任何人做事都要敢于担当责任，敢于克服困难，敢于奋力攻坚，敢于取得胜利；敢于担当，就要把自己的利益看得轻一点，把责任看得重一点，更要勇于挑战！天下兴亡，匹夫有责。担当，若为官者，就当以官之道来为天下负责，越是圣贤豪杰，所担当的责任就越重大，只有敢于担当的精神才会使他们时时刻刻将责任揽在肩头，任何困难都不能使他们放下；担当，若为民者，就应以民之道来为天下负责，尽管自己渺小，但只要有敢于担当精神，就是一个伟大的人。让我们从现在做起，从点滴小事做起，担当起自己的责任，在担当中成长。

宽容：宽容并不是简单指“容忍他人行为”，还指承认他人的权利与自由，包容各国的理想与文化，不仅对自己负责，也要对他人负责。宽容是一种积极而正确的态度，是基于了解且尊重他人自由和权利而获得。宽容是社会和谐与安定的不可或缺的因素。宽容意味着尊重，是社会文明程度的标志，是消弭人与人之间紧张、误解等情况的良方，其风格在于“宽”，要义在于“容”。人，不但要对别人宽容，对自己也应该宽容，不能有任何践踏的思想、念头与行为。社会的科学持续发展离不开和谐，而宽容正是和谐的润滑剂和助推器，毫无疑问，它也是和谐运行的原动力之一。

坚定：坚定是一种态度，是一种信念，也是一种品质。坚定的人目标明确，不会轻易动摇自己的信念，是走向成功的重要保障。作为初中生，坚定地钻研学习、摒除外界的不良干扰，有利于我们更好地学习；作为青少年，坚定的意志有利于我们更好地成长；将来学生要步入社会，坚定的意志品质可以帮助他们取得事业上的成功！

踏实：一般指做人做事实在，比较扎实，不会无故改主意，也不会轻易半途而废，通常会让人比较有安全感，踏实是一个人成功的必要条件之一。有个词语叫作“筑梦踏实”，指人的一生像梦幻一样不真实，真实的世界是死后将要归去的那个理想国度，如基督教、佛教、伊斯兰教等宗教所描述的天堂。因此，人生不要过于认真计较现实社会中的得、失、苦、乐，尽量以一种放松超然的心态潇洒走完人的一生。也指人生虽然短暂，但要想过得开心幸福，人必须有梦想，并在现实中脚踏实地地实现自己的梦想。吉鸿昌说：“路是脚踏出来的，历史是人写出来的。人的每一步行动都在书写自己的历史。”我们初中生学习知识更要踏实，一步一个脚印，所以说，踏实是初中生必备的基本素质之一，它将有利于我们今后的一生。

自信：即自己相信自己。自信对我们的生活非常重要，我们的事业、我们的爱情、我们的生活、我们的工作，不管是哪一个领域，自信都是无比重要的。自信给人以力量，给人以快乐。正是有了自信，人们才充满了睿智，你和我的心中才升腾起无尽的希望。自信正是一种美好的生活态度，当我们一事无成时，我们会怀疑自己的能力，被自卑感所打倒，于是我们觉得生活痛苦、暗淡无光；

我们建立了自信，思想上也变得乐观、豁达，从而我们的生活也随之变得美好了。所以只要我们有自信心，它就会激发我们的生命力量，这种力量如同火，可以焚烧困难，照亮智慧。人不能失去自信，否则就无法挑起生活的重担，前进的路上就会寸步难行，心中的希望就会暗淡无光。

谦虚：真实的谦虚，在于内心的诚意，在于坦然、在于无所谓“看轻、看重”了。这样的交流与沟通，会显得轻松幽默。记得一个文人曾经说，最好的幽默，就是拿自己的不足“开涮”。善意的“笑料”，会调节气氛，拉近两者间心灵的距离。一个谦虚的人，一般不会受到人们的排挤与反感。他会创造一种相对和谐的氛围，大家容易就一些话题走向深入，会提升交谈的效率。谦虚一般也应是主动行为，它应该成为一种常态，是个人素养的显现。谦受益，满招损。谦虚的人高看别人，别人就愿意施以援手；自满的人高看自己，自己就把别人的援助看成了轻蔑。主动接受帮助和主动拒绝帮助，决定了与成功的距离。自古恃才自傲者多因孤芳自赏而郁郁寡欢，而才华横溢又谦虚礼让的人却多助多欢。项羽因狂傲得而复失，刘邦因礼让失而复得。即使那些才华一般的人，也会因为谦虚礼让而成就一番事业。

坚韧：在这里指人的性格品质不屈不挠，意志坚定。坚韧就是人在遭遇身体及精神困难、压力时，坚持而不放弃的忍受力，我们应怎样培养坚韧的个性呢？首先要学会笑，笑对人生，以笑来面对打击。不管心中有多么难受都不能让别人看出来，能达到这个境界也就让别人觉得你很坚韧了。然后是内心，要往好的地方想，要不然就什么都别想。想得太多反而会徒增烦恼。要在心里暗示自己不要轻言放弃，这样才能磨炼出毅力。

勤奋：勤奋是指坚持不懈地、高频率地做自己认为有意义的事，是懒惰的反义词，是成功的基础之一。一个人要想获得成功，除天赋外，更重要的是勤奋。对于学生而言，学业的精深造诣来源于勤奋。而勤，就是要珍惜时间，勤学习，勤思考，勤探究，勤实践。勤奋是成功的必要条件，没有它，天才也会变成庸人。

感恩：感恩是一种文明，感恩是一种素质，感恩是一种品质。人有了感恩之心，人与人、人与自然、人与社会也会变得更加和谐，更加亲切。我们自身也会因为这种感恩心理的存在而变得愉快和健康起来，生命将得到滋润。感恩，是我们民族的优良传统，也是一个正直的人起码品德。父母对我们有养育之恩，老师对我们有教育之恩，社会对我们有关爱之恩，军人对我们有保卫之恩，祖国对我们有呵护之恩……赠人玫瑰，手留余香。一个经常怀着感恩之心的人，心地坦荡，胸怀宽广，会自觉自愿地给人以帮助，助人为乐。而那些不懂得感恩的人，血是凉的，心是冷的，我们漠视他们，不屑于与他们为伍。古人说：滴水之恩，须当涌泉相报。

冷静：冷静使人头脑清醒，使人聪慧，使人沉着，使人理智稳健，使人宽厚豁达，使人有条不紊，使人高瞻远瞩。当代的初中生，冷静是必须具备的基本素质之一。我们正处于青春叛逆期，情绪难以控制，但我们必须去努力控制，因为在这个快餐时代，我们没有多少时间可以浪费，没有多少青春可以消耗。在面对许多事情的时候，我们必须冷静思考，冲动只会使我们深陷于“那一刻”的情绪里无法自拔，武断专横不计后果，或者无中生有放大痛苦，其结果往往是把并不严重的事情搞得追悔莫及。

团队与个性：古人云：“人心齐，泰山移。”我们也常说：“团结就是力量。”我们所处的时代是一个需要团队精神的时代，所以我们应该从现在就培养自己的团队精神，因为只有具备了团队精神，在今后我们步入社会之后，才能尽快适应新的工作环境，更好地融入到新的团体中去。当代的初中生，团队精神是必须具备的一种基本素质。但在团队中，也要展现出自己的个性，发挥出自己独特的才能，为团队增添活力与亮点。总的来说，当代初中生这点素质是必须具备的，这样才能在残酷的社会中立足。学校是一个大的团队，一个班级、一个小组都是一个团队，在很多方面学生都需要具备团队精神。同学之间的和谐相处，社团里的协同合作，运动队中的勇猛拼搏，无一不需要具备这种团队精神。当每个同学付出汗水和智慧，共同为自己的集体赢得荣誉的时候，他所收获的，不仅仅是付出的快乐，还有从大家团结一致努力拼搏中获得的感动。这种感动甚至会伴随他一生，有了这种共同的经历或考验，在学生时代结成的友谊也会更加坚固。

诚信：诚信是社会最普遍也是最基本的伦理价值需要。“诚”与“信”合起来作为一个科学的道德范畴，是现代社会的产物。首先，诚信是一种人们在立身处世、待人接物和生活实践中必须而且应当具有的真诚无欺、实事求是的态度和信守然诺的行为品质；其次，诚信是一种社会的道德原则和规范，它要求人们以求真务实的原则指导自己的行动，以知行合一的态度对待各项工作；最后，诚信是个人和社会、心理和行为的辩证统一。总之，诚信是一切道德的根基和本原。它不仅是一种个人的美德和品质，而且还是一种社会的道德原则和规范；它不仅是一种内在的精神和价值，而且还是一种外在的声誉和资源。诚信是道义的化身，同时也是功利的保证或源泉。在社会生活中，诚信不仅具有教育功能、激励功能和评价功能，而且还具有约束功能、规范功能和调节功能。就个人而言，诚信是高尚的人格力量；就企业而言，诚信是宝贵的无形资产；就社会而言，诚信是正常的生产生活秩序；就国家而言，诚信是良好的国际形象。

习近平总书记在北京大学考察时曾说：青年的价值取向决定了未来整个社会的价值取向，而青年又处在价值观形成和确立的时期，抓好这一时期的价值观养成十分重要。这就像穿衣服扣扣子一样，如果第一粒扣子扣错了，剩余的扣子都会扣错。人生的扣子从一开始就要扣好。

在中学阶段，培养学生的基本素养就是在提升学生的内在修养，一个拥有了良好修养的人将会对人友善、做事专注，这将为他们的未来奠定良好的基础。

第二节　基本素养教育的意义

一、培养学生基本素养的目的

人都会长大，并且走向社会，走向社会就要适应社会需要，协调各种关系，促进社会发展，素质的培养就是为学生将来走向社会打下良好的基础。但许多人在步入社会以后，要么不能很好地融入社会，要么是干一些违法乱纪的事情。主要是他们在学生时期没有得到很好的培养，以至于没有形成基本素养。其中，知法、守法、学法、用法也是成为一个合格公民必备的素养。法律是底线道德，而道德是更高的行为要求，作为中间级别的基本素养则应更为普及，我们认为，培养学生的基本素养是为社会培养优秀的公民。

学校是民主的公共领域，是培养具有批判能力、道德和勇气的公民的机构。学校教育作为一种公共事务，公共性与公益性是其根本属性，它的存在必须是为了社会"公共善"的实现和公民社会的建构而培养理性的、自由的、有德行的公民群体。培养现代公民人格应该是我国学校教育的终极目标，是构建和谐社会的需要，是政治文明建设的需要，乃至是全部教育转型的需要。公民教育不仅是学校教育的一部分，更重要的是公民教育还意味着教育与社会的全部转型，而基本素养教育正是为了培养学生的公民意识，提高学生的内在修养，让学生向成为优秀公民的方向前进。

素养分为人文素养和职业素养。人文素养是指人具备的人文科学研究能力、知识水平和内在品质。其核心就是"人文精神"：一种为人处世的基本德行、价值观和人生哲学，科学精神、艺术精神和道德精神均包含于其中。而职业素养是指职业内在的规范和要求，是在职业过程中表现出来的综合品质，包含职业道德、职业意识、职业态度、职业技能、职业行为、职业作风。基本素养更偏向于人文素养，但在以后的社会中，基本素养也会发展出职业素养。基本素养是根基，学生时代的基本素养的培养，会影响到以后的处世方法与生存能力。

有这样一个故事，在辽阔的大漠深处，有两个年轻人在植树。其中一人十分勤快，几乎每天都去给树浇水。而另一个人呢？很懒惰，十天半个月才浇一次水，众人都夸赞他的做法。勤快的那个人不解了，他问："我天天去浇水，树长得又快又茂盛。你很久才浇一次水，为什么别人不认同我的做法呢？"那人回答说："你很快就会明白的。"某天夜里，沙漠刮起了狂风。第二天，那个浇水很勤的人种的树，几乎全部被刮断了；而另一个人种的树都好好地伫立在原地，一厘米也没有移动。这时，他说："我很少去浇水，是为了让树自己把根扎到深处，自己去寻找水分，自然而然它的根就扎牢了。你天天去浇水，树不用把根扎很深就能吸收到水分，这样的树又怎能抗击强风呢？"那人哑口无言。树亦如此，人又何尝不是这样？

我们都知道金字塔第一层的广度，决定金字塔的大小。而学生的基本素养也是如此，良好的基本素养将决定学生成长的高度。学生在中学阶段就意识到了并逐步具备了这些基本素养，以后才能有更好的发展，才能逐步成长为国家的优秀公民。

二、培养学生基本素养的必要性和重要性

青少年是祖国的未来、民族的希望，在当代肩负着重大的历史使命。我国目前人口素质形势严峻，素质素养教育刻不容缓。一方面在于父母的启蒙教育，另一方面在于后天的培养。初中生的可塑性很强，此时的人为干预指导尤为重要。培养每一个人的基本素养造就整体素养的提高，更现实点，这是每个人生活的基本需要。生活延续生命，生命安全是第一，那么培养学生基本素养的必要性可见一斑。

这里再提到基本规范，规范好比一根绳子，能捆住人的身体，却捆不住人的内心。规范往大的发展就是法律，法律是严苛的规范。倘若一个人从不犯法，内心却不把法律当回事，总在法律边缘徘徊，那么他总有一天会出事。所以规范是标准，素养是保障。

基本素养的培养目的与必要性具有一致性。基本素养是自主生活的基石，是一个笼统的概念，这类东西对学生来说不好把握。举一个简单的例子，自信是最基本也是最重要的素质。自信，可以燃起希望，热爱生活，有责任心，不畏世俗，并且能让人感受到温暖。成功学的创始人拿破仑·希尔说："自信，是人类运用和驾驭宇宙无穷大智的唯一管道，是所有'奇迹'的根基，是所有科学法则无法分析的玄妙神迹的发源地。"罗斯福即使在身体残疾时，也总是对自己充满自信，总是充分相信自己的能力，深信所做的事业必能成功，因此他在做事时，就能付出全部精力，排除一切艰难险阻直到胜利。

这只是一个应该有的素养，却能够散发出巨大的力量。我相信每个学生都有自己的梦想，都希望自己出人头地。我们用了很多年去学习科学文化知识，知识可能会忘却，但在成长过程中所形成的习惯、获得的修养却会伴随我们很长时间，甚至一辈子。

三、培养学生基本素养的长远影响

基本素养教育是对学生内在修养的一种培养，它的内容是多方面的，影响也是广泛的，我们认为，基本素养对学生的长远影响有以下几个方面：

1. 综合能力的提升

学习成绩并不能决定未来，它只是一条路，一条更平坦的路。基本素养教育着眼于培养学生的内在修养，构建学生的内在品质，提高学生的综合能力，每个不同的素质会展现出不同的力量。

如待人友善，很会合作，可以很快适应社会，适应不同的环境。乐观开朗对健康总有益，积极的态度确实令人面目一新。一次霍金演讲结束后，一位女记者冲到演讲台前问："病魔已将您永远固定在轮椅上，你不认为命运让你失去太多了吗？"大师的脸上充满了笑意，用他还能活动的3根手指，艰难地叩击键盘后，显示屏上出现了四句话："我的手指还能活动，我的大脑还能思维，我有终生追求的理想，我有爱我和我爱的亲人和朋友。"在回答完那个记者的提问后，他又艰难地打出了第五句话："对了，我还有一颗感恩的心！"现场顿时爆发出雷鸣般的掌声。的确，用霍金自己的话来说，活着就有希望，人永远不能绝望！比大海更广阔的是天空，比天空更广阔的是人的胸怀！即使病魔把霍金关在“果壳”中，他也是无限空间之王！

2. 人际关系的改善

在现代社会，一个人想要发展，必然要与他人进行合作，人与人之间相处必须进行沟通交流，在合作中共同发展，实现共赢。基本素养教育中的合作、诚信、团结等素质都可以帮助人改善人际关系，实现共赢。它既能帮助你处理与同学间鸡毛蒜皮的小事，也能影响你处理治国安邦的大事。

孙膑早年曾与庞涓一起从师鬼谷子学习兵法。孙膑，为人忠厚，与师兄弟们相处和善。他勤奋好学刻苦钻研，加上天资聪明，很快便获得了较丰富的军事学知识。孙膑未出茅庐便显示出超人的军事才华。而他的同窗好友庞涓却心胸狭窄，骄傲自大，嫉妒他的才能。

庞涓受魏惠王的聘请，比孙膑先下山，出任魏国的大将和军师，虽然春风得意，但一想到才能在己之上的孙膑，就深感不安。后来，魏惠王也听到孙膑的名声，便跟庞涓说起孙膑，想让孙膑来效力于魏国。于是，庞涓便派人把孙膑请来，跟他一起在魏国共事。但这并不是他的本意，为了不让孙膑在己之上，他便企图加害于他。孙膑到了魏国，做了一个无名无权的客卿。这时，庞涓便加紧进行陷害孙膑的阴谋活动。他先派人伪装受孙膑表兄的委托，劝孙膑返齐。待骗得孙膑的亲笔复信后，加以涂改，随即向魏王诬告孙膑私通齐国。魏王信以为真，大怒之下要处死孙膑。庞涓为了窃取孙膑的兵法著作，又当着孙膑的面假意向魏王求情，结果“断其两足而黥之”。孙膑被削去了膝盖骨后，成了残疾人，并且是受人贱视的“刑徒”。庞涓以为，受刑后的孙膑成了一个残疾人，他纵有天大的本事，也难以和自己较量了。后来，孙膑逃出魏国，在齐国受到重用，后来，在桂陵之战中击败庞涓率领的魏军，但是孙膑并没有杀庞涓，只是训导他一番，又将他放了。孙膑因宽容大量赢得了世人赞誉，而庞涓因心狭量窄嫉贤妒能则受到千夫所指。

3. 公民素养的培养

基本素养教育的影响不仅体现在对学生综合能力的提升、人际关系的改善上，更重要的是有利于唤醒学生的公民意识，让学生逐步成长为这个国家优秀的社会公民。

在学校教育教学中，我们不难发现，很多孩子在这方面的认识和行为都有所偏颇，一些学生认为爱国主义、集体主义离他们很遥远、太抽象；权利和义务是成年人的事，和他们根本没有关系；很少人有法制意识和自主意识，有些人还存在使用不当的问题；等等。有些成绩优异的学生也存在着自私、骄傲等缺点；很多孩子遇到解决不了的问题时，通常有两种态度：要么放弃，要么暴躁，唯独不会运用智慧心平气和地解决问题。这反映出一些学生公民素质教育的缺失。从根本上说，公民教育是建设性的而非破坏性的，是教学生温和、渐进、理性地解决问题。公民教育不仅是学校教育的一部分，更重要的是公民教育还意味着教育与社会的转型。

我国中小学校目前没有开设公民教育课程，但应该让中小学生接受公民教育。公民意识教育是学生德育的重要组成部分，在不能独立开设公民教育课的情况下，学校可以把公民意识教育融入学校德育中，把公民教育课与课堂教学结合起来。政治哲学家汉娜·阿伦特认为，理想的现代公民应该是秉承公共精神、关心公共领域、积极参与政治生活的人。因此，学校教育所要培养的人理应是具有公共德行和公共精神，富有参与意识、热情与能力的公民。通过班级公共生活的营造与重建，引导学生积极参与公共生活，让学生学会与他人共同生活，提高个人与公众生活的品质与福祉。虽然初中生参与班级公共生活，并不是真正意义上的公民参与，然而，在班级这个公认的“社会细胞”中的民主预演，能为个体日后参与社会民主生活打下牢固的基础，意义之深远不容置疑。这些是学生重要的基本素养，它们各有不同但都有无穷的力量，这些力量不在当下，而在未来。

第三节 培养学生基本素养教育的实践

一、基本素养教育在育人体系中的位次

基本素养教育属于我们育人体系的第二阶段，是大多数人应该达到的一种程度，在整个育人体系中处于承上启下的关键连接作用，根据我们的长期教育实践，基本素养教育具有以下特点：

1. 普及性

基本素养教育是在基本规范教育的基础上进一步深化，如果说基本规范是所有学生都应该学会的、遵守的，那么基本素养就是大多数学生应该达到的、拥有的。教育实践告诉我们基本素养是大多数学生应该具备的品质，也是学校应该着力培养的基本道德规范和行为品质。

2. 内化性

如果说基本规范教育具体地表现在外在的遵规守纪，那么根据基本素养教育的含义，初中生基本素养教育是通过思想教育、行为引导等方式内化学生的涵养，基本素养是学生的内在修养，而这种涵养更多地内化于心，但又在学生的各种行为中表现出来。所以，学生的基本素养具有内化性，不能够具体地看出来，但可以通过学生的为人处世、言谈举止体现出来。

二、基本素养教育与基本规范教育的关系

育人体系中的各个部分都是相互关联密不可分的一个有机整体，而基本素养教育和基本规范教育之间的关系更为密切，二者之间的关系具体如下：

1. 逐层递进

基本规范教育属于我们育人体系的第一阶段，基本素养教育属于我们育人体系的第二阶段，基本素养教育在基本规范教育的基础上更进一步，是对学生更高层次的要求，基本规范是所有学生都必须遵守的，而基本素养是大多数学生应该达到的。所以，二者之间是逐层递进的。

2. 相互作用

虽然说基本素养教育是在基本规范教育的基础上对学生提出的更高层次的要求，但是二者之间又相互作用、相互影响。只有做好了基本规范教育，才能进一步去进行甚至做好基本素养教育，只有扎实的基本规范教育才能为基本素养教育打好基础。而基本素养是学生的一种内在修养，这种良好的内在修养会潜移默化地影响学生的外在行为，学生会自觉地做好基本规范。所以，二者之间也是相互作用、相互影响的。

三、基本素养教育的主要方式——传统文化教育

随着现代社会的不断向前发展，人们的眼光总是向前看，而忽略了我们走过的路。教育中就表现为对学生的传统文化教育不够重视，而我们认为这正是培养学生基本素养的主要方式，是值得代代人传承的。在这里，我们首先要认清何为基本素养，何为传统文化。

基本素养的概念在前文已有详细的介绍，这里简单解释一下有利于培养学生基本素养的传统文化。虽然文化本身是一个比较模糊的概念，但传统文化并非人们口中的一两点事物，它是民族历史上各种思想文化、观念形态的总体表征，包括古文、诗、词、曲、民族戏剧、书法等多个方面，可见其博大，它们

所展现出来的高深莫测又诠释着精深。如何把这一条时间链条前端的博大精深的传统文化植入到学生后期学习的基本素养中，达到教育的目的，就显得尤为关键。

1. 传统文化教育的内容

进行传统文化教育，提升学生基本素养，主要对学生开展“仁义礼智信”的教育，其中仁就是仁者爱人，要求学生要孝亲尊师，团结友善；义就是义者助人，要求学生民主正义，助困扶弱；礼就是礼者敬人，要求学生文明礼仪，谦虚大度；智就是智者明人，要求学生明辨是非，三思而行；信就是信者信人，要求学生诚实守信，言行一致。“仁义礼智信”作为中华民族传统美德，贯穿于中华伦理的发展中，成为中国价值体系中的最核心因素，它是每个人应有的道德准则，也是我们每一位学生的立身之本。

仁，就是仁者爱人，与人为善。仁是中国古代一种含义极广的道德范畴，指人与人相互友爱、帮助、同情等。孔子把“仁”作为最高的道德原则、道德标准和道德境界。他第一个把整体的道德规范集于一体，形成了以“仁”为核心的伦理思想结构，孝悌是仁的基础，是仁学思想体系的基本支柱之一，所以，学生要做到孝亲尊师。以博大宽厚的胸怀来爱人是“仁”的一种表现方式，即“泛爱众而亲仁”。这首先是自我认知上的一种升华，是自我精神状况的内在反映。“仁”作为价值主体内在精神状态的反映，是实现理想人格过程中不可缺少的东西。只有内心以“仁”的标准严格要求自己，用“仁”的境界来考查自己的思想，是达到真善美崇高境界的前提条件。

义，就是坚持正义，保持节操。义的本义是合乎道德的行为或道理，舍生取义表明为了重信义可以牺牲生命。说到“义”字，就会想到朋友义气，“为朋友两肋插刀”，其实这是小义。我们要讲的是大义，一种高于自我的善，一种超越自我的善。任何人，在关键时候不能做出危害国家、危害民族的事情；在敌人、困难面前，不能变节投敌。在社会上要坚持正义，敢于与邪恶势力做斗争，不与邪恶势力同流合污。当然，作为一个具体的、活生生的人，对待朋友要讲义气，不能出卖朋友，不能损害朋友的利益，这是做人的基本要求，也是在社会上立足的基本素质。作为学生来说，就是能够团结同学，帮助同学，在同学有困难时不落井下石，能够伸出援助之手。

礼，就是注重礼仪，尊重他人。“礼”初始的意思是举行仪礼，祭神求福。用珍贵的器物祭祀，表示对“天”的感谢和尊重。礼的核心就是“尊重”二字。要得到别人的尊重，首先要尊重他人。说到“礼”，就是要保持良好的行为规范，即我们通常所说的礼仪、礼节和礼貌。大到国家的外交，要遵循它；小到日常生活的方方面面，同样也要遵循它。讲究礼仪、礼节和礼貌，既是一个民族文明程度的标志，也是个人素质的基本体现。作为初中生而言，就是要能尊敬师长，礼貌待人，谦虚有度。

智，就是提高素质，明辨是非。知是智的古字，先有“知”，方有“智”。“知”的意思是，认识、知道的事物，熟悉到可以脱口而出。因此，我们把通晓天地之道、深明人世之理的人，称为智者。可见，这个“智”要求人能够在大是大非面前做出正确的选择，指的是“大聪明”，不是“小聪明”；要小聪明的人，不是“智者”。“智”首先体现的是个人的能力。这个社会需要德才兼备的人，如果都是无才无德的人，这个社会是不会发展的，甚至会陷入民族危机。对于每个人来说，首先要养家糊口，如果没有一技之长，那么就不要谈服务社会，恐怕家庭都很难稳定。现在，竞争的形势非常激烈，人与人之间的差距，就体现在个人能力上，读了大学找不到工作的比比皆是。因此，只有强化自身的能力，才能谈得上为社会、为家庭做贡献。所以，作为初中生现在就要好好学习，打好基础，逐步提高自己的能力，学会明辨是非，这样以后才能有大的发展。

信，就是诚实守信，言行一致。信，本义为心里有什么话就直说，古人说，言为心声，人的言论应当是诚实的、真实的、不虚伪的。一个说话言不由衷、言行不一的人，肯定不是重“信”的。孔子认为“信”是贤者必备的品德，还把“信”上升到国家政权的高度，治国“三要”，即“足食，足兵，民信之”，也就是说，国家的根本，要让人民安居乐业，要有强大的国防力量来保护胜利果实，国家要用信用来维系整个统治体系。“一言既出，驷马难追”，对于一个人来说，更得信守承诺，讲究信用。一个没有信用的国家，一定没有前途，一定会灭亡的；同样，一个不讲信用的人，在社会上是为人所不齿的，最终被社会抛弃。所以，初中生应该从开始就诚信守诺，言行一致，要待人以诚，不虚伪，不狡诈，能够说得出做得到。

2. **传统文化教育的意义**

传统文化是学生良好思想品德修为的指路人。

孔子的“仁者爱人”思想，“泛爱众，而亲人”，孟子的“老吾老以及人之老，幼吾幼以及人之幼”等，从对父母、亲人的爱发展到对众人、朋友、全人类的爱，从爱老人、小孩儿、朋友到爱国、爱世界，真正地领悟到孔子“仁爱、博爱”思想的境界，从身边的人爱起，让学生做一个博爱的人，让他们学会对一切人、事物都平等博爱，善待天地万物。通过学习传统文化中感人的孝悌故事如“百里负米”“孔融让梨”等，观看影视剧作等方式，向学生宣传孝悌的重要性。

传统文化教育是学生思想品德修为的指路人还表现在对学生善、忠恕的培养上。“人之初，性本善。性相近，习相远。”孟子的“性善论”，力倡性善，让学生保持一颗晶莹剔透的善心，让学生做一个善良的人，以诚待人，善就像一个家园，若人人都有一颗向往善良的心，那么这个家园就会变得越来越美。“忠恕”是儒家的核心范畴。“忠恕的实质并不是指对某一个人的尊崇，也不是对某一抽象理念的信奉，而是强调‘知己’和‘知人’两个层面。”孔子曰：“吾道一以贯之。”曾参也说：“夫子之道，忠恕而已矣。”忠诚和宽恕、宽容一直是中华民族的传统美德，对学生灌输忠恕的教育，教育学生凡事要从自己的真实想法出发，不弄虚，理解他人，站在他人的立场想问题，做一个忠诚、真挚、诚恳的人，做一个懂得宽恕、心胸宽广的人，退一步海阔天高。

此外，有形的优秀传统文化教育还是学生爱国情感的指路人，中华传统文化包含着深刻的爱国思想和爱国情操，培养学生的爱国主义意识和人格修养，让学生真正成为一个“四有”公民。

传统文化是学生心灵的美味调料剂。

传统文化教育以其深刻的文化底蕴和丰富的文化内涵向学生传达心灵世界的清静与美妙，让学生在面对各种诱惑、心浮气躁时有虚旷的心境，排除杂念和一切束缚，让心灵得到精神的自由。人世间难免神为行累，心为物役，应该使精神突破有待的束缚，从自我中提升一级，达到无待自由，有一个自由飞翔的心灵，才能逍遥游。的确如此，追求精神的自由、安适、悠闲，追求心灵超脱、万物的飘逸无尘，获得心灵的真正自由，让学生在阅读“学而时习之，不亦乐乎”的孔子的精神自由中获得心灵满足；让学生在“无丝竹之乱耳，无案牍之劳形”的刘禹锡的精神自由中获得心境旷达。阅读中华文化典故书籍，领略儒家、道家、法家、佛家，让学生在传统文化教育中感受文化魅力，净化心灵，在这片纯净的心灵家园中，没有世俗的烦忧，心境明朗似晴空，心灵世界不受世俗生活污染，健康快乐地生活。

传统文化开拓了学生的思维，拓展了学生的视野。

时代在进步，日复一日、年复一年的工作、生活和学习，常常会使我们形成某种固有的思维定式和各种各样的成见，在面对变化了的新情况时往往会沿用固定的模式、做法，凭“老脑筋”办事、学习，渐渐地人的思维翅膀被捆绑，不能自由地在广阔的天地中驰骋。博学不等于有智慧，老子说：“为学日益，为道日损。损之又损，以至于无为。无为而无不为。”说的就是要学生在接受博大精深的传统文化中，不仅要有丰富的知识，还要在原有的基础上开拓自己的思维，发挥自己的想象力，学会吐故纳新。归零才能再出发，除去内心深处的各种束缚与障碍，打破固定的思维模式，“为道日损”就是教育学生打破这个枷锁，抛弃杂念，敢于打破前人的框架，用睿智、敏锐的眼光，发现问题，勇于创新。“创造是人的本性，是人天性中本来就有的东西，它不是从外边灌输进去的，它是大自然赋予人最宝贵的东西。正如古人云：‘天命之谓性，率性之谓道，修道之谓教。’”在传统文化教育中，教育学生要学会创造，在给学生规律和规矩的同时，要给学生自由发挥想象的空间，找出优秀传统文化中蕴含的独特性、新颖性。

传统文化教育不仅开拓了学生的思维，还拓展了学生的视野。在中华文化宝库里，有“书山有路勤为径，学海无涯苦作舟”“宝剑锋从磨砺出，梅花香自苦寒来”等传世格言；有“天行健，君子以自强不息”“夸父追日”“精卫填海”“铁杵磨针”“愚公移山”等蕴含着锲而不舍、自强不息意义的奋斗精神；有万里长城、京杭大运河等浩大工程的历史见证；有“唐诗、宋词、元曲、明清小说”等，这些无一不是优秀传统文化的精华。“人生须广大，勿作井中蛙。”这是宋代诗人陆游的一句名言，鼓励学生要有“究天人之际，通古今之变”的广阔人生视野，教育学生要博闻强记，只要认真学习、诵读，细心体会，就有很大的收获，开拓了学生的生活、心灵视野。

因此，对学生进行传统文化教育是必须要进行的，这不仅是全体教育工作者的责任，也是整个社会、整个民族的责任。

3. 传统文化教育实践

（1）传统文化教育启动仪式

为了引起学生的重视，更好地开展传统文化教育，我校专门举行了传统文化论坛，以此来开启传统文化教育。

专家论坛邀请在传统文化教育领域具有长期实践经验的四位老师与学生们一起分享自己对传统文化的解读与体会。第一位是由来自吉林长春的著名民营企业家、慈善家、教育家、“感动吉林”十大人物之一的王竑锜老师与大家一起分享《为中华之富强而读书》。第二位是由全国道德模范、2008 年奥运火炬手、“山东十大优秀母亲”田秀英与大家分享《笑对人生》。第三位和第四位分别是两位长期为社会大众服务的志愿者——来自河北廊坊的曾经的问题女孩儿牛文荣和来自河南开封的曾经的网瘾少年李碧龙与大家分享《百善孝为先》和《传统文化拯救了我的人生》。这些老师来自全国各地、各行各业，他们都是学习传统文化的受益者和弘扬中华传统文化的传播者。

（2）传统文化教育主题班会

接下来，为了让学生更清楚地了解传统文化的内容，让学生学习的方向更加明确，我校统一组织班主任召开传统文化教育主题班会。

首先，我校德育工作室搜集大量有关传统文化教育的资料并进行汇编整理，带领班主任进行学习，让班主任们能够统一认识，统一观念，统一思想，这样才能更好地开展学生的教育工作。

然后进行集体研讨，大家集思广益，商讨易于学生接受的主题班会形式，各抒己见，提供切合实际的建议。

当大家形成共识，寻找到最适合、最合理的形式和方式后，最后，班主任向同学们解读“仁义礼智信”，带领学生学习其中的深刻内涵，认识到“仁义礼智信”作为中华优秀传统文化的精髓和对个人成长发展所具有的重要意义。

在对学生进行了良好的思想教育和心理沟通后，我校组织学生在课下搜集有关传统文化的文章、故事和名言进行学习。我们利用上午、下午、晚自习的课前时间以及自习课时间组织学生分享自己找到的文章、故事和名言，并谈谈自己的感受，让学生在这种分享中加深自己的感受，提高认识，让学生在这种交流中进行自我教育。

（3）躬自省、写感受

当我们做好前期的教育铺垫，接下来，顺理成章引导学生检视自己生活中的言谈举止是否符合我国传统文化的要求，自己在生活中是否能够做到“仁义礼智信”，自己哪些方面做得好、哪些方面需要进一步提高、哪些方面存在不足之处，让学生在反省中进一步加深对传统文化的认识，在反省中逐步改正并完善自己的言行，在反省中提高自身的基本素养。然后，引导学生写下自己学习的感受认识，记录下自己成长的过程。

（4）传统文化学习演讲比赛

经过各种形式的传统文化教育，作为一次阶段性的总结，我们组织学生进行了一次传统文化学习的演讲比赛，希望借此对我们的传统文化教育进行检验和总结。

有了前期的准备，很多事情都是水到渠成，大多数学生都是有感而发。有的学生说：“一个再有文化的人，如果他不懂得感恩，那他就什么都不是。”有的学生感慨道：“一个人出生后第一个要领悟的就是‘德’，一个‘德’字概括了所有美好的现象，有德的人最值得尊敬。我们成长时所需的物质，都来自大自然，可以说我们的生命源自大自然，是大自然的万物用生命换取了人们生命的延伸，对于大自然的牺牲与付出，我们能做的，只有感恩。我们源于自然，也要感恩自然，同时，我们更要学习大自然的奉献精神。普天之下，我们都是一家人，在这个大家庭中，我们要学会奉献，奉献自我，只有这样，才不会觉得自己在虚度光阴。如今的生活中，浪费掉的食物粒粒醒目，给人警示；小悦悦事件发人深省。‘德’并不是一个概念，而是一个人必须遵循的准则。‘感恩与奉献’也并不是一句口号，而是一个人一生的使命。做一个有‘德’的人，一个令人尊敬的人。”有的学生说得感人肺腑：“孝不仅是一种美德，更是一种幸福。对于我来说，最幸福的事莫过于和家人在一起，一家人有说有笑，其乐融融，我不需要多么富裕的家庭，只要我的家人平平安安，每周回家能看我的家人、我的父母一眼，便觉得幸福。同时，我觉得史上最无奈、最痛苦的事莫过于‘子欲养而亲不在’。好好孝敬我们的父母，不要等到失去后才懂得珍惜，家人永远都是我们最宝贵的财富。”有的学生慷慨激昂：“‘有余力，则学文’，成为一个有道德、有孝心的人后，我们要全心钻研，学习知识，知识要与道德共存。我们作为祖国的希望，要努力做到‘德才兼备’，为祖国的发展贡献出力量，要为中华之富强而读书！心怀梦想，永不放弃，学习知识，报效祖国。”有的学生说得意味深长：“无论一个人还是一件事曾经带给你多大的痛苦，你都要怀着一颗感恩之心去面对。是困难才使你磨炼出坚强，学会面对。”

在这样一次总结活动中，我们很欣慰地看到了学生通过传统文化的学习，思想觉悟得到了极大提高，言谈举止中展现了较高的修养。这意味着我们开展的传统文化教育对学生的成长具有极大的帮助，对学生基本修养的形成具有重大作用！

第四节　基本素养教育的展望

素质教育的难点在中学，搞好中学阶段的素质教育，提高当代初中生的素质教养，为社会培养合格的人才，对社会主义现代化建设具有举足轻重的作用。我们认为基本素养教育是素质教育的重要组成部分，想要做好素质教育必然先要做好基本素养教育。而现在要做的是具体分析学校基本素养教育的现状，并进行深刻具体的反思，而后确立基本素养教育的走向，展望未来的素养教育。

一、学校基本素养教育的现状

在实践中我们发现，推进基本素养教育的总体状况仍不容乐观。学生的升学压力过大，学业负担过重，部分学校仍以分数作为其教育教学评比的核心和根本标准，甚至还成为决定学校生存和发展的根本标准。我国当下基本素养教育存在三个担忧。

第一个担忧是一些教育工作者没有弄清楚基本素养教育的方向和目标。

只有弄清楚方向和目标，才有可能在基本素养教育中有的放矢恰到好处，直至事半功倍。不容置疑，新时期学生基本素养教育的发展方向应是德、智、体、美、劳全面发展与学生个性发展的有机结合。全面发展是指应该求得受教育者德、智、体、美劳几方面素质的全面发展，实现德育、智育、体育、美育、劳育等诸育并举和相互贯通。个性发展是指激励学生的自主性、创造性和其他个性品质，强调个体才能和特长达到充分发挥。培养具有“实事求是、独立思考、勇于创新的科学精神”的社会主义建设者，培养具有社会责任感的接班人，培养社会优秀公民，教育工作者应牢牢把握这一教育目的和方向。

第二个担忧是一些学校只流于形式，并未真正地贯彻落实起来。

一些家长对基本素养教育改革抵触，因为改革使他们的孩子成绩下降了；学生对于素养教育表示欢迎，因为改革让他们的学习变得更加欢乐和轻松，有了更多的玩耍时间；教师对于素质教育改革未置可否，有的高兴，有的无奈，因为改革虽然带给老师新的教育形式，但是增加了新的负担，同时也可能使一些优秀的教师迷失努力的方向。真正有关学生基本素养教育的活动没有扎实地开展起来，尤其在农村学校，各类的实践活动课程更是纸上谈兵，形同虚设。

第三个担忧是学校资金不足阻碍了基本素养教育的发展。

经济水平的差异导致城乡办学水平的差异长期存在，有限的教育经费到了农村基层学校已所剩无几。有限的设施无法满足师生从事基本素养教育教学的基本需要，教师的业余自修空间狭窄、条件简陋，久而久之，很多有专业特长的教师也懒于提升自己的素质，随遇而安地原地踏步，这也影响了对学生开展素养教育。

二、学校基本素养教育的反思

基本素养教育的提法是有意义和价值的，可以罗列为下面几个方面。

第一个方面：基本素养教育的提法，传达了一种教育理想。

以人为本就是承认人是主体，实际上就是理解人、尊重人和爱护人，首先是尊重人的生命、尊严和自由。“以人为本”应当是我们素养教育的最基本的假定，是教育理论的一个思想基础。基本素养教育主张面对全体学生，主张提高学生的基本修养，主张每一个人的自由、生动、活泼和发展，传达出以人为本的理想或诉求。这样的理想和诉求传达的程度如何、是否完全准确，是一个值得思考的问题；当前的现实中我们能否完全做到和做好，更是另外一个值得思考的问题。不过转变教育观念是很重要的，首先要转到以人为本的基本假定上。

第二个方面：基本素养教育的提法，体现了现代精神。

素质教育认为学生是主体，从而使学生人格上与教师是平等的，教师不再具有权威地位，而只具有专业的相对优势地位；素养教育认为单纯的笔试和选拔规则扼杀了人的素质及发展的多样性，通过分数把学生划分为三六九等，也违背了学生人格平等的原则；素质教育认为学生素质有多样性，发展也有多样性，并尊重这种多样性，因为一个健全而丰富的社会也需要多样性的人。

第三个方面：基本素养教育提法，体现了对公民价值的尊重和对公民意识培养的觉醒。

公民是相对于臣民而言的，公民是契约关系的产物，有独立思考和独立选择的权利。公民也是权利和义务、自由和守法的复合体，在此前提下公民有追求自我目标实现的权利和自由。素质教育尊重和重视学生的个性，尊重并发挥了学生独立思考和独立选择的权利，尊重公民的价值。公民也是信用的载体，强调自主、自信和自尊意识，素质教育重视学生自主、自信、自尊意识和法律观念及信用意识，体现了对公民意识培养的觉醒。

三、学校基本素养教育的走向

21 世纪，中国的基础教育走向如何？一项紧迫的任务就是从应试教育走向素质教育，也可理解为改变应试教育的现状。实施基本素养教育要研究每个学生的身心特点，用符合教育规律和学生身心发展规律的办法对他们进行教育和引导，因材施教。

1. 公共生活的重构

民主是一种生活方式，所以学校教育需要通过班级公共生活来培养学生民主生活的意识和能力。班级生活有不同的形态，拥有不同的特点和教育价值。班级日常生活是以师生友情为纽带的共同体生活，以固定、封闭、非批判等为主要特征。它有助于师生基于友谊和责任发展亲密关系，为班级成员提供相互包容的温馨场所和安全可靠的心理场域。班级集体生活是基于同质化的要求、整体划一的内容，以封闭性、等级性与依附性为特征，强调共同目标、统一行动。此种班级形态有助于形成集体荣誉感和集体凝聚力，对传递社会主流价值、加强思想政治教育起着重要作用。但这样的班级形态往往片面强调集体生活而忽视学生个体需求，抑制了学生的主体性与创造性。而班级公共生活作为一种主体间的交往实践活动，是一种体现社会民主、平等、理性、自由等精神的新型班级生活。它是一种多元化的差异主体的异质化生活，强调在尊重个体多元价值取向的前提下，关注公共利益、差异共识与民主协商的理性生活，是超越了自我中心的共生、共在、合作、共赢、开放性的主体间的交往生活。班级公共生活是以培养学生参与公民生活的意识与能力为主要内容，以提高未来公民的素质为宗旨，以现实的公共生活为参照，由师生共同设计，一起实施的教育过程，是针对各类公共性议题在班级公共领域中进行的多向互动的交往性实践活动。理想的班级生活应当是通过合理的安排，使日常生活、集体生活和公共生活融入师生共同参与的班级生活，促进学生的社会性发展，引导学生全面提升公民素质。

2. 让学生活泼地发展

学生是学习的主体，没有了学习的主动性，就不可能形成生动活泼的局面。考试应着重考查思维能力，考查分析问题和解决问题的能力。我们致力于彻底改变把分数作为评价学习成绩和教育质量唯一标准的教育评价制度。国民素质和民族素质的提高，是学校、家庭、社会对儿童少年进行教育、熏陶、施加综合影响的结果。

3. 多途径发展

（1）把公民意识教育与课堂教学结合起来

公民意识教育是学生德育的重要组成部分，在没有独立开设公民教育课的情况下，学校可以把公民意识教育融入学校德育中，把公民教育课与课堂教学结合起来。思想品德课是对初中生进行系统的思想教育的主阵地和主渠道，在思想品德课的教学中应该突出公民教育的内容，注重学生公民意识的培养和公民素质的提高。同时，学生公民意识教育还应该渗透在其他学科的教学中。

（2）把学生公民意识教育与实践活动结合起来

《公民道德建设实施纲要》指出："公民道德建设的过程，是教育和实践相结合的过程。"相对于系统的公民意识教育而言，志愿者活动、社会调查以及参观考察、团队活动、社区服务、学生干部的竞争和选举、为特殊群体的爱心募捐等实践活动是进行公民意识教育十分有效的手段。它更能增强人的亲身体验，对公民的权利、责任和义务的理解更加深刻，可以达到知行统一。这些活动能够帮助学生走出校园，走进社会，了解国情，一定程度上培养了他们的主人翁意识、社会责任感、民主意识和爱国精神。当前，公民意识教育存在重理论传授、轻行为养成的现象，我们有必要把实践活动制度化、经常化，引导学生从身边的具体事情做起，逐渐走进社会，熟悉生活，逐步培养起公共责任感和公德意识。

（3）把学生公民意识教育与日常生活结合起来

在中学生日常生活中开展公民意识教育，这有利于学生集体意识、竞争意识和合作精神的形成发展。校内生活的行为公约、价值观念，学校的日常规章制度、《中小学生守则》和《中小学生日常行为规范》，可以加强学生自理、自立能力的训练，是提高公民意识和实际生活能力的重要途径。校园是学生生活的主要场所，学校也是一个小社会，学生养成了良好的学习、生活习惯，有助于他们今后适应大社会即公民社会的生活。

（4）把学生公民意识教育与校园文化建设结合起来

中学校园文化对学生的公民意识培养既有显性约束力又有隐性感染力，因此，我们要努力建设校园文化。我们可以通过培育学生精神提高学生公民意识，学校的教育理念、管理制度、学习风气、教师引领、人际交往方式、解决问题的方法和习惯、与社会交往的形式等对学生具有潜移默化的影响。如广播站、校园网、宣传橱窗、学生刊物、专题讲座和大型集会等各种校园氛围对学生公民意识的培养具有特殊的渗透力和影响力，能收到润物无声的教育效果。

同时，拓展多种途径，通过家庭、学校、社会联合建设和班级建设这几种新的研究途径，来推进中学生公民意识培养的研究。通过研究，我们不仅要认识到初中生现代公民素质的培育对于学生未来发展的价值，更要认识到研究过程中初中生的即时成长价值；我们不仅要认识到对学生本人成长的重要价值，更要从民族生存和发展的角度来重视公民素养的培育，这将为构建和谐社会奠定良好的基础。

第七章　核心素养

我们已经意识到知识本位的应试教育不能适应教育的发展，过度的知识教学会导致学生想象力和创造力的发展受阻。学校教育绝不是给人生画上句号，而是给人生准备好一把把钥匙。因此，只有找到人发展的“核心素养”，才能解决好有限与无限的矛盾；只有找到对学生终身发展有益的DNA，才能在给学生打下坚实知识技能基础的同时，又为学生未来的发展提供足够的动力。构建学生核心素养体系的目的正是为了培养拥有家国情怀的社会精英。

第一节　为什么要构建核心素养体系？

一、核心素养体系构建的现状分析

核心素养体系的提出，并非我国单独的声音，而是一种世界趋势。21 世纪初，核心素养结构模型由经济合作与发展组织率先提出，它要解决的问题是：应该培养学生具备哪些最核心的知识、能力与情感态度，才能成功地融入未来社会，才能在满足个人自我实现需要的同时推动社会发展？

多年来，受其影响，不同国家或地区都在做类似的探索。美国对核心素养的关注起源于注重知识创新的高新企业团队，这些企业从用人所遇到的问题反馈到教育中，指出哪些技能或者说哪些能力和素质是在基础教育阶段要培养学生的。这些技能不是简单的、具体的生活方式，而是当今社会必需的生存技能，是每个人都应该掌握的内容；欧盟在 2006 年通过的关于核心素养的建议案中，将母语、外语、数学与科学技术素养、信息素养、学习能力、公民与社会素养、创业精神以及艺术素养共计八个领域确定为核心素养；英国则在国家课程的总目标中，明确了学生的核心素养，包括跨领域的涉及学生精神、道德、社会性和文化等方面的发展和这些方面发展所需要的核心能力，也包括与学科领域紧密结合的关键能力；日本从 2009 年起就通过国立教育政策研究所启动了为期 5 年的“教育课程编制基础研究”，着力关注“社会变化的主要动向以及如何有效地培养学生适应今后社会生活的素质与能力，从而为将来的课程开发与编制提供参考和基础性依据”；新加坡教育部 2010 年 3 月颁布了新加坡学生的“21 世纪素养”框架，将尊重、负责、正直、关爱、坚毅不屈、和谐确立为核心价值观；我国的台湾地区从 2005 年开始了核心素养研究，并将《界定与选择核心素养：概念参考架构与理论基础研究》确立为区域专题研究计划。

通过对各个国家和地区核心素养的研究探索，我们不难看出在世界范围内的许多国家和地区都在通过不同的方式，将核心素养体系融入课程体系之中，实现由原有的重知识结构、重学科内容、轻能力培养的教育模式，向提升学生能力水平、促进全面发展的新理念转变。而核心素养研究的兴起和发展也与时代发展、社会变革紧密相连。因此，可以说核心素养体系的构建正是面向教育体系外的社会需求，是教育变革与发展的国际趋势。

就我国而言，近些年一直实施的素质教育改革虽然成效显著，但与立德树人的要求还存在一定差距，表现在“重智轻德，单纯追求分数和升学率，学生的社会责任感、创新精神和实践能力较为薄弱”。

国家提出构建核心素养体系，便是试图由上而下解决这些难题。核心素养的构建使学生发展的素养要求变得更加系统、更加连贯，这里有两个问题是需要重点解决的：一是深入回答“培养什么人、怎样培养人”的问题。必须把对学生德、智、体、美、劳全面发展的总体要求和社会主义核心价值观的有关内容具体化、细化，将其转化为具体的品格和能力要求，进而贯穿到各学段，融合到各学科，最后体现在学生身上。二是加强教育教学评价从以前的单纯考查学生的基本知识和基本技能转向考查学生综合素质的引导，使其真正成为衡量学生全面发展状况的评判依据。

因此，核心素养体系的构建，必将成为顺应国际教育改革趋势、增强国家核心竞争力、提升我国人才培养质量的关键环节。

二、社会发展的需要

《国家中长期教育改革和发展规划纲要（2010—2020 年）》提出“要树立科学质量观，把促进人的全面发展、适应社会需要作为衡量教育质量的根本标准”。教育部《关于全面深化课程改革落实立德树人根本任务的意见》指出核心素养的两个指向：一是指向适应人的终身发展，二是指向适应社会变革。因此，促进人的全面发展、适应社会需要就可以作为构建学生核心素养体系的标准。

核心素养体系建构的导向是面向未来、适应未来社会发展。学会学习、肩负社会责任感、拥有人际交往能力、拥有文化理解力、认同民族文化等这些未来社会对人们发展要求的必备能力也将成为社会发展对人的基本诉求。

学会学习的诉求：面对知识的爆炸式增长以及学科交叉融合的社会现实，我们只有学会学习，终身学习，才能够跟上科技快速发展的步伐。我们所说的学会学习不仅指外在的学习读书，同时还包含了学习的动机和信心，即内心的学习。这其中也包括了解决问题的积极态度，对已有知识和生活经验的运用，对知识探求的好奇心和愿望。

肩负社会责任感的诉求：科学技术虽然提高了劳动生产率和生活质量，但同时也带来了环境污染、生态危机等负面问题，技术解决的办法和技术造成的问题两者间距离逐渐加大。培养社会责任感，就是希望我们学会从人类长远发展的角度处理人与自然、人与技术发展之间的关系。

拥有人际交往能力的诉求：在新的经济发展趋势下，人际交往能力是人们对于社会交往的内涵、实质、地位、作用等方面认识和实践程度的决定因素，交往品质的高低直接关系到人们的交往思维和交往实践水平的高低。因此，未来社会公民需要有良好的人际交往能力，开展积极的、自觉的交往活动，并具有倾听他人观点、从他人角度思考问题、有效控制情绪等人际交往品质。

拥有文化理解力的诉求：随着信息技术的快速发展，人与人之间的交往已经打破地域、国别和等级的界限，崭新的文化融合形式——文化的全球化正在形成。在这种文化形式下对人们的文化理解力要求更好，我们要学会以尊重和开放的心态，理解世界各地的文化和语言。

认同民族文化的诉求：文化的全球化在帮助人们打开“世界橱窗”的同时，也给我们本民族文化的发展带来影响和冲击。如果没有对本民族文化的认同感，就很容易在多元文化的潮流中迷失自我。因此，热爱本民族文化，理解民族文化的价值，保护、开发、使用民族文化资源就显得尤为重要。

三、个人自我实现的需要

学生核心素养体系的构建必须从人成长发展的一般规律出发，符合学生身心发展与教育教学活动实践的客观规律。

人格由四层要素组成，形成金字塔结构：第一层是志向，包括冲动、愿望、兴趣、能力倾向、理想、世界观和信念等；第二层是经验，包括知识、技能和习惯等；第三层是反应，包括情绪、感觉、思考、体悟、感情、意志和记忆等；第四层是气质，包括性别特质、年龄特质、病理学变化和身体变化等。也有把世界观、思想和道德的基本信念视为人格核心的人格学说。从儿童人格成长的角度来看，这四层要素恰恰是我们终身发展需要的必备品格。

心理学理论认为，人最高层次的需求是自我实现。所谓自我实现，就是想做的事最终做成。一个人的自我实现一方面固然依赖个体的努力，另一方面也依赖社会给予必要的帮助，一个人有了某种才华，社会应该给他提供必要的舞台，使他可以及时展示自己。这样，人们的上进心才会被激发，我们的社会才有了持久前行的动力。

从“立人”的角度来看，教育的目的主要是为学生的生存奠基。要生存，就要面对各种未知与挑战，要应对这些挑战，自然需要“全球视野、思维素养、人文素养、专业素养、身心素养”，而这些素养正是我们适应社会变革的关键能力。

陶行知先生说：“教育乃立国之本、强国之基。”它不但关系到每一个个体、每一个家庭，还进而影响到社会的发展，甚至决定一个国家的竞争力及文明程度。因此，我们期待的学校教育，不应局限于一门学科的知识，而应有长远的展望，是为了发展学生的心智，是为了发展学生的学习力，是为了让学生真正学会认识自己、管理自己、发展自己！

第二节　核心素养的内涵及特征

一、核心素养的内涵

对学生的核心素养较难给予一个确切的定义，可以说它是世界教育改革的浪潮中我们反复摸索与实践的一个新的产物。我们认为，从人的全面发展角度出发，学生核心素养解决的是“培养什么样的人”的教育问题，是按照学生发展规律能够体现“促进人的全面发展，适应社会需要”这一要求必须拥有的基本素养和能力，是对育人目标的另一种诠释。

基于这样的认知，教育部《关于全面深化课程改革落实立德树人根本任务的意见》指出：核心素养是指学生应具备的适应终身发展和社会发展需要的必备品格和关键能力，突出强调个人修养、社会关爱、家国情怀，更加注重自主发展、合作参与、创新实践。

在我国，社会主义核心价值观包含了国家、社会、公民三个层面的价值准则。从价值取向上看，核心素养反映了学生终身学习所必需的素养与国家、社会公认的价值观。从培养方向上看，它既注重学科基础，也关注个体适应未来社会生活和个人终身发展所必备的素养。

我们高度重视培养学生的核心素养，构建学生的核心素养体系，并以社会主义核心价值观教育为重要手段，从认识—认知—认同等程度开展相关教育活动。因此，基于中国国情的核心素养体系，应该是以社会主义核心价值观为圆心来构建，通过学校教育而获得的，这也是立德树人的根本途径。

人的核心素养体系有两个维度：必备品格和关键能力。

1. 必备品格培养——个人修养、社会关爱、家国情怀

个人修养是人在个体心灵深处经历“自我认识—自我解剖—自我教育—自我提高”后所达到的一种境界，可以概括为20个字，即“仁义礼智信，温良恭俭让，忠孝悌慎廉，勤正刚勇直”。我们往往会将个人修养作为一种无形的力量，用以约束自己的行为。任何一个人只有具有良好的个人修养，才会被人们所尊重。

社会关爱是人类社会的情感和行为，是积极参与社会生活，主动关爱他人，关心集体，服务社会，报效祖国的具体表现。

家国情怀，包括家国同构的社会传统，也包括把个人追求与社会目标统一起来的儒家信念。由个人而家庭，由家庭而社会，由社会而国家，由国家而天下是中国人特有的社会价值逻辑。“家国情怀”这个词听起来很神圣，其实，它就在我们每个人的一举一动中。习近平总书记在深情阐述“中国梦”时讲道：“国家好，民族好，大家才会好。”这是对“家国情怀”的通俗解读：只有民族复兴、国家富强才能带来人民的幸福、带来每一个人的幸福。只要每个人能把自己的理想和民族相融，和国家的发展相结合，就在体现“家国情怀”。

《关于培育和践行社会主义核心价值观的意见》将24字核心价值观分成国家、社会、个人三个层面，这种将涉及国家、社会、公民的价值要求融为一体，恰恰暗合了传统的家国一体理念。

作为个体的人，是社会组成的基本元素，也是社会价值观的逻辑起点。社会价值观的凝练，取自我们在社会行为中逐步形成的思想共识；社会价值观的实现，归根于每个人对它的践行和培育。所以，作为社会个体的我们，应当首先注重个人修养的塑造，其次讲求社会责任的担当及对民族、对国家的热爱。然后，才会有更高层面的社会价值观的凝聚和实现。

因此，在不断的教育实践中，我们初步形成了以文明民主治理为载体，培养学生文明礼仪素养，努力做好学生基本行为规范教育；以中华优秀传统文化教育为引领，加强“仁义礼智信”教育，努力提升学生基本素养；以社会主义核心价值为中心，提高学生对核心价值观的认识、认知、认同，努力构建学生核心素养体系；以培养高素质创新型人才为目的，努力实现学生高品位发展的“四步走”育人理念。从培养学生的个人修养到培养社会关爱意识，逐步让学生成为拥有家国情怀的社会精英。

2. 关键能力培养——自主发展、合作参与、创新实践

2014年3月份，教育部《关于全面深化课程改革落实立德树人根本任务的意见》提出了全面深化课程改革的总体要求，并提出实现“五个统筹”的要求。其中，“统筹各学科，特别是德育、语文、历史、体育、艺术等学科。充分发挥人文学科的独特育人优势，进一步提升数学、科学、技术等课程的育人价值。同时加强学科间的相互配合，发挥综合育人功能，不断提高学生综合运用知识解决实际问题的能力”，“统筹课标、教材、教学、评价、考试等环节。全面发挥课程标准的统领作用，协同推进教材编写、教学实施、评价方式、考试命题等各环节的改革，使其有效配合，相互促进”，为课程教学发挥育人功能，提高学生科学素养和学科教学质量，指出了方向，创造了更好的环境和条件。

课程教学的育人功能主要体现在对自主发展、合作参与、创新实践等能力的培养上。

自主发展：新的课程理念倡导课堂要以学生的自主发展为主。在教学中要让学生主动学习、快乐学习、合作学习、探究学习，要将课堂的时间和空间尽可能多地交给我们的学生。当学生对学习萌发了一种浓郁的情感时，学习便成了一种满足自己的需要，他们才是快乐的，充满创造力的。在教学中教师要根据教材内容及学生实际情况，灵活地、创造性地创设教学情境，调动学生内动力，引导学生最大限度地参与课堂。

“I’m in(参与)”卓越课堂要求学生提前独立完成预习案、探究案，进行小组培训，尤其是生生培训，这些都可以使学生最充分地释放自己的潜能，去探索、去创造，进而在享受的过程中养成正确的学习态度，树立正确的价值观。在预习展示环节，我们将课堂前移环节中学生独立完成的预习案进行展示，在展示中要求学生离稿或用空白导学案进行，并让全班同学及时对展示的学生进行改错和评价加分，这样可以让学生更有效地完成自学，更高效地完成预习的检测，更充分地参与进课堂，展现出优秀的能力。独立完成探究案要求学生独立思考本节课的精华，在静思中初步形成自己的观点，并努力通过画图、模型和肢体语言展示等方式来论证自己的观点，为下一步小组讨论中说服其他同学

做必要的思想准备。这个环节将锻炼学生严谨的思维能力和认知能力，是一个人综合能力提升的过程。生生培训要求学生分层完成基础知识的理解与传授，由优秀的学生通过预习自学将本节课的基础知识讲给相对基础薄弱的学生，这样既可以激发基础薄弱学生的学习动力，同时还进一步加深了优秀学生对知识的理解和掌握，进一步培养了学生自主发展的意识。

合作参与：学生课堂合作参与学习作为一种新的学习方式，它有助于发挥学生的主体作用，培养学生参与、合作意识，增进团结、协作精神；有利于发展学生的思维能力和语言表达能力；有利于增强学生学习过程中与教师、同学、教材之间的各种方式的互动；有利于拓展学生的知识视野，增进课堂教学的活力。因此，教师要抓住最有利的时机组织学生参与、合作学习。

“I’m in(参与)”卓越课堂中的小组讨论和探究展示环节，正是对合作参与能力的最好培养。小组讨论是学生组内交流的过程，通过集体的智慧去完善个人观点的不足，在有些问题上小组成员可能各执己见，不能形成统一的结果。这个过程看似是杂乱的、无序的，但实际上在辩论的过程中锻炼了学生的思维表达能力，意见的不统一使学生在思维上得到了碰撞，激发了强烈的求知欲。探究展示是学生将小组讨论得到的知识网络或提炼的典型解题思路展示到黑板上，由一名学生在讲台上讲解、展示、分享小组讨论的成果，这个过程既锻炼了学生的表达能力，又能体现学生合作参与的结果。当学生感到独立思考出现障碍，知识需要拓展，凭一个人的力量难以很好完成任务时，最能激发起学生合作参与的学习欲望，我们就是利用好了这个最佳的合作契机。

创新实践：突出以学习者为中心，以主动学习、主体实践为特征，认为学生的学习过程是学习主体对学习客体的主动探索。不断创新，从而不断发现客体新质，不断改进已有认识和经验，建构自己的认知结构的过程，而不是通过静听、静观接受现成知识结论的过程。为此，教育者应特别强调主动学习、主体实践的教育价值，注重发挥学生的主体地位，通过学生亲身的活动和实践，变被动消极地学为主动积极富于创新地学，使学习成为学生主体的自主活动。这种主动学习方式主要以学生主动探索发现和解决学习问题为特点，包括探究学习、解决问题学习、交往学习、合作学习、体验学习和有意义地接受学习等多种学习方式。通过学习者对学习对象的主动操作、亲身体验、探索、加工、改造和创造等实践性活动来实现和完成。总之，这种学习过程不仅强调动脑思考，而且强调动手操作、亲身体验，注重多感官参与、多种心理能力的投入，在活动中学，在做中学，主动地学，创造性地学。

卓越课堂中的点评质疑环节，是学生创新实践能力训练的最好体现，学生可以在质疑环节提出自己的不同观点，由优秀学生进行分析、讲解和总结；点评环节可以让学生知道黑板上展示的内容哪些是正确的表述，哪些是错误的表述，将易错点展示给大家，让学生清楚地认识到身边的错误，以防自己在同类题中再犯同样的错误。这个环节是学生思维碰撞后产生火花的过程，是学生创新能力提升的过程，所以老师既要充分参与进去，也要尊重学生的思路和想法，及时点拨和纠正学生的错误认识。在这样一个认知、质疑、再认知的过程中，学生作为主体通过真实的实践活动，完成学习对象与自我的双向建构，最终实现主动发展。

反思、讨论、研究课程教学，在思想认识和观念上，全面、深刻地认识课程教学的育人功能和价值，克服重学科知识的传承、重应试训练，轻课程育人功能和科学素养培养的习惯，增强育人意识，是进一步发挥课堂的育人功能的关键。四年来，我们探索了以“参与”课堂模式构建为核心，以制定和实施《课堂教学改革保障机制》为措施，将探究式学习、激励性评价与反思性教学融入“I’m in(参与）”卓越课堂，积极构建新课程有效教学实践。

我们认为课堂是育人空间，课程是育人途径。我们需要改变三维目标三者并重的局面，旗帜鲜明地提出“育人是课堂的第一要务，是课堂教学的本质追求”。课堂“作为学生进行社会生活最主要的场所”理应承担这份责任，这也是以“参与”为主要特征的高效课堂的合理性表达，学生的主动参与就是课堂最重要和最根本的保障。

通过课程育人的实验框架，探索提高教育教学质量的有效方法和途径，培养学生的合作能力，实现学生主动发展，并以此来落实学习者在课堂中学习的主体地位，通过小组学习以及多种学习手段给予每个学习者个体平等参与学习的机会，培养学生自主发展、合作参与、创新实践的能力。

二、核心素养的特征

核心素养提出的根本目的是落实我国的教育宗旨：提升国民综合素质。通过国际比较，我们发现核心素养的内涵已经表现出较高的国际化趋势，且有共同的价值取向。

1. 适应社会发展与技术进步

教育通过培养人才来促进社会发展，反过来，社会的发展与进步也必然带来教育变革。因此，国家层面的教育决策要符合社会需求，体现时代发展对人才培养的要求。国际教育核心素养体系中重点关注信息素养、科学技术素养、创新素养等内容，反映出时代变革、社会发展、科技进步对人才素质的新要求。而我国核心素养的提出正是在国际趋势下，聚焦人才培养的创新模式，顺应时代的要求，在创新精神、实践能力、社会责任感等方面，进一步提升。

2. 关注全面发展与终身发展

全面发展与终身发展是素质教育的根本宗旨，是制定核心素养的基本价值取向。国际组织及世界各国和地区对核心素养的遴选都涉及学生全面发展及终身发展所需要的知识、技能、态度和价值观等方面。这些素养关乎学生的自我发展、社会价值及个人竞争力，更关乎适应现在及未来社会发展的素质。

3. 重视生活品质与生存质量

核心素养就像是房屋的地基，其稳固程度决定了楼房的高度与坚韧度，而核心素养的培育对人的终身发展具有重要的导向作用，关乎个体的生活品质和生存质量。当前国际上的核心素养体系，除了生存必备的能力，还涉及文化意识、环境研究、个体发展、生活规划、管理与解决冲突等，这些指标体系涵盖学生的个人品质、文化素养和精神境界，影响着他们与社会、自然的相处和互动方式，也决定着日常生活的品位和品质，真正体现着以人为本的教育思想。

第三节　核心素养体系构建的影响因素

一、核心素养与育人目标的关系

1. 核心素养是育人目标与教育实践的桥梁

2010年,《国家中长期教育改革和发展规划纲要（2010—2020年）》分别从德育为先、能力为重、全面发展三个方面，对教育应该培养学生哪些核心素养作出了规定："坚持德育为先。引导学生形成正确的世界观、人生观、价值观；培养学生团结互助、诚实守信、遵纪守法、艰苦奋斗的良好品质。树立社会主义民主法治、自由平等、公平正义理念，培养社会主义合格公民。坚持以能力为重。优化知识结构，丰富社会实践，强化能力培养。着力提高学生的学习能力、实践能力、创新能力，教育学生学会知识技能，学会动手动脑，学会生存生活，学会做人做事，促进学生主动适应社会，开创美好未来。坚持全面发展。加强体育，加强心理健康教育，促进学生身心健康、体魄强健、意志坚强。加强美育，培养学生良好的审美情趣和人文素养。加强劳动教育，培养学生热爱劳动、热爱劳动人民的情感。重视安全教育、生命教育、国防教育、可持续发展教育。促进德育、智育、体育、美育有机融合，提高学生综合素质，使学生成为德、智、体、美、劳全面发展的社会主义建设者和接班人。"

我们可以看出，党和国家的教育目标对学生需要达到的能力和素养做出了宏观规定，它是学生核心素养模型的重要指导思想。党和国家的教育目标规定学生完成基础教育之后所必须掌握的知识与技能和情感、态度与价值观，学生通过教育要达到的能力还不能完全按学生发展规律，落实到教育实践领域。

2. 育人目标是核心素养体系的出发点和归宿

育人目标是学校教育实践的集中反映，决定着学校的办学方向，是确定人才成长质量的前提。在现代普通中学育人模式的整体架构上，育人目标是整个体系顶层设计的出发点和归宿。学生的核心素养是育人目标的具体化。从人的全面发展的角度出发，核心素养体现了“促进人的全面发展，适应社会需要”这一要求，解决的是“培养什么样的人”的问题，是对育人目标的另一种诠释。

为此，我们初中部将育人目标确定为培养“志趣高远、品德高尚、人格健全、身心健康”的适应新时代发展的中学生，努力实现学生由“学会”变成“会学”，由“他育”变成“自育”，由“他律”变成“自律”，把学生培养成高素质创新型人才，努力实现立德树人这一教育的根本任务。

二、核心素养与核心价值观的关系

1. 构建学生核心素养体系是落实社会主义核心价值观的客观要求

培育和践行核心价值观是国民教育的基本任务，而如何将其融入国民教育的全过程，对当前教育改革提出了新要求。构建学生核心素养体系是推进社会主义核心价值观融入国民教育全过程的第一步。在新课程的变革中，仅仅提出符合时代变化和发展的育人目标是不够的，学校价值观的变革必须渗透到学校改革的具体实践中。只有与学校的各项工作实践尤其是教学工作建立紧密的联系，育人目标才能够落地，也才真正具有存在的价值，才能起到引领作用。

2. 构建核心素养体系要体现社会主义核心价值观要求

成功的个体生活和国家、社会是分不开的，三者在核心素养体系中目标是一致的。所以，核心素养的功能不仅要促进学生的全面发展，还要体现国家与社会对儿童、青少年的价值期望。社会主义核心价值观囊括了当前个人、社会、国家的价值要求，以此为学生核心素养的指导思想和价值取向不仅能落实党和国家的教育目标，也与国际上对核心素养的功能与定位相一致。

3. 核心素养的形成有助于学生形成道德自主发展能力

道德自主发展能力是学生核心素养的重要内涵。就学生自身发展而言，一些扭曲的社会现象影响着孩子们的心灵，也吞噬着原本建立起来的纯洁的道德信条；生存环境的变化，考量着学生的道德选择与判断，也需要学生形成道德自主发展能力，坚定德行自信，其关键在于培养学生能进行独立性、自主性的道德判断和道德选择，实现道德价值，成为独立的社会人，这与核心素养中的必备品格以及核心价值观不谋而合。

学生对未来的构筑和现实的思考中，既是现实主义者又是理想主义者。他们有对社会理想包括道德理想的憧憬，也有对自身道德目标的勾勒，目标能否实现，很大程度上依凭于学生的道德自主发展能力。而具备了核心素养就会让我们树立正确的道德观、价值观，从而在人生发展的道路上找准正确的方向。

三、核心素养与课程教学的关系

1. 核心素养指导、引领、辐射课程教学

我们要牢固树立以学生为本的教育观，培育学生的核心素养，实施个性化教育。相对于传统的教育，个性化教育应尊重学生的主体性，确立以学生为本的教育观。首先，要明确学生与教师的主客体关系，改变传统的以教师为中心的观念。学生是教学的中心，因此既要兼顾全面性，又要适应差异性，尊重学生的个体意愿、选择自由，培养其正确的价值观和良好个性的张扬，同时鼓励和促进个体创造力的提升，为学生具备终身学习能力和创新能力打好基础。

苏格拉底说："教育不是灌输，而是点燃火焰。个性化教育培养的学生不是流水线上统一规模型号的产品，而是心理健全的有着丰富自我属性的独特的社会人。"以学生为本的教育观要求在教学实践中，以促进学生的和谐全面发展为目的，要求教学的制度管理、教师的教学实践、课程的体系设置、学生的综合评价等教学的诸多部分形成有机的配合体系，合理推动个性化教育理念的运行。同时，以学生为本要求教学过程不是被动地、机械地接受，而是要开发运用多种教学手段，最大可能地开发、释放学生的个性与潜能，要充分激活学生的内

在“生长”因素。教学成为推动学生具备自我认识、自我学习、自我提升能力的过程。

2. 课程教学应体现核心素养的培养

我们要以核心素养体系为基础，将各学科课程教学统筹规划。一方面，核心素养体系的构建彰显学科教学的育人价值，使之自觉为人的终身发展服务，要将“学科教学”升华为“学科教育”。另一方面，核心素养的达成，也依赖各个学科独特育人功能的发挥、学科本质魅力的发掘，只有乘上富有活力的学科教学之筏，才能顺利抵达核心素养的彼岸。因此，以学生核心素养来推动和促进课程改革已成为深化课程改革的重要方式。

学校在课程体系构建中应当明确，要培养学生的哪些核心素养，如突出强调个人修养、社会关爱、家国情怀，更加注重自主发展、合作参与、创新实践等，以更好地指导学校课程的内容选择与科目设置。作为教师，要明白自己首先是教师，其次才是教某个学科的教师，要清楚作为“人”的“核心素养”有哪些、学科本质是什么，才会明白我们的教学要把学生带向何方。

从学生核心素养出发，衡量学校课程建设成功与否有三个标准：第一，课程是否围绕学生的核心素养展开；第二，能否在学生的核心素养和学校课程框架之间建立实质性连接；第三，是否能够保证每一门课程的质量为学生的核心素养服务。基于此，学校应该在学生核心素养理论的指导下，以课程整合为依托，促进课程体系的改革与发展，逐渐建立起以学生核心素养为中心的新课程体系，这将是学校追求发展的一条关键路径。

3. 落实学生发展核心素养，需要以课程为依托

课程的品质影响着学生的素养，课程的结构影响着学生的素养结构。叶圣陶先生曾说过：所有的课都应当是政治课，所有的课也都应当是语文课。所谓都是政治课，不是要求把所有的课都上成政治课，而是所有的课都应当从学科课程的性质、任务、特点出发，自然地进行思想品德教育；同样，所谓都是语文课，也不是要求把所有的课都上成语文课，而是所有的课都要指导学生学习语言文字的应用。叶圣陶先生的话至少有两点相当重要：一是学生发展核心素养中少不了思想品德素养和语言文字素养；二是学生发展核心素养既是基于学

科的，又是超越学科的，应当用学生发展核心素养来统领各学科教学。因此，学科教师既要研究本学科的教学，又要关注、研究、把握和落实学生发展的核心素养。当然，不仅要把握共同的、一般的核心素养，还应当研究和把握学科本身的核心素养。

我们常说，作为教师，首先是教师，然后才是学科教师，因此，我们不是教学科的，而是教学生的。“不是教学科的”，不是对学科的轻视，更不是对学科的否定，而是说，要从所教学科知识的背后看到“人”，看到学生。教师教学科，很容易停留在学科知识的传授上，而没有宽广的视野；很可能忘了课程教育是为了育人的道理。我们只有站在人的角度，站在育人的高度，才会让我们的教学充满生命的活力和创造力。树人永远是教育的最终目的。面对不少教学让知识遮蔽了人，忘记了“以人为本”的教育理念，让分数把学生禁锢起来了的社会现实，我们更应该明确：教学的使命与目的应当是发展学生的核心素养，而核心素养应当以人为核心，以育人为根本任务。

核心素养的发展离不开教学。课程体系培养和发展的正是学生的整体素养、综合思维方式、创新精神和探究能力。因此，我们只有将课程教学紧紧围绕着核心素养的培养与发展，才能诠释什么是真正的教学，什么是教学的使命和目的。

第四节　构建学生核心素养体系的实践探索

系统论认为，任何系统都是一个整体，一个运行良好的系统整体具有功能放大效应。中学德育也是一个整体开放的大系统，我们将学校德育工作放在课程育人、活动育人、管理育人、环境育人四位一体的整体系统中实施，努力做到目标上统一要求，时空上密切衔接，作用上协调互补，力量上聚分适度，充分发挥整体育人功能，成功构建了具有我校特色的“四位一体”多元维度育人体系。

在此基础上，经过多年的探索与实践，我们又形成了“基本规范—基本素养—核心素养—最终目标”的纵深向度育人体系，单就培养中学生的核心素养，我们认为应该主要包括以下四个方面：第一，学习愿望和主动学习的动机及自主学习能力；第二，认识自我，悦纳自我，自我规划，自我约束，自我调节，体魄强健，心理健康；第三，团队精神，合作意识，合作能力，沟通意识，交流能力；第四，国家认同，国际视野，社会公德，社会责任，关爱自然。从此可以看出，学生的核心素养与社会主义核心价值观有某种内涵和外延的契合。

因此，我们提出了初中部学生核心素养体系：以核心价值观为中心，以“认识—认知—认同”为要求，以学科教育为手段，以德育活动为形式，以全面发展为目标，培养社会精英。

为了努力构建学生的核心素养体系，对学生进行社会主义核心价值观教育，我们主要以认识—认知—认同为要求开展相关教育活动。首先，让学生认识学生核心素养的理论内容，明白构建学生核心素养体系对学生成长发展的重要性。其次，聘请相关校内外专家学者，结合初中学生的年龄实际和身心发展特点开展易于学生思想接受的构建学生核心素养专题讲座，让学生由对核心素养的简单认识发展到深刻认知。再次，组织专题班会，让学生自己谈感想、讲体会，分享在生活和学习中如何从不同层面积极培养自身核心素养，实现学生对核心素养培养的高度认同。最后，学校要开展各种主题活动，通过各种丰富多彩且学生喜闻乐见的活动让学生在活动中受到潜移默化的影响，无形中构建和完善自身的核心素养体系。

核心素养培养德育形式探索：

第一，系列主题班会——“理想”“社会公德伴我行”“我的中国梦”。

目的：注重培养学生的个人修养及社会关爱意识，强调公民个人价值观的培育及家国意识。

形式：主题班会，年级大会。

第二，系列德育活动——“致五年后的我”策划书、“从社会主义核心价值观角度谈雷锋精神”演讲比赛、英模报告会。

目的：注重培养学生由个人而家庭，由家庭而社会，由社会而国家，由国家而天下的社会价值逻辑以及正确认识个人发展与社会、国家的关系。

形式：策划书，演讲比赛，征文比赛，报告会。

第三，核心素养教育总结大会。

目的：总结梳理个人在核心素养培养过程中的进步与提升，明确下一步努力的方向。

形式：表彰会，先进事迹报告。

第五节　核心素养体系建设展望

一、核心素养体系的创新思路

核心素养强调的不是知识和技能，而是获取知识的能力。核心素养教育模式取代知识传授体系，这将是素质教育发展历程中的一个重要节点，意义深远。而我们进行的探索恰恰是将德育活动与课程改革有机融合，将核心价值观教育融入其中，积极构建“课程育人，活动育人，管理育人，环境育人”四位一体的育人新格局，落实“基本规范—基本素养—核心素养—最终目标”的纵深培养模式，努力把学生培养成志趣高远、品德高尚、人格健全、身心健康的适应新时代发展的高素质人才，努力实现学生由“学会”变成“会学”、由“他育”变成“自育”、由“他律”变成“自律”，进而达到培养创新型人才的目的，最终实现立德树人这一教育的根本任务，形成了独具特色的初中学段多元维度与纵深向度特色育人体系。

二、核心素养体系构建的困惑

素质教育发展到今天，无论从理论还是从实践方面看，都存在着一些困惑或问题。

当前，学生核心素养体系的建构成为推动世界教育改革的重要环节。通过总结质量标准建立的需要，梳理国家宏观教育目标，分析当前国际形势，提出我国基础教育阶段学生核心素养的概念内涵，在核心素养体系的构建时要遵守素养可教可学、对个体和社会都有积极意义、面向未来且注重本国文化这三个原则。但核心素养体系的构建如何衡量素养是否可教可学，仍需要在实践的过程中进一步探求。

三、核心素养中价值观教育化的发展趋势

核心素养的概念不是凭空捏造的，从其发展趋势看，大体涉及“人格构成及其发展”“学力模型”“学校愿景”研究三大领域，关于学校文化建设，是在以培养学生核心素养的前提下所进行的课程设计等一系列活动。因此，以核心素养体系构建为基础，形成具有学校特色的育人文化将成为价值观教育化的下一步努力方向。

第八章　最终目标

在多元维度与纵深向度的育人体系中，各个领域和环节，自成体系又相互关联。学校的课程、活动、管理及环境蕴含着教育的最终目标。基本规范、基本素养及核心素养教育，是实现最终目标的必经阶段和必要准备，而实现最终目标是各个教育活动的必然趋势和最高价值追求。学校制定的每一项制度，开设的每一个学科，开展的每一项活动，教师教授的每一节课，班主任组织的每一次班会，教育工作者落实的每一项工作都包含丰富的教育信息，服务于最终目标。实施最终目标教育的目的是为了培养高素质、具有创造性精神的国家栋梁。

第一节　最终目标的内涵

教育的最终目标是把学生培养成志趣高远、品德高尚、人格健全、身心健康的高素质人才，让学生由“学会”到“会学”、由“他育”到“自育”、由“他律”到“自律”，进而把学生培养成为创造型人才，落实党和国家立德树人这一教育的根本任务，以造就有创新精神和创造能力的公民。

人民有信仰，国家才有力量。青年有信仰，国家才有希望。青年学子追求什么样的人格品质、坚守怎样的道德底线、践行怎样的信念与理想，将直接决定着未来中国的社会面貌和时代气质。青少年都应该从自身做起，“扣好人生的第一粒扣子”，把握社会主义核心价值观的人生航线，扬起人生逐梦风帆，为个人成长、社会和谐、民族复兴贡献力量，切实承担自己应该肩负的使命。

志趣高远是指学生具有远大志向和高雅情趣。中国有梦想，青少年更应该有梦想。有了梦想，才会有为梦想奋斗的历程。立足当下，追求自己想要的生活是理想；规划职业，实现自身价值也是理想。但是，作为国家未来的主人，青少年不能安于自己的小天地。教育的价值在于种下梦的种子，培植土壤，挥洒雨露，普照阳光，呵护成长。个人梦为中国梦助力，社会担当、家国情怀应该成为学生生命里割舍不去的一部分。中国梦为个人梦护航，教育要促使学生把个人梦融入到中华民族伟大复兴的历史洪流中，创造无愧于自己、无愧于时代的事业。

品德高尚是指学生不仅人品过硬而且道德高尚。中华民族在自己的发展历程中，在创造灿烂的中华文化的同时，形成了代代相传的高尚品德。有“天下兴亡，匹夫有责”，“苟利国家生死以，岂因祸福避趋之”的爱国情操；有“敬业乐群，公而忘私，爱岗敬业，恪尽职守”的敬业精神，也有“言必信，行必果”，“一言既出，驷马难追”的诚信美德；有“己所不欲，勿施于人”，“己欲立而立人，己欲达而达人”的友善宽厚，也有“富贵不能淫，贫贱不能移，威武不能屈”的浩然正气，“鞠躬尽瘁，死而后已”的为政风范，厚德载物、道济天下的宽阔胸襟等。这些高尚品德熔铸到民族的血脉中，升华成民族的精神，塑造出民族的性格。中学生应继承和弘扬优秀民族精神和品质，使之成为自己生命的底色，教育责无旁贷。

人格健全是指学生的生理、心理、道德与社会各要素统一、平衡、协调。人格健全的重要指标是社会化、为别人着想、有责任心和开放性。教育要培养学生具有社会适应能力的意向和性格表现，在学校和班级的小集体中，学习、体会、感悟、内化社会生活的规则，逐步实现从自然人到社会人的过渡。走出家庭的小天地，学生应学会把爱心和同情心施与同伴，尊重他人，尊重社会，尊重自然，不以自我为中心，与同学友好相处，是学生的必修课。责任心是一个人应该具备的基本素养，是健全人格的基础。教育要让学生认识到对自己和他人、对家庭和集体、对国家和社会所负的责任，自觉遵守规范，对事情敢于负责任，勇于主动承担责任，履行义务。同时，保持一个积极开放的心态至关重要。不断获得新知和探索未知，创造性地面对社会，不畏惧新鲜事物，敢于尝试，保持好奇心，是培养创新精神的内在要求。

身心健康是指学生身体和心理两方面都能快乐成长，健康发展。身心健康是公民生活学习的基础，包括身体健康和心理健康。精力充沛，能从容不迫地完成日常学习，乐观积极，勇于承担责任，能适应外界环境变化，是身体健康的标志。生命健康权是公民最重要的人身权利，是享有其他一切权利的基础。学校教育应高度重视学生身体健康，切不可为了所谓的“安全”，把学生限制在教室里。锻炼身体也是教育的一部分，团队精神、顽强拼搏、永不放弃、执着追求应该成为学生的内在基因。珍爱生命，悦纳自己，热爱生活，自尊、自信、自立、自强，坦然面对现实，保持良好的人际关系是心理健康的重要表现。人的高贵在于有丰富的情感世界，能掌控且能调适自己的内心世界，过健康的生活。身体是心灵的寄主，心灵是身体的灵魂，身体为心灵提供庇护，心灵赋予身体以生命。唯有身心合一，才能乐观积极。

由“学会”到“会学”，是指学生从注重对现有知识的学习到主动掌握方法、积极探讨新知识、培养新技能。在传统的教育教学中，教师以把精心组织的知识系统地传授给学生为第一要务，注重知识的单向灌输，学生的主动性被忽视或受到压抑。学生是课堂的主体，是学习的主人，教师应该点燃学生的智慧之火，把学生的头脑变成燃烧的火把，而不是知识的容器，引导学生掌握学习方法，提高学生的学习能力。人类社会的每一次历史性进步，都是以工具的改进为基础，学习的革命也是以学习方式方法的改进为基础，学生必须学会学习，保持终身学习。在现在社会中，知识更新换代呈现加快趋势，学生唯有掌握高效学习方法，才能在课堂上激发学习积极性，做学习的主人，才能主动地探索周围的世界，保持青春激情与活力，才能在信息社会中保持旺盛的学习热情和较高的学习能力，才能在竞争中立于不败之地。

由“他育”到“自育”，是指教育从注重施与外在的影响到注重学生内在的觉醒。教育的价值在于通过教育者言传身教，促进学生的成长，如果教师的教育教学没有对学生产生影响，那就不能算是成功的教育。一直以来，内省与外铄是教育学的两种主要思想，教师的价值即在于外铄。但是，如果没有学生内在的觉醒，教育是低效、无力、不可持续的，甚至会危害学生的身心健康。自育是学生在接受教师的教育启发之后，结合自身特点，在新的情况下自我教育，实现自我发展，这是教育的最高境界。

由“他律”到“自律”，是指教育从注重对学生的外在约束管理到引导学生的自我约束、自我管理、自我激励、自我发展。教师要转变管理者及权威的角色，做课堂的组织者、引导者、参与者。自律是一种素养，也是一种品质。他律能使学生初步养成良好习惯、减少违纪行为，但是取得持久、稳定的进步和从根本减少违纪现象，学生的自律意识与能力至关重要。因为教师的严格要求和自我约束而学习，其效果差别是显而易见的。缘于威严而遵纪守法是合格的公民，能慎独者则是君子。

任何人都有创造性，要保持创造力，关键是要保持好奇心，培养创造性思维。让学生由“学会”到“会学”，由“他育”到“自育”，由“他律”到“自律”，让学生孜孜不倦地汲取知识，使自己知识渊博，运用知识不断探索新思路、新事物，锲而不舍、自律自强地研究新知识，解决新问题，这是让学生保持好奇心、具有创造性思维的必备素养，是培养创造型人才的重要途径。实践出真知，学校生活为学生的发展提供了广阔的舞台，课上课下形成合力，让学生善于思考，勤于动手，敢于质疑，乐于创新创造。改革开放以来，我国教育事业取得了举世瞩目的成就，同时，我们也应清醒地看到，目前的教育还不能满足经济社会发展需要，离人民满意的教育还有一定差距。其中，最重要的问题是过分重视对“人才”的追求，忽略对“完整人”的培养。有能力无担当，有小我无大家，有眼前无长远，有物质无灵魂，教育培养了不少“精致的利己主义者”。希望通过学校教育，努力实现由外在的灌输转变为内在的自我发展，学生由“学会”到“会学”，由“他育”到“自育”，由“他律”到“自律”，最终实现由“被动成长”到“主动成长”的转变。只有这样，我们才是在做“人”的教育，我们才是在做育“心”的教育，我们的教育才是“全人”的教育，才能实现学生高品位发展。

第二节　确立最终目标的缘由

目标给人以方向，指导前行的路。合理、有价值的目标，能汇集力量，凝聚人心。教育的最终目标即是为实现教育服务于人、服务于社会的价值而确立的。

一、教育的本质追求

教育的本质追求是以引导学生成人为第一要务，以发展人性、培养人格、改善人生为目的，培养志趣高远、品德高尚、人格健全、身心健康的学生是教育的题中之义。学校开展的任何活动必须服务于这个中心。

德国哲学家雅斯贝尔斯说："真正的教育是用一棵树去摇动另一棵树，用一朵云去推动另一朵云，用一个灵魂去唤醒另一个灵魂。"教育的使命是唤醒。每个人都是丑陋与优秀的矛盾复合体，灵魂深处既包含最为原始的、满足本能冲动的欲望，又包含实现自身价值、积极进取的力量。欲望不加约束，会冲破社会的防护堤，力量不经引导，会自由散漫，相互冲突、消解，难以凝聚前行。教育就是立足现实，用智慧之火，点燃学生的世界，照亮前行的路，让学生发现自己，认识自己，完善自己，实现自己，过幸福美满的生活。

在多元维度育人体系中，课程、活动、管理及环境育人的各个部分，有着自身的直接教育目标，但都包含最终的价值追求。课程是教学的载体，教学必然具有教育性。知识传授是形式，是直接目的，而能力的培养，情感、态度、价值观的形成是内在诉求。课程的实施即是课堂，学生在课堂中分组讨论，小组展示，点评质疑，他们收获的不仅是知识，更锻炼了心智，学会了彼此合作、尊重的品质和遵守规则的素养。教师开发课程，组织课堂教学应自觉以最终目标为指导，促进学生向更高层次发展。针对特定阶段学生的实际情况，学校开展丰富多彩的活动，这是教育的有效形式。作为主要参与者，学生身处具有仪式感的第一现场，师生、生生相互影响，营造出浓郁的主题氛围，这有利于激发学生内在能量，升华成一种情感，沉淀在自己的生活阅历中，描绘出生命的底色。各项活动不仅有仪式感的开始，更坚持在日常学习生活中。学生不断自我提醒、自我反思、自我修正、自我提高，把升华出的强烈情感内化成稳定持久的价值认同，自觉指导自己的生活。这是活动育人的最高追求。管理是学校教育教学有序开展的重要保障，学校管理和学生自我管理共同构成完整的管理体系。学校管理应摒除行政化的倾向，应目中有学生，以服务学生为宗旨，为学生的发展保驾护航。自我管理是学生发展独立人格，培养立足未来社会、做合格公民的素养，实现由“他育”到“自育”的重要途径。人是环境的产物，也影响着环境。创设良好的环境，是为了让学生认同学校价值，自觉参与到文化建设中，潜移默化中取得教育的效果。教师的一言一行都会对学生产生影响，身边的一草一木都是教育的工具。学生既是校园文化环境的享受者，也是积极的建设者。在校园文化建设中，他们发挥聪明才智，不断为之注入新的富有生命力的内容，并外显为其中的一部分。在这个过程中，学生付出艰辛，收获快乐，丰富了精神世界，实现了内涵发展。

二、实现人自由而全面发展的应有之意

“每个人的自由而全面发展”是人发展的最高形态，是教育的终极目标。今天，我们在继承优秀传统文化，借鉴吸收其他民族优秀文化基础上，丰富和发展了马克思主义，提出了构建自由、平等、公正、法治社会的理想和目标。自由的社会需要具备自由而全面发展的公民。对学生进行品质教育、人格塑造、精神引领，教师责无旁贷。

实现自由而全面发展，是人们尊重规律、发挥潜能、不断提升自身价值的过程，是追求从必然王国到自由王国的过程，是人们逐渐认识和改造自己及周围世界的过程，是无止境螺旋上升的过程。人们不断获得自由，又追求更高层次的自由。为了实现自由而全面发展，中学生必须努力提高自己，加深对事物的理解，让自己不断成长，不断提高自身境界，突破小我，向大我跃迁。自由

在高处，追求如攀登。唯有超越山脚的狭隘，才能领略高处的风景，而每一步都需要付出努力，每一步都是一次超越。认识自己，提升能力与境界，把握规律，改造世界。学校生活是学生面向未来的操练场，小小的教室孕育大大的梦想。教育应让学生插上梦的翅膀，释放全部的力量，奋力飞翔，让学生保持自己的个性，为社会的花园贡献自己的色彩。

三、建设和谐社会、助力“中国梦”的需要

教育的职责是培养社会需要的人才。今天，全国各族人民凝聚力量，攻坚克难，正在为实现中华民族伟大复兴、建设和谐社会而努力。“中国梦”归根结底是人民的梦，人民有力量，国家才有希望。和谐社会需要和谐的公民，要关注社会中人的作用，关心人的尊严，促进人的全面发展。教育是今日的事业，也是明日的事业。只有今日培养出志趣高远、品德高尚、人格健全、身心健康的学生，明日他们才能建设成民主法治、公平正义、诚信友善、充满活力、安定有序、人与自然和谐相处的社会。

教育要培养有理想、有道德、有文化、有纪律，德、智、体、美、劳全面发展的社会主义建设者和接班人，中学生处于人生的关键，立足未来社会的品质和才能在此时埋下种子，教师要悉心照料，精心培育，以待其在未来的某个时刻生根、发芽、成长，早日担负起建设国家的重任。

第三节　实现最终目标的实践探索

为把今日之学生，培养成明天之希望，应把名家引领作为教育的重要抓手。

一、以活动为载体，让学生增强理解和认同，自觉践行

1. 实施育人体系的最终目标系列活动方案

（1）活动目的：通过开展各种形式的学习和实践活动，使最终目标的内涵深入内心，自觉争做志趣高远、品德高尚、人格健全、身心健康的学生，并以此为契机，强化学生的责任意识和社会担当，提高学生素质和境界，推动学校德育工作向纵深发展，为社会培养高素质、创造型人才。

（2）活动主题：争当高素质创新型学生，勇做明日社会栋梁人才。

（3）活动形式：校会、主题班会；知识讲座；演讲比赛；知识竞赛；看影视作品；读名人传记；讲名人故事；诵读名人名言，创作自己的名言；书信寄语。

（4）活动内容：

①启动仪式。

②活动步骤：

第一，学习领悟明事理。此部分主要让学生明白最终目标的丰富及准确内涵，为后续的活动做好知识储备和情感铺垫。

第二，榜样引领增动力。此部分主要让学生了解历史及当代名人的丰功伟绩，发挥名家引领作用。

第三，内省反思促认同。此部分主要让学生对照他人，反思自己，树立崇

高追求。

第四，仰望星空坚志向。此部分主要让学生描绘未来长远蓝图，坚定信念，不断激励，适时调整，引领前行。

③闭幕式。

（5）活动要求：

①学校统一筹划，制订详细的活动方案，相关部门或班级负责组织实施。

②学校负责总体把握，各班要认真发动，积极准备，保证活动效果。

③活动过程要密切关注学生的思想、行为变化，及时调整活动方案和节奏。

2. 主要活动及步骤

（1）学习领悟明事理

意识是行动的先导，树立符合事物发展规律的意识，能促进人们改造世界、提高对世界的再认识。教育是教育者用精心组织过的材料，通过启发、诱导、点拨或者与学生交流的方式，传输既符合社会发展需求，又符合学生身心发展规律的价值准则、规范要求等，引导学生在学习中顿悟、明晰事理，并结合自己的生活经历，内化成生命的底色。如果没有正确的意识作指导，很难有符合社会要求的行为。

培养志趣高远、有追求、能担负建设国家重任的人才，必须帮助学生树立正确的价值观念，以照亮未来之路，让学生在潜移默化中审视自己的行为，扩大视野，走出狭隘的自我，把为天地立言、为民请命的气魄之种子埋在心间，在学习生活中自觉严格约束自我。即使在微不足道的言行中也坚守自己的信仰，磨炼自己，砥砺前行。

系列知识讲座是有效的形式之一。正确的意识是行动的先导，知而行之，能提高行动的有效性。学校要开展丰富的活动，把深刻的道理通过喜闻乐见的形式展示在学生面前。教师是学生获取信息的源头之一，教师的格局和境界，影响着学生学习的效果，教师本身就是一部活生生的教育资源，学校应安排优秀的教师队伍承担知识讲座。教师或德高望重，学生尊重敬仰；或讲解得严丝合缝，滴水不漏，学生享受思维的盛宴；教师或深入浅出，娓娓道来，互动交流，学生随之舞动。教师要精心准备，立足学生不断扩展的生活实际和认知规律，采取他们易于接受的形式，让理性之光永驻心间。学校要调动社会资源，请知名校友、名人大家走进学校，以自身事例教育学生，这将收到意想不到的效果。此外，安排知识讲座要注意层次性、连贯性和梯度性，由浅入深，既体现内容的丰富性，又注重思想性，让学生在持续的学习中，体会到伟大精神和志向对个人成才的积极作用，明白个人对国家、民族应该负有的责任，激发使命感，把积极向上、斗志昂扬、责任担当、家国天下永记于心，内化成品行，沉淀成性格，升华成情操，凝练成信仰。教育应开启一扇窗，用知识点亮生活，让学生的内心充满崇高之光。教师引领前行，让懵懂的学生明晰事理，用行动改善社会，期盼自我成为建设国家的栋梁、振兴民族的中坚。

此外，举行快乐阅读活动、组织学生参加知识竞赛等也是学生系统获得知识、奠定思想基础的有效方法。

（2）榜样引领增动力

榜样的力量是无穷的。学习榜样能让我们感受到名家的伟岸人格、崇高志趣，发现身边榜样的不屈不挠、坚忍不拔。学习榜样，会震撼心灵，激发力量。对照榜样，则会反省自我，奋起直追。

活动一：历史的召唤

读史使人明智，催人前行。五千年的历史，是中华民族的奋斗史，也是人才辈出、群星灿烂的创业史。无数名垂青史、震古烁今的人物，或是危急关头力挽狂澜，带领民族走出困境；或是和平时期忧国忧民，为了人民的福祉殚精竭虑，虽九死而未悔；或是改革流弊，造就盛世繁荣；或是守卫边关，拒敌御外，保一方平安。他们有一些共同的特点：青年时期树立远大理想，立志成才，报效祖国，顺应历史潮流，以天下为己任，超越小我，着眼大局。丰富的历史积淀，是中华儿女取之不尽、用之不竭的精神动力，是中华民族的精神家园。欲培养学生的博大情怀，教育者应该挖掘历史资源，让历史说话，走进先辈们的世界，感受他们的丰功伟绩，汲取成就自己、面向未来的力量。

历史名人故事是学生容易接受的形式之一。丰富的史实资料，故事化的情节，带领学生穿越时空，体验主人公生活的时代，感受他们丰富的情感世界。在还原的故事中，历史名人不再仅仅是课本里的名号，而是有血有肉地呈现在每个学生面前，与之同喜同悲。学生们在故事中了解到“天下为公”是孙中山先生追求的境界与目标，革命先行者承载了中国近代史的梦想与荣光，更因他花尽毕生心血为建设独立自由的国家奔走呼告，让自己的精神受到洗礼。面对日渐没落、行将就木的王朝，“我劝天公重抖擞，不拘一格降人才”的呼声让学生明白，这不仅是龚自珍个人的期盼，更是对时代的呐喊。“天下兴亡，匹夫有责”是顾炎武毕生践行的准则，也应该成为每个中国人的责任。每一个历史名人都有一段波澜壮阔的往事，都为生养的土地奉献了全部的心血。正是他们的爱国精神才让这个民族经历沧桑而不衰，正是他们的豪情壮志、脚踏实地，才让他们在历史长河中留下点点繁星。寓教于故事，学生时而慷慨激昂，时而沉静思考，时而开怀欢笑，时而悲愤伤心，故事结束，信念留根。

当然，历史名人故事的取材不仅仅限于我国，凡是为人类社会的进步做出卓越贡献的，都可以为我们所用。

活动二：身边的榜样

历史是昨天的今天，今天又是明天的历史。在丰富多彩的现实生活中，有千千万万的不平凡者，创造着今天的历史。无论是“感动中国”人物，还是道德模范及各种各样的“最美”人物，他们都是矗立在时代前沿、代表着社会风向的楷模。无论是隐姓埋名30年的“中国核潜艇之父”黄旭华，还是全心全意为群众服务的革命老人龚全珍，又或是为中国航天事业做出卓越贡献的英雄群体，他们都是一群有理想、有信念的逐梦者，责任与担当让他们责无旁贷，信念与坚韧让他们义无反顾。放下一个小我，托起民族的大梦。他们或是在惊涛骇浪中，或在一穷二白的年代，埋下头，挺起胸，甘心做沉默的砥柱，成为国家最大的财富；或是一生追随革命、爱情和信仰，辗转于战场、田野、课堂；或是把“特别能吃苦，特别能战斗，特别能攻关，特别能奉献”的载人航天精神融入每个人的血液，攻坚克难，实现了遨游太空和奔月的梦想。鲜活的事例拉近了榜样与学生的距离，使学生能够清晰地感受时代的脉动与榜样在理想信念的牵引下进行艰苦卓绝的努力。开展寻找、发现身边榜样的活动，一方面引导学生从中汲取能量，增强认同感，真真切切地感受是平凡中的伟大追求、平静中的满腔热血、平常的极负责感才铸就了辉煌的人生、不朽的功勋；另一方面鼓励学生积极在生活中自觉弘扬主旋律，践行社会主义核心价值观。

（3）内省反思促认同

教育的价值在于唤醒，没有受教育者内在的觉悟，任何形式的教育都是无益的。真正的力量来源于受启示之后的自我奋进。教育的实质是要引导追寻有意义的幸福生活，少一些怯懦，多一些坚强；少一些隐晦，多一些明朗；少一些蝇营狗苟，多一些兼济天下；少一些自私自利，多一些博大宽广。古希腊神庙门楣上“认识你自己”的箴言是人类永恒的话题，也是人生起航始点。只有明白“我是谁，我要去哪里”的终极命题，才能立下宏志，百折不挠，勇往直前。风景在高处，唯有不惧艰难者才能领略。教育应引导学生走在追梦的路上，依靠努力与才干，书写自己的辉煌。

活动一：你我的名言，共同的力量

名人因其广泛的社会影响力，其一言一行受到人们的广泛关注，特别是真知灼见部分，更是得到人们的推崇。同时，在漫长的历史长河中，丰硕的文明成果，标注了人类来时的路。名人名言更是屡经筛选，如镶嵌在王冠上璀璨的珍宝，深深植入人民的记忆中，虽寥寥数语，却温暖黑夜中前行的人，给人们力量。

教育要发挥名人名言的独特价值。首先，组织学生阅读历史，查阅名人名言。阅读历史，有助于理解传统经典，了解名人名言的时代背景。在阅读中再现波澜壮阔的画面，感受留下名言时的壮志豪情。只有了解历史，才能更深刻地理解名言的内涵，才能使之成为自己行动的指南。其次，展示所得，交流学习。合作是学习的有效形式之一。展示有利于增强学习的动力，培养自信心。交流有利于互通有无，产生头脑风暴，脑力激荡，矫正理解偏差。名人名言不仅仅是一两句孤立的话，它有厚重的过去，更有富有生命力的未来。在活动中，不仅要引导学生记住一句句至理名言，风华少年要以只争朝夕的紧迫感，塑造新的精神风貌。

历史属于过去，也预示未来。学生不仅要学习历史名人名言，也应该创立自己的名言。“为中华之崛起而读书”激励着年少的周恩来为国家的独立自由而奋斗，彼时虽幼，却壮志凌云。“少年智则国智，少年富则国富，少年强则国强”喊出了救亡图存的口号，唤醒千千万万少年尘封的热情。组织自创名人名言，是为了把学生放到时代的风口浪尖，鼓励其以开创时代先锋的气魄，唤醒沉睡的勇气。在活动中，学生自己设计名言、书写名言，这本身就是一次自我教育的过程——自我认同，自我肯定，自我期待，自我鞭策。在群体性的活动中，学生之间会彼此学习、激励，相互督促，这也是一次自我扩展、自我拔高的时机。

活动二：别人眼中的我

作家林清玄曾讲过自己成长中的一个故事：刚开始从事写作时，他把写好的稿子给老师看，老师激动地说：“你是我教书三十几年来最棒的学生！”他信以为真，坚持写作，最终成就显著。后来有一天与同学们应约去老师家里时，他发现老师对每位同学都说过同样的话。心理学中罗森塔尔效应表明，自我期待是个人成长的重要力量。教师、家长的良性期待，同伴的相互客观、全面的评价，会对学生产生积极作用。

“别人眼中的我”活动，包括“老师家长眼中的我”和“同学朋友眼中的我”两部分。“老师家长眼中的我”应融入到日常的教育教学中，避免大张旗鼓的运动式和形式化。基于学生某阶段的特殊优异表现，教师提出高于学生实际且通过努力能达到的合理化期待，使其心怀希望，不断进步。教师的期待是学生努力的方向，设置总目标，细化攀登的抓手，以包含对学生无限挚爱，蕴含丰富教育价值的一句话、一个问题引导学生描绘生命的色彩，使学生经历成长的快乐。同伴是青春期学生的重要他人，同学朋友之间彼此分担痛苦，分享快乐，开阔视野，促进性格的形成。开展“同学朋友眼中的我”活动，旨在让学生通过他们的眼睛审视自己的不足，相互激励，描绘理想图景，设计完美形象，立足现实，开创未来。

（4）仰望星空坚志向

康德说：“这个世界上唯有两样东西让我们的心灵感到深深的震撼，一是头顶浩瀚的星空，二是人们内心崇高的道德准则。”星空为黑暗中前行的人们照亮前行之路，虽然微弱却是希望之光，道德直指内心，为己尽力，为家尽责，为国尽忠，即使面对挫折困难，却愈挫愈勇，不随波逐流。每每抬头，立身无穷宇宙，自己渺小如沧海一粟，则会低下骄傲的头，脚踏实地，继续积蓄力量。每每对话灵魂，躬身自省，背上行囊开辟新的天地，抬起头做更好的自己，“穷且益坚，不坠青云之志”。

学校组织开展“写给未来的自己”活动就是要引导学生仰望星空，脚踏实地。每个人心中都有一个英雄梦，梦想给你力量。教育应如雨露滋润梦想早日生根发芽，吐绿成荫。给未来的自己写信，是在做10年、20年或更长的人生规划。描绘蓝图，不是天马行空、信口开河，它是对未来的期待和承诺，立足现实的自我和社会，顺应时代发展潮流，超越现实的羁绊，排除干扰，超越时空，看到理想的自己——忧国忧民、为人民谋福利的政治家，守卫国家安全、战功显赫的军事家，仁术仁心的医生，厚德博才的教育家，创造财富、还利于民的经济界翘楚，传承中华文化、丰富民族精神宝库的文化使者，等等。这既是一次活动，又是一种仪式，应该持续开展。反复地打开自己的信，诚心地自我反省，检讨得失，不断提醒自己，使之刻在心里，化作呼唤进步的动力，不懈怠，不放弃。每次活动都是一次深化，留下成长的印记，更清晰地认识自己和未来，调整航向，坚定信念。

二、发挥多元育人功能，潜移默化中实现升华

学校的课程、活动、管理及环境都是为了培养有追求、有价值、有理想、堪当重任的人而存在的。没有轰轰烈烈的运动，和风细雨中滋润学生干涸的心田；没有惊天动地的誓言，对信仰的坚守是永不褪色的旗帜；自尊自信自立自强者在平静的生活完成了对自我的超越，根植沃土，心在蓝天。羽翼日丰的小鸟，期待在阳光下展翅飞翔。今天积蓄的所有努力，都是为了明天能让世界闻到芳香。

1. 立足课堂教学，发挥课程育人作用

课堂是学生接受教育的主渠道，教师要切实提高教学水平，运用教育智慧，充分利用课堂平台，根据学生提出的问题，及时设置情境冲突，层层追问，答疑解惑，以知识为载体，无限扩展精神空间，既传授知识，更培养塑造品质，促进学生质的飞跃。学生有着鲜活的生命，以及不同的生活经历、丰富的情感体验、敏感的神经，会随着课堂的展开呈现不同的反应，这些是最有价值的课程资源。教师要立足学生逐步扩展的生活，以敏锐的眼光，发现课堂中学生的疑惑与灵光，用熟悉的素材，设置有梯度的问题，让学生既有话说，又能引导不同层次的思考，虽然不同的学生对同一课堂会有不同的理解，觉悟时刻迟早不一，但终究会明晰事理，开阔眼界，播下种子，孕育希望。

课堂是一个舞台，但这个舞台没有彩排。教师可能无数次讲授过同一节课，但学生们是第一次经历。教师应该以不变的扎实学识、不衰的上课热情、灵动的教育智慧应对千变万化的学生。课堂是生活的片段，教师的一言一行会对学生产生影响，教师应发挥专长，教书育人。

2. 拓展教育空间，实现活动育人目标

活动是课程的有益补充，是广义的课程之一。活动是一种仪式，学生置身

于其中，充当一定的角色，学习知识，获得启示和充分的情感体验，升华成一种精神。活动组织形式因主题而定，切不可整齐划一，片面追求外在的视觉效果。或举全校之力，营造氛围，气势恢宏、震撼心灵；或局部策划，和风细雨，潜移默化。活动的效果不仅在于强烈的现场感，更在于活动结束之后的坚持，内化于心，外化于行，为活动而活动是没有生命力的。德育系列活动针对不同学段学生特点，提出不同的目标，循序渐进，前后照应，彼此交织。养成良好行为习惯，塑造健全人格，培养非智力因素，放飞心灵。每一个活动都包含教育的最终目标因素，即使学生停留在活动的要求，较之过去，也是一个很大的进步，如果能突破表象，直指内核，则完成了自我的超越。

学生是活动的重要组织者、参与者、践行者，只有激发兴趣，增强认同，才能有教育效果，否则，徒有形式，空乏内容。

3. 保障教育秩序，体现管理育人价值

班级是学生在校生活的基本单元，班主任的管理风格和管理水平会对学生产生深刻的影响。除了课堂学习，学生的在校生活是广泛的。一般来说，当教师在场时，学生总是倾向于表现积极的一面。但是，当学生们独自在一起时，他们的表现则可能有天壤之别，出乎人的意料。教育即生活，生活中处处体现教育。教师，特别是班主任，要把教育的范围拓展到课下，课上课下形成合力，在管理中实现教育的价值。但是，教师要做到严而有度，严中有爱，否则会引起学生的逆反情绪，不利于师生关系和谐。

4. 创设校园班级文化，凝聚环境育人追求

处于青春期的初中生，易受周围环境的影响。积极正面的班风，潜移默化中滋润学生追求进步与崇高，消极负面的班风则浸染学生制造混乱与不安。班风是一种文化氛围，是学生们共同营造的，每个学生又受其影响。在班风良好的班级里，学生既能做到积极发言，表现自己的风采，又能做到倾听他人，相互促进，小心翼翼地共同维护着自己的家园。在班风不正的班级里，正常的教学都无法保证，生生间的倾听更是难上加难。班风是软环境，纪律则是硬约束。只有严明的纪律，令行禁止，才能减少失范行为的发生，才能维护很难创设但又极易破坏的环境。

第四节　实现最终目标的现实困境

一、教育体制

我国的教育制度长期担负着提高国民科学文化素质和培养、选拔人才的双重使命，历史上曾发挥过积极作用。但是，随着我国经济社会的深刻变化，部分制度已不能适应新时期培养高素质、创造型人才的需要。对于中学教育而言，集中表现为单一的评价制度，即考试招生制度。国家虽然不断加大对过程评价的重视力度，逐渐提高对学生综合素质的要求，并将其作为录取成绩中的重要参考，但是因烦琐不易操作、量化存在较大主观性等因素，在实际教育教学中，效果不是十分理想。以考试为目的的课程设置、课堂教学和评价方式依然发挥着主导作用。

高考和中考关系着无数学生和家庭的命运。为了争取更好的入学机会，在社会和家长们的要求和支持下，学校像一台高速运转的机器，在有限的时间内向学生输送更多经过精细加工过的原料，学生则像被塞满食物的速生鸡，拼命地生长着。外显化的成绩遮蔽了内在的素养。单一的评价模式，知识与素养的矛盾统一，学习之外的其他事情，对于学生来说都是奢求。为取得好成绩好名次，不惜血本，甚至牺牲身心健康，教育过程和方式给学生带来痛苦和压抑，带来心灵的扭曲。

在现实中，一些学校教育日趋功利化，学生学业负担过重，师生关系紧张等负面效应凸显。一些学生在学习过程中没有成功的体验，也没有收获成功的快乐，部分同学甚至在低年级阶段就因成绩不佳得不到教师的关注，这种现象在毕业年级更是严重。长此以往，这些学生的生活黯淡无光、热情退去，积极性受到挫伤，自信心受到打击。教育制度应该为所有学生铺垫通往希望人生的道路，让他们都体验到自己的价值，乐观勇敢地面对生活的困难，树立生活的信心，播种希望的种子。学生不应该成为取得某种成绩的工具，学生本身就是教育的全部意义所在。

二、学校因素

学校是教育制度和政策的落实者，承担着培养学生的重任。学校是学生离开家庭独立生活的第一站，是适应未来社会的开始。学校营造了相对纯净理想的生活环境，学生能在这里学到适应未来社会的必备知识，锻炼人际交往能力，掌握基本的社会规则，培养健康积极的生活态度与品质，插上理想的翅膀，播下未来成长为参天大树的种子。

部分学校客观存在的因素影响着培养学生的质量。第一，教育观念不能适应新时期要求。在现有的教育制度下，个别学校把考试制度发挥到极致。无论是昔日的黄冈中学，还是今日的衡水中学，大多在应试方面有突出表现。考试作为评价的手段之一，异化为学生不能承受之重。学习是生活的重要组成部分，学生没有体会到学习的乐趣，没有把学习内化为品质与能力，终身学习的理念怎能深入内心？高考之后各地发生的毕业生集体撕书，便是对学习的控诉。学校在用透支未来的方式从事教育。即使学校的自主教育权有限，也应该为学生开辟一片自由的天空，盛下希望与梦想，安放青春与灵魂。第二，行政化管理阻碍学生成长。行政化的管理以完成任务为导向，以规范为主要手段，更多要求学生服从执行现有的规章制度，用命令代替教育，用检查代替引导，用冰冷的数据代替有温度的生命。教育应该解放学生，创造条件让其发挥聪明才智，搭建平台，发掘其潜能，锻炼其胆识与能力。解放学生的头脑，让其成为燃烧的火把，解放学生的双手，让智慧在指尖流淌，解放学生的双眼，让其去探索、去发现，解放学生的口舌，让其去讲述自己的故事。学校管理一切应以学生的发展服务，切不可贪图管理便利，禁锢了思想，束缚了双手，蒙蔽了双眼，封闭了口舌。学生没有在成长中体验到作为主人的责任与担当，没有在班级建设中留下自己的印记，这就丧失了体验生活的机会，束缚了学生的天性。此外，集约化教育模式就像机车厂的配件车间，是工业化时代批量化、标准化生产的模式，其本质在于没有把学生当成有个性化的人，而是当成了物。

三、教师因素

教师是学生的重要他人，是教育的重要实施者，是教学的组织者和引导者。教师的教育教学水平直接关系到学生在校生活学习的质量，培养德才兼备的学生，需要师德高尚、业务精湛的教师。第一，师德高尚是好教师的首要标准。厚德以载物，德不高者难以为良师。教师要敬畏生命，对学生的成长和终身发展负责，以微弱之躯，担负起为国家培养德才兼备人才的重任。努力提升自身修养，为人师表，率先垂范，以高尚的人格赢得社会认可和赞誉。令学生终生怀念的教师，必定是师德高尚的教师。教师不仅仅是一个职业和称呼，它包含有更丰富的内涵与情感，意味着一种信任、一种责任与担当。乐观进取的教师传递积极自信，悲观懈怠的教师则传递消极失败，满身阳光定能给学生带来温暖，满腹牢骚必会让学生抱怨不安。教师的境界影响着学生看到的风景。第二，业务精湛是教师教书育人的必备素养。课堂是教师教育教学的主阵地，是学生在校学习生活的主战场，必须充分发挥课堂的作用。耳目一新的导入，贴近学生生活的素材，张弛有度的节奏，容量适度的教学内容，别出心裁的教学设计，学生广泛且深度参与的课堂，恰到好处的启发引导，适时的总结升华，是一节好课的标志。在这样的课堂中，学生随着教师一起思考，一起舞动，在潜移默化中渗透教育的目标。学生能容忍要求严格甚至苛刻的教师，但绝不会原谅碌碌无为的教师。教师要把握学生认知发展和教学规律，提升教育智慧，打造学生期待的课堂，提高驾驭课堂的能力，并逐渐形成富有个性的对教育实践的见解与创意，促进自身专业化发展。

在日常的工作中，教师要努力加强师德师风建设，提高业务水平，充分利用教育教学资源，使之成为一盏盏引导学生言行的灯，促使学生把知识内化成能力，把能力外化为行动，让行动充满情感，让情感充满力量。

四、社会因素

改革开放以来，我国确立的社会主义市场经济体制，极大地激发了社会活力和人们创造财富的热情，市场经济思维深入人们内心，促进了经济的繁荣。但在一些领域，市场经济的逐利性、利己性表现出一定消极的影响。部分公务人员违法乱纪、公权私用，不能为社会公众谋取福利；一些不良商家唯利是图、肆意侵犯消费者的合法权益；等等。学生敏感的神经每天接受着来自外部的刺激，多多少少会受些消极影响。

五、家庭因素

孩子是父母生命的延续，也传承了家庭的精神，学生在一定程度上映射着家长的缩影。家风家教良好的学生，大多数人格健全，品质高尚，在校表现优秀。学生积极主动地参与课堂学习和班级管理，敢于就某一个问题提出独立的见解，希望改变不合理现状，具有较强正义感。一个优秀学生的背后往往有一个经营成功、无私付出并懂得宽严相济的家庭。家长能看到的世界是学生人生征程的平台与起点。意志坚强的家庭很少有懦弱胆怯的孩子；志存高远的父母孕育有鸿鹄之志的子女；欲在贪图安逸、不思进取的家庭中塑造出艰苦奋斗的精神品质，需要孩子自身超强的意志力；满眼只有蝇头小利的父母很难提出培养具有家国情怀孩子的要求。随着社会的发展，相当一部分家长把孩子的健康快乐作为成长的终极目标。父母的心情本无可厚非，但是安乐窝里磨砺不出搏击长空的翅膀，温柔乡里埋葬了子女的雄心壮志。父母的期望是孩子成长的加速器，切不可在本该指点江山，激扬文字的年华，过早地失去了斗志，磨灭了锐气。身心健康打底，人格健全铺路，品质高尚提升，志趣高远不仅成就小我，更在于奉献社会。

六、学生自身因素

教育之唤醒包含外在的施与影响和学生内在的觉醒。学生是教育的对象，是教育能否达到预期目的的决定性因素。外在的众多因素聚焦在学生身上，并通过其反馈出教育的效果。没有学生的觉醒，教育无从发挥作用。

新生代的学生，绝大多数是独生子女，他们独享着来自父辈祖辈们无微不至的呵护，溺爱成灾。任性、以自我为中心是当前一部分学生的通病。没有克服不切实际的公主王子梦，在社会中立足尚且困难，更不要说成为独当一面的栋梁之材。物质的富有使其不必为生计忧愁，但也失去了在社会中体验生活、开阔眼界、磨砺心性的机会。不断改善的生活条件，非但没有成为一些学生向更高世界跃迁的平台，反而消减了他们进取的动力，他们蜷缩在自己的小天地，贪婪地享受着别人的成果。

理想信念缺失是一些学生成长中的最大障碍。身处顺境放任自由，遇到困难唉声叹气。缺少理想之钙，就难以铸就铮铮铁骨，难以扛起历史赋予的重任。特别在网络时代，游戏娱乐成为一些学生生活的重要内容，游戏了大好年华，娱乐了本该奋斗的青春。本该是激情四射，有梦、追梦的季节，却在虚拟的世界中挥霍着生命，等回到现实，无聊苦闷充斥心头。

虽然实现最终目标困境复杂且相互交织，但为把学生培养成适应新时代的高素质、创造型人才，要共同努力，攻坚克难，不断改进创新，打出一套优美有力的组合拳，实现立德树人的目标。

附　卓越课堂精品课例及导学案

《生于忧患　死于安乐》教学实录

○赵　莹

一、育人目标

1. 指导学生反复诵读，根据学生诵读基础训练诵读三境界，尽量达到熟读成诵的目标，启发学生体会文中有关“逆境出人才”的道理。

2. 引导学生学习文言文要养成分类整理重要文言词语，随时积累语言材料的好习惯。

3. 教会学生用列提纲的方法理清文章思路，体会孟子文章寓理深刻，论证缜密，行文严谨，极具说服力和感染力的特点。

二、教学重点

1. 疏通文意。
2. 列出提纲。
3. 熟读成诵。
4. 积极面对困难，勇于成才。

三、教学难点

列提纲，理思路，悟道理。

四、教学步骤

课前分发预习案：1. 表格整理文言词汇。2. 思维导图疏通文意。3. 论证思路示意图。

导入新课，简介作者。

师：同学们好！请大家仔细观察大屏幕上的两幅画，用自己的话说说两幅画告诉我们一个什么道理。（画面："越王勾践卧薪尝胆""狮子与斑马"）

生1：忧愁祸患可以激发斗志，使人生存发展；安逸享乐会导致懒惰，使一个人乃至一个国家萎靡灭亡。

生2：就是启发我们在逆境中要积极面对困难，努力成才。

生3：其实我们现在很难遇到像勾践经历的那样的逆境，所以我们就想法在顺境中考试成功吧。（众生笑）

师：大家讨论得真好，不过咱们今天就先说说逆境成才的道理。中国历史上有一位伟大的思想家、教育家高度精辟地概括了这样的道理（出示课件：生于忧患，死于安乐。附孟子像），这位伟人是谁？

生：孟子。

师：对，他就是"亚圣"孟子。请大家借助屏幕来了解一下孟子。

生：齐读（孟子：战国时期思想家、政治家、教育家。孔子学说的继承者，儒家学派集大成者，被世人尊为"亚圣"。主要作品《孟子》在先秦诸子散文中独具风格，对后世散文的发展有着很大的影响，被列为古人必读的"四书"之一。孟子的文章，长于言辞，气势磅礴，论证缜密，行文严谨，极具说服力和感染力）。

师：好，今天我们就来学习他的《生于忧患，死于安乐》，从中体会逆境成才的道理（师在黑板上板书）。明确学习目标，强调学习方法。

师：首先，咱们来记住今天要落实的学习目标。（齐读学习目标：1. 积累文言文知识，疏通文意。2. 理清论证思路，理解"生于忧患，死于安乐"的历史意义和现实意义。3. 熟读成诵，体会孟子文章的语言风格，提高用精辟的语言表达自己观点的能力。）

师：老师先来范读课文，看看哪位同学敢于挑战老师的朗读。

生4：（挑战老师范读全文）

生5：我来点评，我觉得贵卓雅同学读得声音洪亮，字音准确，停顿也没有听出来错误，但是总感觉读得轻飘飘的，没有老师读得沉稳有穿透力。

师：贵卓雅读得有特色，胡永恒评得更中肯，咱们今天会有一个环节专门训练朗读，到时候看哪个小组的同学参与积极啊！同学们，独立思考是学习的基本能力，合作共赢是学好的法宝。下面让我们以小组（男女生）竞赛闯三关的方式来完成今天的学习任务，看看哪个组是最后的赢家，同学们准备好了吗？

第一关：谨记朗读三境界，快乐诵读你我他！（课件）（15—20 分钟）

（温馨提示：诵读三境界：读准字音，读出节奏，读出感情）

生齐读，师范读。

师：请大家比较一下，你们读的和老师读的有哪些差距？（标注字音和停顿的全文）

生 6：我们读得感情不够饱满，个别地方停顿好像不对。

师：通过对比，老师发现读准易，读顺也难不倒大家，读出情就得再努力了。怎样才能读得声情并茂呢？下面老师给大家支一着，那就是融情于文，先要把自己当作那个身处逆境立志成才的人，模拟自己在成才后给听众介绍成才感受的场面，然后再来读就有感觉了。现在请大家看屏幕上的三段话，看看这三段话有什么相同点和不同点。

（1. 舜发于畎亩之中，傅说举于版筑之间，胶鬲举于鱼盐之中，管夷吾举于士，孙叔敖举于海，百里奚举于市。2. 故天将降大任于是人也，必先苦其心志，劳其筋骨，饿其体肤，空乏其身，行拂乱其所为，所以动心忍性，曾益其所不能。3. 人恒过，然后能改；困于心，衡于虑，而后作；征于色，发于声，而后喻。）

（生边读边小组分析交流）

（师总结提升——同为排比句，都增强语势，使文章节奏鲜明，气势磅礴。不同的是排比的形式不同，饱含的情感不同，语气也不同）

（师朗读指导：第 1 段是主谓句并列式排比，作者一口气举出六位名人的事例，句句推进，义正词严，以不容分辨的语气，为下文的论证提供了有力的论据，所以我们在读的时候要想象出六位名人百折不挠战胜困难，抓住机遇积极进取，最后成功的情景，用舒缓坚定的语气，一气读完且有意犹未尽之感）

生 7：老师，我想试着给大家读读这一段。（众生鼓掌）

师：陈静同学积极参与，给大家做出了榜样，且读得也很好，给第一组加一分！后边两段老师指导后看谁能抢到朗读权了！

第 2 段是动宾句递进式排比，骈散结合，短促有力。恳切教导之情溢于言表，所以我们读时应模仿一身正气的孟子，用前后深沉中间激昂的语气，读出孟子让人非听不可的谆谆教导之情。

师：很多组同学要求展示，然而聆听也是一种难得的素质。下面老师让第三组同学读，看哪一组同学听得仔细，并能做出恰当的点评。（生8读，众生静听）

生9：我来点评，我认为刘仪航同学读出了孟子慷慨激昂的气势，但没读出孟子的沉稳大气。我想再读读这几句。（众生鼓掌）

师：大家都有读的欲望，那咱们就一起读这一段，在朗读中展示我们勇于战胜困难的决心吧！（齐读效果很好，师继续指导朗读）

师：第3段是复句排比。语重心长的劝告之情通过两个分号传达给世人。请大家仔细体会两个分句所蕴含的情感，用舒缓恳切的语气读出孟子的劝诫警示之意。

（师生配合齐读）

师：好，通过朗读，我们发现孟子确实是善用排比的高手，他笔下的排比句形式多样，内容丰富，感情充沛，这正是孟子文章长于言辞，雄辩有力，气势磅礴特点的体现。最后让我们根据刚才的学习，来齐读课文。

生根据提示齐读课文。

师：恭喜大家顺利闯过了第一关。同学们，书读百遍，其义自见。接下来让我们在朗读的基础上，疏通文意，速闯第二关！

第二关：分类整理用表格，思维导图通文意！

师：请大家根据预习案中的问题，结合课下注释，借助工具书试着说出每句话的大意。解释不了的词或说不通的句子，用问号做标记，以备集体质疑。自学时间5分钟。（预习案中就以下内容设计好表格：1. 通假字；2. 一词多义；3. 词类活用；4. 常用虚词：于、也；5. 特殊句式：状语后置、使动句）

众生以小组为单位互相质疑解答。（3分钟）能帮同学解答疑难问题的小组加2分。（出示“思维导图”）

师：补充订正下列句子的翻译：1. 舜发于畎亩之中。2. 必先苦其心志。3. 征于色，发于声，而后喻。4. 入则无法家拂士。5. 然后知生于忧患，而死于安乐也。

（生记笔记并表现出恍然大悟状）

师：（追问）这些句式有怎样的特点？该怎么翻译？你能否在文中各找出一个类似的句子呢？

（小组各找出一个符合上面例句特点的句子，并派代表进行了具体的翻译）

（师肯定并表扬了各小组展示时的闪光点，委婉纠正不足之处）

师：同学们，总结学习方法是有效学习的关键，下面老师来告诉大家一个总结学习文言文基础知识的好方法：分类整理思维导图记忆法——1. 常用文言实词，如“是”“亡”“喻”等。 2. 用法特殊的词语，如“曾益”“苦”“劳”“然后”等。3. 常用文言虚词，如“于”“也”。4. 特殊句式，如本文的状语后置句、省略句。（附本文“思维导图”）一课如此，一个单元乃至一本书中文言文的基础知识都可用此法。这样一来，在考前复习时就方便多了。

（生口头自由翻译全文）

师：两关下来，第五组遥遥领先，第八组暂时落后。议论文学习能难倒同学们的恐怕要数判断三要素和理清论证思路了。那么如何突破难关呢？请看大屏幕！这个格式是不是很熟悉啊？（三要素迁移理解法简介）对，是解数学证明题的格式。其实数学里通过证明题来解释自然界的数理，语文中则通过议论文来阐述做人的道理。我们可用迁移法把文中的论据看作已知条件，它很像数学里的已知条件，在文中能直接找到，其标志就是文中具体事例或引用的具体内容；论点则很像求证；论证是一个过程，和证明题中的证明一样。数学证明过程需要一定的方法，议论文论证观点也要有合适的方法，即论证方法。通过这样的方法，我们就可以很快分清三要素，然后重点突破理清论证思路的难关就行了。

下面让我们大胆尝试用解数学题的形式来解决议论文学习的两大难题，感受孟子文章寓理深刻、论证缜密、行文严谨、极具说服力的特点。

第三关：巧列提纲理思路，灵活学习效率高。（10 分钟）

师：请大家根据老师的提示，结合自己的理解，集中小组的智慧完成下面的板书设计。

[已知（论据）：六位名人（舜、傅说、胶鬲、管夷吾、孙叔敖、百里奚）逆境成才的故事。求证（论点）：生于忧患，死于安乐。证明（论证过程）：首先……接着……然后……最后……（友情提示：证明数学题时需用一定的方法，议论文中论证观点也需要合适的论证方法）]

小组合作探究。（师边巡视，边指导，理清思路的基本格式和标志性的连词）

（生展示点评，最先讨论好的小组去黑板上展示，其他小组准备点评）

（作者首先用事实论证通过摆出六位名人逆境成才的事实，以让人无可辩驳的气势推出了自己凡成大事者必须经过艰苦磨炼的论断；接着用道理论证从正面先强调客观环境下“生于忧患”对造就人才的必要性，又重视主观反省中“生于忧患”对成就人才的重要性；然后用类比手法由个人成才推及治理国家，并通过对比论证从反面论证了“生于忧患”对治理国家的重大意义，以及国家无忧患意识必将导致“死于安乐”的后果；最后顺理成章地归纳出本文的中心论点：生于忧患，死于安乐）

（生整理补充笔记）

师：第六组和第七组的板书设计得各有特点，相互学习取长补短就成了完美的板书。第二组同学用思维导图的方法来设计，真是既新颖又具体，太棒了！第六组、第七组各加 2 分，第二组加 3 分。现在我们看屏幕一起来巩固理清论证思路的知识和能力。

师生共同梳理总结本节课的难点。

师：通过刚才的分析，我们不难体会到孟子文章寓理深刻，论证缜密，行文严谨，极具说服力的特点。同学们，学语文其实就是在学做人，学过本文后，你是否懂得了珍惜现在的优越条件，用勤奋学习来历练自己的必要性呢？请大家根据这幅思维导图快速背诵全文，把孟子的教导牢记心间，并付诸行动早日成才吧！（出示课件）

“同位角、内错角、同旁内角”教学实录

○赵予新

一、育人目标

1. 理解同位角、内错角、同旁内角的概念。

2. 能结合图形识别同位角、内错角、同旁内角，并通过变式图形的训练，培养学生的识图能力。

3. 从复杂图形分解为基本图形的过程中，渗透化繁为简、化难为易的化归思想；从图形变化过程中，培养学生辩证唯物主义观点。

二、教学重点与难点

教学重点：对同位角、内错角、同旁内角的概念的理解。

教学难点：在较复杂的图形中辨认同位角、内错角、同旁内角。

三、教学过程

1. 创设情境，引入新课

如图（1）是我们学校周围的道路示意图，如果把其中的道路看作直线，就得出图（2）。

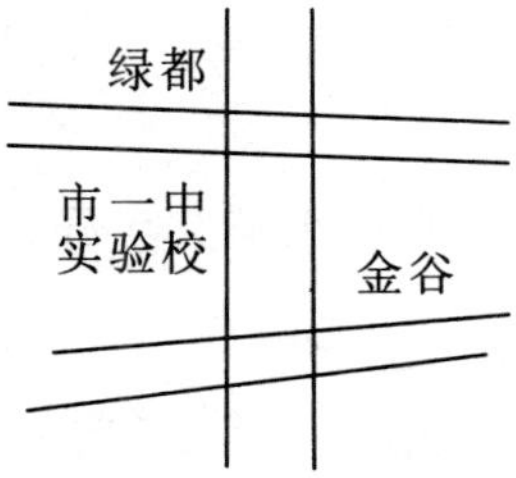

（1）

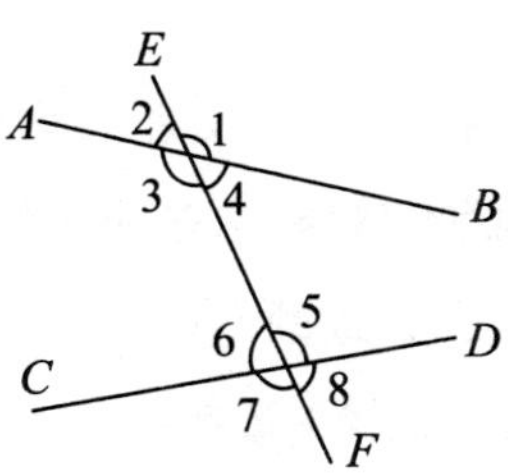

（2）

师：如图（2），两条直线AB、CD被第三条直线EF所截，共可以构成几个角？

生：共可以构成8个角。

师：两条直线AB、CD被第三条直线EF所截，可以构成8个角，俗称“三线八角”，在这八个角中，同一顶点的两个角的关系前面已经学过，今天，我们来研究不同顶点的两个角的关系。（板书课题）

2. 合作交流，探究新知

（1）探索同位角的概念

师：在上面的“三线八角”图中，我们把直线AB、CD称为被截直线，直线EF称为截线。请观察$\angle 1$和$\angle 5$，它们与截线及两条被截直线在位置上有什么特点？你能给它们起个名字吗？

生：这两个角分别在被截直线AB、CD的上方，都在截线EF的右侧，它们相对于截线和被截线的位置都是相同的，因此可称它们为同位角。

师：图中还有其他的同位角吗？请说出它们相对于截线和被截线的位置。

生：$\angle 2$与$\angle 6$、$\angle 3$与$\angle 7$、$\angle 4$与$\angle 8$也是同位角；$\angle 2$与$\angle 6$分别在直线AB、CD的上方，并且都在直线EF的左侧；$\angle 3$与$\angle 7$分别在直线AB、CD的下方，并且都在直线EF的左侧；$\angle 4$与$\angle 8$分别在直线AB、CD的下方，并且都在直线EF的右侧。

师：回答得很完整。注意：同位角中的“同”字有两层含义：一是指两角在截线的同旁，二是指它们在被截两直线同方。请看变式图形：

师：图中的$\angle 1$与$\angle 2$是同位角吗？

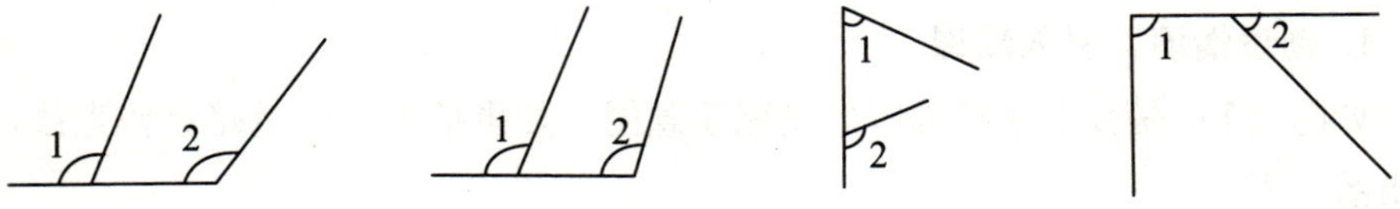

（1）　（2）　（3）　（4）

生：图中的$\angle 1$与$\angle 2$都是同位角。

师：请同学们观察这些图形的特征，看它们像哪一个英文字母。

生：像字母F或颠倒的F。

师：很好！也就是说在形如字母F或颠倒的F的图形中有同位角。

师：下列各图中$\angle 1$与$\angle 2$哪些是同位角？哪些不是？

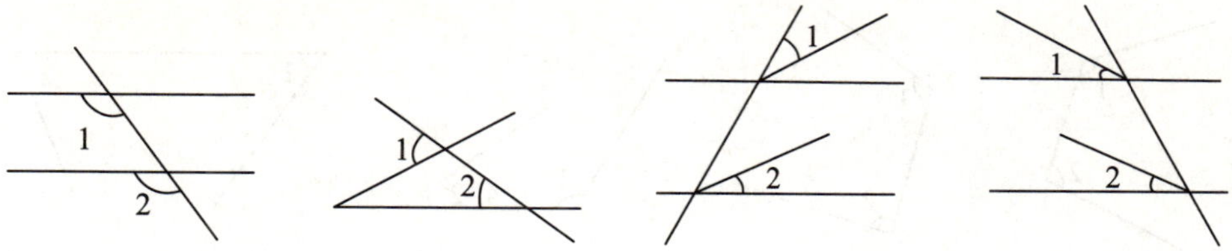

(1)　(2)　(3)　(4)

生：(1)(2)是，(3)(4)不是。

师：很好。谁能说说图(3)(4)中的两角为什么不是同位角。

生：如果我们画出图(3)(4)中的∠1与∠2的两条边，会发现角的两边构成了四条线，就不再是“三线八角”了。

师：说得很好！我们判断两个角之间关系的时候，可以先画出这两个角的两条边，看这两个角的边是否构成三条线，如果是，才有可能构成“三线八角”，否则一定不是“三线八角”。

(2)借助问题让学生自主探索内错角、同旁内角的概念

师：观察图中的∠3和∠5，它们与截线及两条被截直线在位置上有什么特点？你能给它们起个名字吗？图中还有其他的同类角吗？请说出它们相对于截线和被截线的位置。

生：∠3和∠5这两个角都在被截线*AB*、*CD*之间，分别在截线*EF*的两侧，称之为内错角，图中的∠4和∠6也是内错角。

师：观察图中的∠4和∠5，它们与截线及两条被截直线在位置上有什么特点？你能给它们起个名字吗？图中还有其他的同类角吗？请说出它们相对于截线和被截线的位置。

生：∠4和∠5这两个角都在被截线*AB*、*CD*之间，都在截线*EF*的同旁，称为同旁内角，图中的∠3和∠6也是同旁内角。

变式图形：

(1)　(2)　(3)　(4)

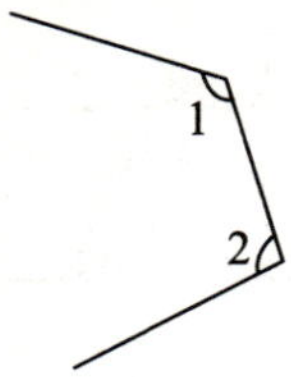

(5)

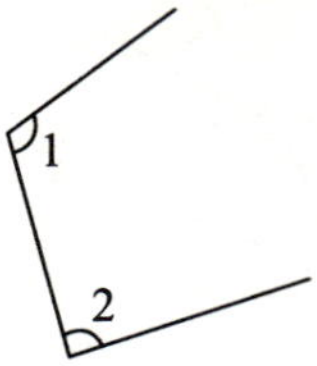

(6)

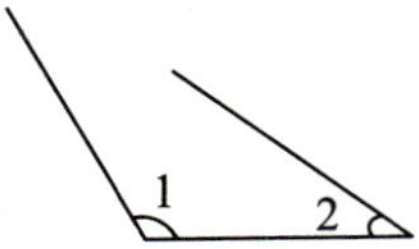

(7)

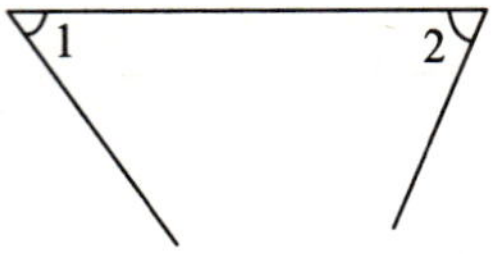

(8)

师：图中的∠1 与∠2 哪些是内错角？哪些是同旁内角？是内错角的图形有什么共同特征？像哪一个字母？是同旁内角的图形有什么共同特征？像哪一个字母？

生：图（1）（2）（3）（4）中的∠1 与∠2 都是内错角，它们都形如字母 Z，图（5）（6）（7）（8）中的∠1 与∠2 都是同旁内角，它们都形如字母 U。

师：正确。

(3) 概念深化

师：两条直线被第三条直线所截，形成“三线八角”，正确辨别同位角、内错角、同旁内角是学习后续知识的基础和前提，怎样去判断这三种关系的角呢？你们有哪些方法？

师：提示一下：同学们可以先从以下几个具体问题开始思考，然后再归纳总结。这三类角的共同特征是什么？怎样区分？请同学们以小组为单位展开讨论，之后以小组为单位展示讨论结果。

生：在识别同位角、内错角、同旁内角时，在截线的同旁找同位角和同旁内角，在截线的两旁找内错角，因此在“三线八角”的图形中的主线是截线，找出了截线，再利用图形结构特征 F、Z、U 判断，问题就迎刃而解。

生：这三种角一定是成对出现的，每对角的顶点不是同一顶点。

生：每对角的两边画出来，一定只有三线，四线不行。

生：每对角都有一条公共边，且这边一定在截线上。

师：同学们总结得非常好。同学们真正掌握了吗？我们一起看几道题检验一下：

初步应用：

例 1. 如下页上图，∠1 与∠2、∠3 与∠4、∠1 与∠4 分别是哪两条直线被哪一条直线所截形成的什么角？

生：$\angle 1$ 与 $\angle 2$，是由直线DE、BC 被直线AB 所截形成的同位角。

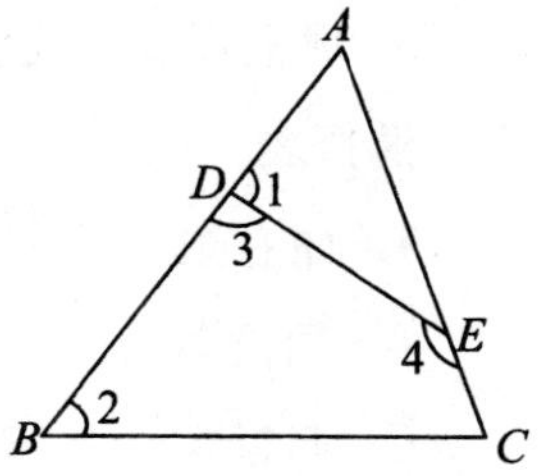

生：$\angle 3$ 与 $\angle 4$，是由直线BD、EC 被直线DE 所截形成的同旁内角。

生：$\angle 1$ 与 $\angle 4$，是由直线BD、EC 被直线DE 所截形成的内错角。

师：在判断由已知角找出构成它们的“三线”时有什么技巧吗?

生：我们可以画出已知角的两边，画重复的边，它所在的直线即为第三条直线（即截线)，其他不重合的两边所在的直线即为被截的两条直线。

师：真聪明。用这一技巧可以解决由已知角找出构成它们的“三线”这类问题。

例 2. 如右图，直线DE、BC 被直线AB 所截。①$\angle 1$ 与 $\angle 2$、$\angle 1$ 与 $\angle 3$、$\angle 1$ 与 $\angle 4$ 各是什么关系的角？②如果 $\angle 1=\angle 4$，那么 $\angle 1$ 和 $\angle 2$ 相等吗？$\angle 1$ 和 $\angle 3$ 互补吗？为什么?

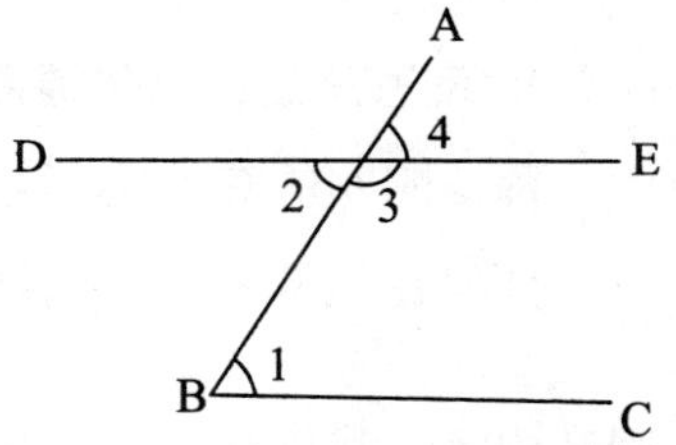

（学生在黑板上演示)

解：①$\angle 1$ 与 $\angle 2$ 是内错角，$\angle 1$ 与 $\angle 3$ 是同旁内角，$\angle 1$ 与 $\angle 4$ 是同位角。

②如果 $\angle 1=\angle 4$，由对顶角相等，得 $\angle 2=\angle 4$，那么 $\angle 1=\angle 2$。因为 $\angle 4$ 与 $\angle 3$ 互补，即 $\angle 4+\angle 3=180°$，又因为 $\angle 1=\angle 4$，所以 $\angle 1+\angle 3=180°$，即 $\angle 1$ 和 $\angle 3$ 互补。

例 3. 如右图，直线DE 截直线AB、AC ，构成 8 个角，指出所有的同位角、内错角、同旁内角。

生：同位角：$\angle 2$ 与 $\angle 5$、$\angle 4$ 与 $\angle 7$、$\angle 1$ 与 $\angle 8$、$\angle 6$ 与 $\angle 3$；内错角：$\angle 4$ 与 $\angle 5$，$\angle 3$ 与 $\angle 8$；同旁内角：$\angle 3$ 与 $\angle 5$，$\angle 4$ 与 $\angle 8$。

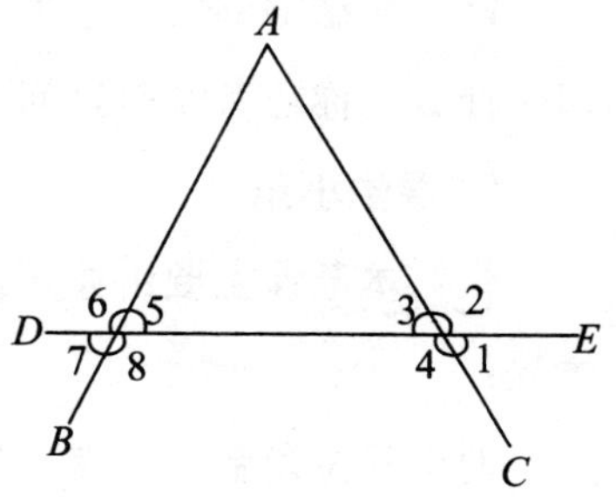

3. 巩固训练，当堂检测

选择题

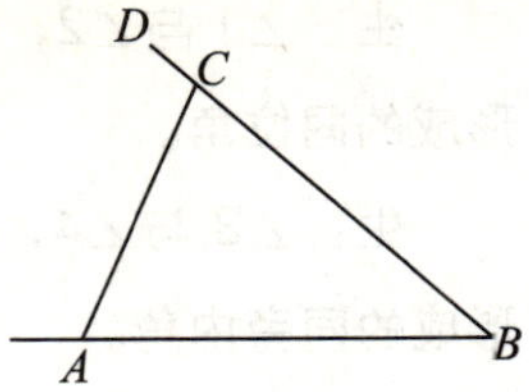

1. 如右图，∠BAC 和∠ACD 是（　）

A. 同位角　　　　B. 同旁内角

C. 内错角　　　　D. 以上结论都不对

2. 如下图，∠1 与∠2 不能构成同位角的图形是（　　）

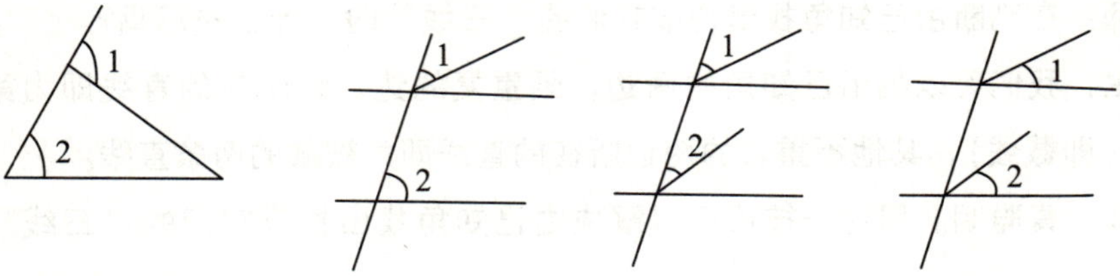

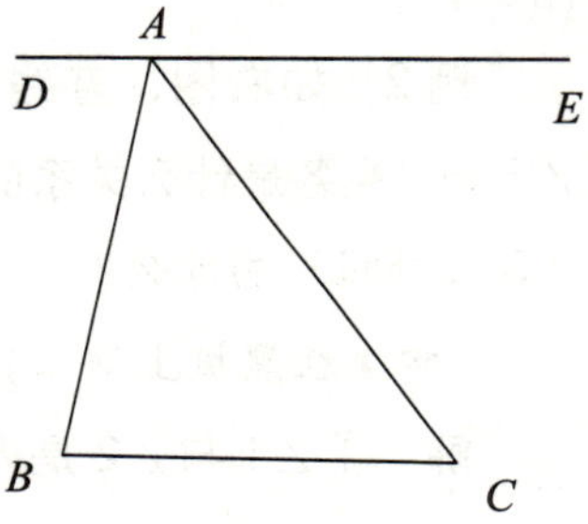

3. 如右图，图中共有同旁内角（　　）对

A. 2　　　　B. 3

C. 4　　　　D. 5

4. 反思总结，深化提高

师：刚才的练习同学们都做得很好，我们总结一下如何在较复杂的图形中找出同位角、内错角、同旁内角。我们是否可以再总结几种基本图形？比如这一类的角都是什么角？三角形中的 3 对都互为什么角？

生：这一类是同位角，这一类是内错角，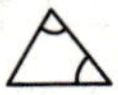这一类是同旁内角。三角形中的 3 对角都互为同旁内角。

师：总结很到位，看来同学们掌握得不错，我们最后回顾一下本节课你学习了什么。你还有哪些疑问？

5. 课堂小结

生：本节课主要讲述了同位角、内错角、同旁内角的概念以及识别它们的方法：

两个同位角就是与直线的位置关系而言具有“同上、同右”“同上、同左”“同下、同右”“同下、同左”的特征，内错角具有“同内、异侧”的特征，同旁内角具有“同内、同侧”的特征。

生：判断时应先找到“截线”，再找另外两条直线，然后根据角的位置决定是哪一种角。

生：当图形复杂时可把暂时不需要的线段、角等遮住，也可采用图形分解法、图形涂色法以排除干扰。

师：同学们总结得非常全面。本节课我们学习了“三线八角”有关知识，同学们通过自主学习，合作探究，育人目标已基本达成。我们碰到具体问题时无论是由同位角、内错角和同旁内角找出构成它们的“三线”，还是由“三线八角”图形判断同位角、内错角、同旁内角，都需要进行以下三个步骤：一看角的顶点；二看角的边；三看角的方位。这“三看”又离不开主线——截线的确定，无论图形的位置怎样变动、图形多么复杂，都要以截线为主线（不变），去解决万变的图形。另外，遇到较复杂的图形，也可以从分解图形入手，把复杂图形化为若干个基本图形。

6. 课堂作业

课本第 7 页练习第 1、2 题。

7. 训练案（略）

“诚信是金”教学实录

○杨改云

一、时政导入新课

师：同学们，请看两则材料。（出示PPT材料）

2015年8月29日，第十二届全国人民代表大会常务委员会第十六次会议通过《中华人民共和国刑法修正案（九）》，自2015年11月1日起施行。其中有这样一条规定：“代替他人或者让他人代替自己参加第一款规定的考试的，处拘役或者管制，并处或者单处罚金。”

2016年1月14日，北京海淀区人民法院以代替考试罪对侯某判处拘役1个月，罚金人民币8000元。该案系《中华人民共和国刑法修正案（九）》将“替考”行为入刑并正式施行后，审结的首例考研替考入刑案。

这说明了什么呢？

生：说明了我们在生活当中要讲诚信。不诚信的行为要承担责任，甚至要承担刑事责任。

师：对，诚信对我们来说是一种非常可贵的品质。今天，就让我们一起来学习“诚信是金”。

二、新课导学

1. 预习学习，完成学案

师：诚信对我们每一个人来说都耳熟能详，什么是诚信？请同学们阅读课本第115页的内容，进行自主学习，并完成导学案。（学生看书完成导学案；生

生互教；学生代表回答，检查预习学习情况）

（师板书：一、诚信是金 1. 诚信含义）

2. 分组互助，故事比拼

师：我国有五千年的灿烂文明，其中有许多与诚信有关的故事和典故。你都知道哪些呢？请各小组派代表讲出来和大家一起分享，让我们比一比哪个小组讲得最贴切、最生动。

第一组生代表：曾子杀猪。（略）

第二组生代表：一诺千金。（略）

第三组生代表：徙木立信。（略）

3. 总结升华，当堂达标

师：三个小组讲的故事都非常精彩，听完这些故事你想到了什么？

第一组生代表：这些故事让我们领略了我国传统文化的魅力。

第二组生代表补充：父母是子女诚信的榜样。

第三组生代表补充：我们不能轻易承诺，一旦承诺，就要努力兑现诺言。

第四组生代表补充：小到做人，大到治国都需要诚信。

第五组生代表补充：我国自古以来就非常重视诚信，说明诚信是我国的传统美德。

师归纳总结升华：是啊，做人和治国都离不开诚信，这些诚信故事告诉我们诚信是中华民族的传统美德，需要你们来弘扬。

（师板书：2. 诚信的重要性：（1）诚信是传统美德）

4. 观看视频，分组展示

看视频，分组讨论，思考问题。

师：作为传统美德，我们学生又是如何践行诚信的呢？请同学们看一个视频。看完视频之后请各组思考：《无人监控考场》带来的启示。（播放视频《无人监考考场》）

第一组生代表：诚信是相互的，当老师相信我们时，我们也会自觉地变得诚信。

第二组生代表补充：只有诚信考试才能获得同学和老师的信任。

第三组生代表补充：诚信的考试氛围需要大家共同营造。

第四组生代表质疑：无人监考也有弊端，对于不自觉的同学可能会起反作用，所以，无人监考考场也不能完全放任自流，需要用科学的方法予以监管。

第五组生代表补充：学生诚信首先应表现为诚信考试，如果我们每个人都能诚信考试，无人监考考场就会越来越多。

5. 总结升华，当堂达标

师归纳总结升华：每个小组说得都很好，作为学生，考试当然应该诚信，只有诚信考试，诚信做人，才能赢得信任，立身社会。

（师板书：（2）诚信是立身之本和交往之道）

6. 分组讨论，体验反省

师：但遗憾的是，生活中并不是每一个人都能诚信做人。下面就让我们一起来找一找，在我们的身边，都有哪些不诚信的现象？可能会给我们带来哪些危害？

师：以小组为单位，搜集我们身边的种种不诚信表现，将这些不诚信的表现及可能会带来的后果表演出来。

各小组学生表演：（略）

7. 总结升华，当堂达标

师：各组已经表演出不诚信的种种危害，不诚信不仅会危害到我们自己在社会上的立身，危害到与他人的交往，还会破坏社会风气，甚至影响我们国家的形象和发展。正是因为在我们的身边还有不诚信的行为存在，所以，社会主义核心价值观对于每个公民的要求之一就是要诚信。（师板书：（3）诚信是践行社会主义核心价值观的要求）

三、训练应用，拓展提升

师：请各组做导学案的观察与思考题。

材料一：关于某些企业主拖欠农民工工资的材料。

材料二：2015 年全国诚实守信模范——李江福的事迹。

1. 结合材料一说明，企业的不诚信会带来哪些危害？

2. 结合材料二说明，讲诚信给李江福及其企业带来哪些好处？

第一组生代表：不诚信的企业会失去农民工的信任，会侵犯农民工的合法权益。

第二组生代表：会损害该企业的信誉，该企业将难在社会上长远发展。

第三组生代表：李江福从不拖欠农民工工资的诚信行为不仅会让他的企业越来越好，提高经济效益，而且会有越来越多的人愿意跟他及他的企业合作，他的企业能有更好的未来。

第四组生代表：会有越来越多的人愿意到他的企业工作，他的企业可能变成知名企业。

第五组生代表：诚信也为李江福个人带来了个人荣誉，他被评为了全国道德模范。

师：对，让材料一中的不诚信行为越来越少，材料二中李江福的诚信行为越来越多，我们的社会就会越来越和谐，我们中华民族就会越来越赢得其他国家和民族的尊重。

四、榜样引领，内化行为

师：每个小组在本组同学中推荐一名“诚信之星”，并举例说明推荐理由。

第一组至第五组的推荐理由：（略）

师：在同学们所推选的这些“诚信之星”身上，我们可以发现这样一些共同的特点，比如：积极负责，认真面对；不轻许诺言，一旦承诺，努力兑现；从小事做起。而这些正是诚信对我们的基本要求。

（师板书：3. 诚信基本要求：对人守信　对事负责）

五、结束新课，引领行为

师：诚信不仅是一种可贵的道德品质，也是一种责任。不仅是我们立身处世的需要，更是我们践行社会主义核心价值观、共创和谐社会的需要。让我们从身边小事做起，对人守信，对事负责。践行诚信，勇担责任，争当诚信中学生，共做诚信中国人！

《春》导学案

〇朱　虹

一、育人目标

1. 能流畅地朗读并背诵全文，理清文章思路。

2. 学习作者抓住景物特征，深入细致多角度描绘景物的方法，品析文中比喻、拟人等修辞方法的作用。

3. 体会作者对春天无限热爱的感情，培养学生热爱大自然、热爱生活的情感。

二、知识链接

1. 关于作者

朱自清，原名自华，字佩弦，号秋实，生于光绪二十四年十月初九（1898年11月22日），卒于1948年8月12日。原籍浙江绍兴。因三代人定居扬州，自己又毕业于当时设在扬州的江苏第八中学高中，且在扬州做过教师，故自称“扬州人”。他是现代著名的作家、学者、民主战士。

2. 写作背景

朱自清的散文主要是叙事性和抒情性的小品文。其作品的题材可分为三个系列：一是以写社会生活抨击黑暗现实为主要内容的一组散文，代表作品有《生命价格——七毛钱》《白种人——上帝的骄子》和《执政府大屠杀记》。二是以《背影》《儿女》《悼亡妇》为代表的一组散文，主要描写个人和家庭生活，表现父子、夫妻、朋友间的人伦之情，具有浓厚的人情味。三是以写自然景物为主的一组借景抒情的小品，《绿》《春》《桨声灯影里的秦淮河》《荷塘月色》等是其代表佳作。后两类散文，是朱自清写得最出色的，其中《背影》《荷塘月色》更是脍炙人口的名篇。其散文素朴缜密、清隽沉郁，以语言洗练、文笔清丽著称，极富真情实感。

《春》大致写于1928年至1937年。作者写此文时，已经没有创作初期诗文的那种淡淡的哀怨的情调，而是鲜明地表现出新鲜的格调和欢乐的情绪。

3. **题解**

“春”是季节名称，是四季之首，在文中是作者描写的对象。这篇散文以诗的笔调，描绘了花卉争荣、生机勃勃的春天，赞美、歌唱春的创造力和带给人们以无限希望，从而激励人们在大好春光里辛勤劳作、奋然向前。这篇作品可以说是一首抒情诗、一幅风景画，是一曲春的赞歌。

预习案

1. **将下列画线的字注音。**

酝酿（　　　　）　黄晕（　　）　蓑笠（　　　　）

嘹（　　）亮　欣欣（　　　　）然　烘（　　）托

宛（　　）转　应和（　　）

2. **解释下列词语。**

欣欣然＿＿＿＿＿　朗润＿＿＿＿＿　酝酿＿＿＿＿＿

宛转＿＿＿＿＿　舒活＿＿＿＿＿　抖擞＿＿＿＿＿

呼朋引伴＿＿＿＿＿　花枝招展＿＿＿＿＿

3. **预习活动展示：课前收集古人描写春天的古诗词名句，准备一首春天的乐曲。**

（教师寄语：请和你身边的同学一起，交流一下你曾经学过或者会背的关于春天的诗词，让我们一起感受诗人笔下春天的美好。）

4. **课文背诵大比拼。**

比赛要求：每组选派一名选手，到讲台上背诵由其他小组同学选出的段落，根据其背诵情况，由点评的同学打分，满分3分。

评分标准：（1）字音无误，不添字掉字，熟练流畅。

（2）声音洪亮，吐字清晰。

（3）背诵情感把握准确，有感染力。

5. 课文对“春”的描写可分为三个部分，试用简练的语言分别概括这三部分的内容，并结合文章内容思考，作者具体为我们描绘了哪几幅画面？

探究案

探究点一：为什么在大家眼中司空见惯的景象，在朱自清的笔下就鲜活起来了呢？让我们一起走入文章寻找答案吧。

独立思考要求：认真阅读，利用圈画法，用笔注出打动你之处。

讨论点评要求：组内读出你喜欢的句段，点评你喜爱的原因。［温馨提示：可以从篇章结构（思路、线索、构段方式等）、写景方法（情景交融、多角度写景、修辞方法等）、语言表达和主题思想等方面赏析。］

口头展示要求：规范语言，声音洪亮。

探究点二：小组合作析读春草图、春花图、春风图、春雨图、迎春图，并分析五幅图之间的关系。

独立思考要求：标出写景顺序，任选一个角度，分析作者在勾勒图画时所采用的写景技巧及其表达效果。（温馨提示：可从感官的调动，正侧、虚实、动静描写的结合，修辞方法的运用，炼字等角度赏析。）

讨论点评要求：组内读出你的赏析，大家提意见，最后由组长组织每人负责一幅图画，将大家的意见综合起来，写出书面完整的答案。

书写展示要求：规范语言，书写整洁，用时最短。

探究点三：朗读课文最后三段，概括春天的特点，体会作者的思想感情。（温馨提示：景物描写的最高境界是由描写自然到反映人生、反映社会，表面是在写景，真正的目的在于表明一种态度，阐发一种认识，宣扬一种道理。）

探究点四：赏析语言。

独立思考要求：细细品读，从修辞运用、词语赏析等角度来分析文中句子或句中某个词语，说说它们的表达效果。

讨论展示要求：读出你的赏析，别人赏析过的，不再重复赏析。语言以考试中阅读题答案为标准，力求使用术语，有要点意识，语言简洁。

点评评分要求：每句满分 2 分，按照阅读题的评分标准评分。

练习案（略）

课后反思：亲爱的同学们，我们学了这篇课文，是否意识到我们正值人生最美好的年华呢？我们应该抓紧大好春色，抓紧生命的春天，安排好自己的学习、生活、工作，取得硕果。作者的语言如此优美，是来自平时的观察和练笔。今天请模仿作者的写法，到校园里走走看看吧，明天我们一起交流欣赏大家笔下的“一中美丽的校园”！

“What Sweet Music!”导学案

○赵俊荣

育人目标

1. 知识与能力：学习感叹句并会表达对音乐的喜好，了解不同的音乐类型及其产生的文化背景。

2. 过程与方法：通过小组合作探究新知识。

3. 情感、态度与价值观：通过学习，让学生自己能热爱音乐，热爱生活。

预习案（Previewing Case）

一、把下列词语和短语译成英语。

1. 流行音乐________________
2. 根本不________________
3. 古典音乐________________
4. 深受某人的喜爱________________
5. 爵士乐________________
6. 因……而著名________________
7. 摇滚音乐________________
8. 什么种类________________
9. 乡村音乐________________
10. 听起来很美________________
11. 钢琴曲________________
12. 小提琴音乐________________

二、把下列句子翻译成英语。

1. 你喜欢哪种音乐?

____

2. 很难说。

____

3. 我以前喜欢流行音乐，但现在喜欢民族音乐。

____

探究案（Exploring Case）

探究点一：

It's hard to say.

这很难说。常作为对某件事难以做出明确判断时的用语。动词不定式____是句子真正的主语，____是形式上的主语。如果表示不定式的动作是谁做的，还要在前面加____。

拓展：还有一些形容词，如 difficult、easy、important 等，也可用于这种句型。

Eg：赢得这场比赛很难。____________________

对亨利而言，记住它很容易。____________________

探究点二：

I don't like it at all.

我一点儿也不喜欢（古典音乐）。

not… at all 意思是____________________

Eg：我一点儿也不爱吃鸡蛋。____________________

没关系。____________________

探究点三：

Guo Lanying, Song Zuying and Tengri are famous for their folk songs.

be famous for sth.（以……而著名）=be well-known for（因……出名）

be famous as（作为……而著名）

Eg：苏州以园林著称。____________________

他被公认为是一名优秀足球运动员。____________________

训练案（Selftesting Case）

A. 根据句意及首字母提示填词。(5 分)

1. My father's brother is my u____.

2. He is a cook. He works in a r____.

3. His father is a doctor. He works in a h____.

4. My little brother is very c____. We all love him.

5. Your mother's father and mother are your g____.

B. 用所给单词的适当形式填空。(5 分)

6. The young man acts in some films（电影）. He is an ____ (act).

7. My brother loves cooking. He wants to be a____ (cook).

8. —Whose ____ (photo) are these?

—They are mine.

9. —Who ____ (teach) you English this year?

—Miss White.

10. I have a black cat. ____ (it) name is Huahua.

C. 根据汉语意思完成下列句子，每空一词。(5 分)

11. 你姑姑是什么职业?

____ your aunt ____?

12. 穿红衣服的那个女孩是明明的妹妹。

The girl____ ____ is Mingming's sister.

13. 这个是李辉的家谱。

This is Li Hui's ____ ____.

14. 那是她的一张全家福照片。

That is____ ____ ____ her family.

15. 他喜欢和他的父母住在一起。

He likes to____ ____ his parents.

“溶液的形成”导学案

○冯艳景

一、育人目标

【知识与技能】

1. 认识溶解现象，知道溶液、溶剂、溶质等概念。

2. 知道几种物质在水中溶解时溶液温度的变化。

3. 了解溶液在生产和生活中有重要应用。

【过程与方法】

1. 学习科学研究和科学实验的方法，观察、记录、分析、总结实验现象。

2. 学习采用对比的方法分析问题、解决问题。

【情感、态度与价值观】

1. 通过实验探究活动增强学习化学的兴趣。

2. 树立发展勇于创新的精神。

二、教学重难点

1. 认识溶液的概念及溶液、溶质、溶剂的关系。

2. 正确判断溶液中的溶质和溶剂。

三、教学方法

分组讨论、多媒体动画、分组实验探究、讲练结合。

四、教学过程

【引入】介绍英国文学名著《水孩子》，直接引入正题，带领水孩子感受化学世界的神奇。

【水孩子的自我介绍】学生 A 担任。

【情境 1】水孩子与食盐、蔗糖相遇，并提出疑惑：我身体的每一处味道都一样吗？我身上的味道会消失吗？蔗糖和食盐这两位朋友去哪儿了？学生 B、C 分别演示食盐和蔗糖溶于水。

【演示动画】老师播放食盐、蔗糖溶于水的微观过程。

【情境 2】水孩子与高锰酸钾、碘的相遇，同时进行对比实验，比较高锰酸钾、碘在汽油中的溶解性。学生 D、E 分别演示高锰酸钾、碘在水和汽油中的溶解。

【板书】同时对溶液的特征稍加讲解，并结合实例检测学生的理解程度。

【讲解】溶液的命名。

【组织学生讨论】完成探究案。

【讨论】判断下列溶液中的溶质和溶剂是什么。

1. 硫酸铜溶液　　2. 碘酒　　3. 碘的二硫化碳溶液

4. 体积分数为 75%的医用酒精　　5. 生石灰溶于水后形成的溶液

阅读教材第 28 页，溶液中溶质和溶剂的确定：

<table>
<tr><th colspan="2">体系</th><th>溶质</th><th>溶剂</th></tr>
<tr><td colspan="2">气+液</td><td></td><td></td></tr>
<tr><td colspan="2">固+液</td><td></td><td></td></tr>
<tr><td rowspan="2">液+液</td><td>无水</td><td></td><td></td></tr>
<tr><td>有水</td><td></td><td></td></tr>
</table>

【**实验探究**】碘能溶于水吗？高锰酸钾能溶于汽油吗？

学生编号	D （碘+水）	E （高锰酸钾+水）	D （碘+汽油）	E （高锰酸钾+汽油）
实验步骤	1. 取一支试管，向其中加入 1～2 小粒碘。 2. 向试管内倒入约 5 mL 的水。	1. 取一支试管，向其中加入 1～2 小粒高锰酸钾。 2. 向试管内倒入约 5 mL 的水。	1. 取一支试管，向其中加入 1～2 小粒碘。 2. 向试管内倒入约 5 mL 的汽油。	1. 取一支试管，向其中加入 1～2 小粒高锰酸钾。 2. 向试管内倒入约 5 mL 的汽油。
实验现象				

【**实验结论**】

不同溶质在同种溶剂里的溶解性____；同种溶质在不同溶剂里的溶解性____。

【**情境3**】水孩子与氢氧化钠、氯化钠、硝酸铵的相遇。学生分组实验感受几种物质在水中溶解时溶液温度的变化。

【**总结**】食盐、氢氧化钠、硝酸铵溶于水时的吸、放热。

实验结论：物质在溶解时的吸热或放热现象

1. 常见在溶解时放出热量的物质____
2. 常见在溶解时吸收热量的物质____
3. 常见在溶解时基本不放热也不吸热的物质____

【**联系生活**】总结溶液在生活、生产中的用途。

【**小结感悟**】水孩子在化学课的奇遇。水孩子来到物质世界，有的物质易溶，有的难溶，这是因为相似相溶，就像同学们志趣理想一致容易成朋友；同一种溶质在不同溶剂中溶解能力不一样。感悟：尺有所短，寸有所长，就像每位同学都有自己的长处和短处，因为我们每个人都有自己的长处，所以我们应该自信同时学习别人的长处，又因为我们每人都有自己的缺点，所以我们应取人之长补己之短，让自己更优秀；有的物质溶于水放热，有的物质溶于水吸热，就像对人有人热情，有人冷漠，这是人的性格决定，要学会包容理解。

【**布置作业**】（略）

“三次科技革命”导学案

○付月从

一、育人目标

知识与能力

1. 识记三次科技革命中的重要发明（如蒸汽机的发明、电力的广泛应用和互联网的出现等）及其对人类社会发展的作用。

2. 通过文字及图片资料的解读，加深对三次科技革命影响的理解，培养学生独立思考及材料分析能力。

3. 通过对比三次科技革命的共同影响，培养学生的比较归纳能力。

4. 通过对比探究英美两国的兴衰，突出科技创新的重要作用，培养学生的材料分析能力、合作探究能力、综合能力及论从史出的能力。

5. 通过学生现场表演牛顿、瓦特、爱迪生的故事，培养学生的表演领悟能力。

过程与方法

1. 通过表格对比、自主学习的方法掌握三次科技革命的基本史实。

2. 通过材料分析、图片解析、论从史出等方法掌握三次科技革命对人类社会发展的作用。

3. 通过图片展示、材料解析、小组讨论、合作探究等方法比较分析英美两国经济地位的兴衰，突出科技创新的重要作用。

4. 通过故事表演、角色体验、合作探究、组内讨论等方法探究青年学生如何培养自己的创新能力。

情感、态度与价值观

1. 通过英美两国经济地位的兴衰对比，使学生认识、感受到科技创新的重要作用。

2. 通过学生现场表演牛顿、瓦特、爱迪生的故事及材料探究中学生怎样培养自己的创新意识，体验并学习牛顿、瓦特、爱迪生等科学家刻苦钻研、勇于创新，勤于实践、不怕失败等科学精神；激起学生努力学习、不怕失败、坚持不懈、自主创新，做创新型学生，成创新型人才，早日投身于民族复兴大潮的责任感、使命感。

二、重点

1. 三次科技革命中的重要发明对人类社会发展的作用。
2. 以英美两国经济地位的兴衰对比为例，突出科技创新的重要作用。
3. 中学生怎样培养自己的创新意识将其内化为行动、能力。

三、难点

1. 以英美两国经济地位的兴衰对比为例，突出科技创新的重要作用。
2. 中学生怎样培养自己的创新意识并将其内化为行动、能力。

四、课时

1 课时。

预习案

（知识素写、自主独立、扎实基础）

步骤：1. 根据表格要求把学生分成三个大组，分别对应完成三次科技革命的预习。2. 组内学生根据学案要求认真、自主、独立完成表格内知识要素填写。3. 学生分组展示、补充、完善自学成果，如有需要，教师可给予适当点评。

	工业革命	第二次科技革命	第三次科技革命
政治前提		________在世界范围内基本确立	
起止时间	________到19世纪中期	19世纪70年代________	________至今
理论基础	牛顿的________		爱因斯坦的________
主要标志		电力的广泛应用	
进入时代			信息时代（互联网）
领先国家		电力、石油	
能源			
重要发明成果	________、________、轮船		原子能、________ 航天技术 生物技术

探究案

一、基础探究

步骤：1. 根据教学主题整合教材，大胆取舍，精选材料，学生分成三个大组分别探究三次科技革命的影响，进而小组总结展示点评。2. 在基础探究一的基础上，小组内比较讨论三次科技革命对人类生活的共同影响。

基础探究一——理解巩固，据材料分组探究三次科技革命的影响。

工业革命

材料一：瓦特的蒸汽机能够提供可控制的任何强度的动力，在生产中广泛应用，适用于各种工作机，因此被称为“万能蒸汽机”。自此以后，纺织业、采矿业、冶金业、造纸业等工业部门，都先后采用蒸汽机作为动力。

材料二：“新生的工业能够成长起来，只是因为它用机器代替了手工工具，用工厂代替了作坊。”

材料三：1807 年，美国人富尔顿研制的蒸汽轮船，试航成功；1814 年，英国人史蒂芬孙发明了第一台蒸汽机车；19 世纪 50 年代，英国的主要铁路长度已近 10000 千米，铁路干线均已完成。

材料四：1760 年，英国 5 万—10 万人的城市只有 1 个，1851 年达到 13 个；1851 年，10 万人以上的大城市已经有 7 个。特别是新兴工业城市的发展迅速，如曼彻斯特、利物浦、格拉斯哥等。

材料五：19 世纪的欧洲。

根据以上材料分析工业革命的影响。（第一大组探究题目）

第二次科技革命

材料一：发电机的发明及其他电气技术的应用，使机器的使用更加普遍，更多的工业部门涌现出来，生产技术也更加先进。电力的广泛应用，推动了电力工业和电器制造业等一系列新兴工业的迅速发展，这就是第二次工业革命。

材料二：工业生产力的迅猛发展……企业的规模也越来越大，生产和资本的集中促成了垄断组织的形成。

材料三：

电话

19世纪巴黎路灯

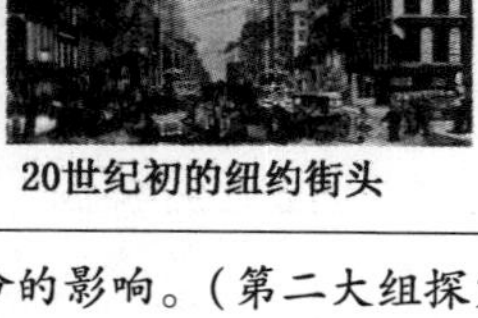

20世纪初的纽约街头

根据以上材料分析第二次科技革命的影响。（第二大组探究题目）

第三次科技革命

材料一：

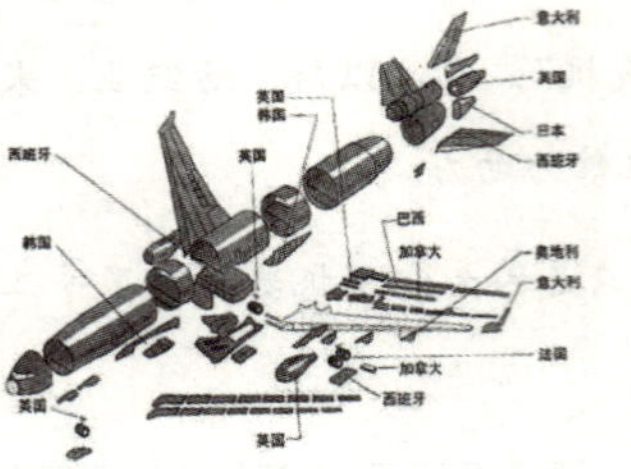

图一　波音飞机生产网络图

材料二：

图二　网上阅卷

材料三：

图一　网络反腐

图二　网购

图三　网络课程

根据以上材料组内讨论，探究第三次科技革命的影响。（第三大组探究题目）

基础探究二——对比归纳，胸有成竹。

小组内比较讨论三次科技革命对人类生活的共同影响，从中你能得出什么结论？

二、深度探究

步骤：1. 深度探究一是本节课的重点问题，意在突出主题，要调动学生广泛积极参与，引导学生深度探究、充分理解，感悟生成。在此过程中允许组外求助探究，但教师要注意掌控分寸。小组展示点评不足的地方，教师可适当点拨引导，务求深度领悟，自然内化生成主题。2. 深度探究二中的情景剧表演是学生角色体验的重要一环，为下一步探究作铺垫。结合情景表演和以上材料谈谈中学生该怎样培养自己的创新意识并将其内化为能力。该问题是本节课的主题情感升华，因生而异，小组合作讨论时，教师不要限制学生思维，点评时更不要固定答案。

深度探究——聚焦能力，突出主题。

阅读材料，回答问题。

材料一：

图一　莎士比亚　图二　处死查理一世　　图三　瓦特

根据材料一和所学知识，小组合作探究英国崛起的条件。

材料二：主要资本主义国家占世界工业生产总值的比重（%）（如下图）

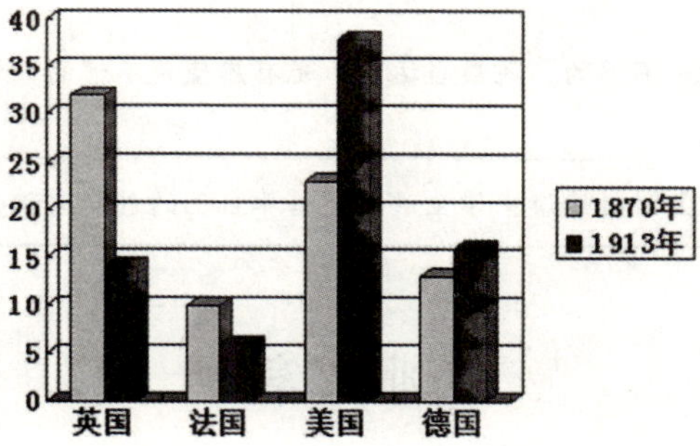

材料三：（美国）仅 1865 年至 1900 年，被正式批准登记的发明专利就达到了 64 万多种……为促进科学和实用技艺的普及，对作家和发明家的著作和发明，在一定期限内给予专利权的保障……美国人第一次把专利权写入了宪法，用国家的根本大法来保护发明创造。

——摘自《大国崛起》解说词

根据材料二，比较 1870 年与 1913 年英美两国在世界工业生产总值中所占的比重，说明美国经济地位发生了什么变化，并结合材料三及所学知识，分析发生这种变化的主要原因。

材料四：科技方面，英国工业界满足于第一次工业革命的成就，坐享其成的思想日趋严重……在新技术成果应用方面英国日趋落后。政府在科技投入方面也存在诸多问题，经费少，实验设备不足，管理混乱，科技人员地位低和待遇差成为普遍现象。

——《世界通史》

根据材料四，概括导致英国经济地位衰落在科技方面的原因。

从英美两国经济地位兴衰的对比中，你获得了什么认识？

深度探究二——故事表演、情感体验、升华主题、内化行动。

1. 学生对课前搜集好的牛顿或瓦特或爱迪生的发明故事进行情景剧还原表演，感受发明过程，体验情感、心灵共鸣。2. 在此基础上结合材料探究本节课的点睛问题，如此润物无声不留痕迹地实现教学为育人这一终极目标。

材料一：创新能力是指怀疑、批判和整合能力，是运用知识和理论，在科学、艺术、技术和各种实践活动领域中不断提供具有经济价值、社会价值、生态价值的新思想、新理论、新方法和新发明的能力。 材料二：提出一个问题比解决一个问题更重要。 ——爱因斯坦 材料三：天才是百分之一的灵感，百分之九十九的汗水。 ——爱迪生 材料四：光有知识是不够的，还应当运用；光有愿望是不够的，还应当行动。 ——歌德
结合情景表演和以上材料谈谈中学生该怎样培养自己的创新意识并将其内化为能力。

训练案

（巩固运用、当堂达标、拓展提升）

1. 新发明改变了我们的生活，同时出现了很多新的职业，下列职业按出现先后排序正确的是（　　）

A. 电话接线员—火车司机—空姐—网络管理员

B. 火车司机—电话接线员—空姐—网络管理员

C. 空姐—电话接线员—火车司机—网络管理员

D. 电话接线员—空姐—火车司机—网络管理员

2. 四个同学围绕“科学技术是第一生产力，它改变了世界的面貌，改变了人们的生活”这一观点展开了讨论。以下哪个同学的说法不正确（　　）

A. 甲说蒸汽机的广泛应用引起了生产领域的巨大变化

B. 乙说电力的广泛使用把人类带入了电气时代

C. 丙说生物工程技术是第三次科技革命中最为突出的核心技术

D. 丁说科学技术是一把双刃剑，在造福人类的同时，也会给人类带来不利的影响

3. 电视政论片《大国崛起　工业先声》的解说词说："牛顿为工业革命创造了一把科学的钥匙，瓦特拿着这把钥匙开启了工业革命的大门。"这表明（　　）

A. 牛顿是工业革命的倡导者

B. 科技为生产发展提供了条件

C. 改良蒸汽机问世标志着工业革命开始

D. 科学与技术紧密结合推动生产力进步

4. 阅读下列图片，回答问题。

图一

图二

图三

图四

图五

（1）图一中的人物被后人称为"引领时代"的历史人物，他是谁？他"引领时代"的贡献是什么？

（2）图二展示的发明改变了人类陆上交通的面貌，使世界各地的距离开始缩短了。图三展示的发明改变了人类的通信方式，使人与人的距离变得更"短"了。以此为例，请为图四所示发明配一段说明词。

（3）图五反映了哪次科技革命的成果？此次科技革命的核心是什么？

（4）领略科技进步成果，举例说明科技改善人类的生活。

结束语

无论是历史教训还是现实挑战，都告诉我们科技创新是一场“生死竞逐”，不进则退，进慢了也是退。

同学们，“少年强则国强，少年雄于地球则国雄于地球”。中学生要树立科学思想、培养创新意识、坚定创新精神、激发创新兴趣、勤于实践、不断提升创新能力，力争做一名创新型学生，奋力成为一名创新型人才，只有这样才能成就个人，才能走好民族科技创新之路，以科技为载体，以创新促发展，实现从经济大国到经济强国的跨越，我们才能赢得未来，真正实现伟大民族复兴的“中国梦”。

参考文献

［1］联合国教科文组织国际教育发展委员会编著. 学会生存：教育世界的今天和明天［M］. 北京：教育科学出版社，1996.

［2］朱慕菊. 走进新课程——与课程实施者对话［M］. 北京：北京师范大学出版社，2002.

［3］鞠文灿. 公民意识教育：现代中小学德育的基石［J］. 小学德育，2011.

［4］吕章园. 扩大学生参与的信度和效度［J］. 中等职业教育，2002.

［5］周晔芳. “艺术”其实很简单［J］. 校园英语，2012.

［6］黄飞，周云华. 让学生“学习增值”——以历史学科为例［J］. 中学历史教学研究，2012.

［7］刘永明. 初中数学复习课教学模式初探［J］. 商情，2012.

［8］钟有为，黄伟. “参与式”教学的理论依据和特点［J］. 安徽教育学院学报，2007.

［9］周佩佩. 分课型构建教学模式研究［D］. 河南大学硕士论文，2013（4）.

［10］祝宇. 加强普通中学德育工作的策略性思考［J］. 中学德育课程，2010.

［11］郑凡. 礼仪课堂［J］. 中华家教，2009.

［12］苏建华. 中学网络德育的问题及对策探究［D］. 2010.

［13］黄晓强. 关于提高中学德育管理的思考［J］. 小作家选刊，2011.

［14］肖媛. 构建民主平等的师生关系［J］. 学园，2004.

［15］孙金华，季丽玮. 中学生社团自主管理模式的探究［J］. 新校园，

2011.

[16] 唐洋. 初中年级部学生三级自主管理的实践研究 [J]. 苏州大学. 2014.

[17] 李希贵. 学校转型 [M]. 北京：教育科学出版社.

[18] 李希贵. 面向个体的教育 [M]. 北京：教育科学出版社.

[19] 李希贵. 36 天，我的美国教育之旅 [M]. 上海：华东师范大学出版社.

[20] 薛振东. 论中小学校园文化建设——关于抚顺市中小学校园文化建设的实证研究 [D]. 石家庄：河北师范大学，2014.

[21] 吴慧昕. 初中班级文化建设中存在的问题及对策研究 [D]. 呼和浩特：内蒙古师范大学，2008.

[22] 关世民. 我国中小学校园文化建设问题与对策研究 [D]. 武汉：华中师范大学，2003.

[23] 李逸群. 个人修养与社会文明进步关系之我见 [J]. 新西部，2010.

[24] 李春艳. 试论孟子的"孝"思想 [J]. 科教文汇，2009.

[25] 檀传宝. 论公民教育是全部教育的转型 [J]. 安徽师范大学学报，2010.

[26] 胡素梅，王宏疆. 积极参与——阿伦特的公民文化观 [J]. 黑龙江教育学院学报，2007.

[27] 蒋潇. 班级公共生活的重建——兼论班级教育中学生公民意识的培养 [J]. 中小学德育. 2012.

[28] 施久铭. 核心素养：为了培养"全面发展的人" [J]. 人民教育，2014 (10).

[29] 王梦. 社会发展对人核心素养的基本诉求 [J]. 课程教育研究，2015 (9).